选调生工作历史研究

肖桂国◎著

天津出版传媒集团

天津人民出版社

图书在版编目(CIP)数据

选调生工作历史研究 / 肖桂国著. —— 天津 : 天津
人民出版社, 2023.11
　ISBN 978-7-201-19971-9

　Ⅰ.①选… Ⅱ.①肖… Ⅲ.①基层干部—人才选拔—
研究—中国 Ⅳ.①D630.3

　中国国家版本馆 CIP 数据核字(2023)第 230586 号

选调生工作历史研究
XUANDIAOSHENG GONGZUO LISHI YANJIU

出　　版	天津人民出版社
出 版 人	刘　庆
地　　址	天津市和平区西康路35号康岳大厦
邮政编码	300051
邮购电话	(022)23332469
电子信箱	reader@tjrmcbs.com

责任编辑	郑　玥
封面设计	明轩文化·李晶晶

印　　刷	天津新华印务有限公司
经　　销	新华书店
开　　本	710毫米×1000毫米　1/16
印　　张	21.25
插　　页	1
字　　数	230千字
版次印次	2023年11月第1版　2023年11月第1次印刷
定　　价	62.00元

目　录
CONTENTS

第一篇　序篇

前　言

100 多年来,我们党走过了艰难曲折的光辉历程。党在领导人民进行革命、建设和改革的伟大事业中,坚持真理、坚守理想,践行初心、担当使命,不怕牺牲、英勇斗争,对党忠诚、不负人民,不断经受考验、发展壮大。

党的二十大报告指出,"培养造就大批德才兼备的高素质人才,是国家和民族长远发展大计",提出要"建设堪当民族复兴重任的高素质干部队伍","抓好后继有人这个根本大计,健全培养选拔优秀年轻干部常态化工作机制,把到基层和艰苦地区锻炼成长作为年轻干部培养的重要途径"。这是以习近平同志为核心的党中央站在全局高度提出的重大战略任务。新任务,给党的选调生工作提出了新要求。展望未来,以习近平新时代中国特色社会主义思想为指导,认真总结实践经验,坚定信心、同心同德,埋头苦干、奋勇前进,不断加强改进选调生工作,推动选调生队伍建设健康发展,这是我们面临的艰巨而繁重的任务。

我们党是用马克思主义武装起来的政党,马克思主义关于党和人民事业发展、后继有人及其内在联系的理论是党做好选调生工作的理论根基。

马克思主义唯物史观充分说明了人民群众对党和人民事业发展的动力作用。唯物史观认为,"历史活动是群众的事业",人民群众是历史的创造者。马克思在肯定人民群众是历史创造者的同时,也充分肯定杰出人才在推动历史前进中的作用。只有有了成批的杰出人才,革命和建设事业才能取得胜利。马克思主义青年观充分说明了青年与党和人民事业发展的内在联系。马克思认为,青年

绪　论

笔者从 2003 年在报考选调生时萌生了追踪党的选调生工作最新发展趋势的原始构想，并开始着手资料搜集。2018 年，习近平总书记对加强改进选调生工作作出重要指示，回顾了选调生工作历史。笔者研究选调生工作史的想法日渐浓烈，遂全身心投入《选调生工作历史研究》中。

一、研究内容和主要观点

1.研究内容

世界范围内各国执政党都重视培养政治精英特别是从高校培养选拔优秀人才。习近平总书记指出："综合国力竞争说到底是人才竞争。"党的二十大和十九届六中全会都提出要"抓好后继有人这个根本大计"，党的二十大还提出要"健全培养选拔优秀年轻干部常态化工作机制，把到基层和艰苦地区锻炼成长作为年轻干部培养的重要途径"。当前，干部队伍吸引优秀大学毕业生面临的人才竞争日益激烈。作为社会主义大国的马克思主义执政党，我们有必要尽早拥有一部选调生工作史，以促进选调生工作的加强，夯实干部人才队伍。《选调生工作历史研究》正是基于此目的完成的学术著作，尝试站在现实高度，透过历史视角，以时间脉络为主线，从宏观层面纵向探索和研究中国共产党的选调生工作自诞生以来的发展历程，对选调生工作的历史经验、优良传统等进行概括，对选调生工作的特质、政策原则、方式方法等进行总结。以党的历史正反两方面经验为基础，着重突出党的选调生工作发展的本质和主流，充分反映出党的选调生工作在领导班子建设、干部队伍建设特别是年轻干部队伍建设、抓好后继有人这个根本大计、培养党和人民事业接班人等方面取得的重要成就和基本经验，为"建设堪当民族复兴重任的高素质干部队伍"贡献力量。

《选调生工作历史研究》以党史分期展开，采用前言加篇章的结构，共四篇八章。前言部分，简要回顾马克思列宁主义、毛泽东思想、邓小平理论、"三个代表"重要思想、科学发展观有关选调生工作的重要论述，习近平总书记对"宰相必起于州部，猛将必发于卒伍"等古代吏治思想和中华优秀传统文化的重要论述，以及习近平新时代中国特色社会主义思想特别是习近平总书记关于抓好后继有人根本大计的重要论述，介绍选调生工作的定义、意义等。由于政治路线、干部政策、接班人培养等深刻影响选调生工作演变，选调生工作史归属党史且不可分割的特征非常明显。从党史分期入手，从大处着眼，有助于抓住选调生工作史的精髓。选调生工作诞生于1964年，将选调生工作史分为三个时期，分别是社会主义革命和建设时期、改革开放和社会主义现代化建设新时期和中国特色社会主义新时代党的选调生工作。选调生工作产生以前的干部工作特别是接班人和年轻干部培养对选调生工作产生了重要影响，此阶段的历史单独成篇成章，即序篇第一章。通过记载每一重要历史时期中的选调生工作的发展、创新、成果和重点、节点问题，全面展示党的选调生工作近六十年发展脉络。

每一章内容对应具体的历史时期，从第二章到第八章依次为党的选调生工作诞生于社会主义建设全面展开时期、"文化大革命"时期党的选调生工作、伟大历史转折和中国特色社会主义开创时期党的选调生工作、改革开放新阶段和把中国特色社会主义全面推向21世纪中党的选调生工作、全面建设小康社会和把中国特色社会主义不断推向前进中党的选调生工作、采取一系列战略性举措、加强改进选调生工作。根据时间脉络梳理选调生工作史,并由此推及兼论与其紧密联系的新生力量、接班人、第三梯队、年轻干部、后备干部、高等教育、大学生就业、干部政策、政治路线、基层建设、公务员法等发展历史。党的十八大以来的选调生工作史是研究重点,内容篇幅较长。以史为据、史论结合,对一些大事、要事等,适当进行贴近实际的评论。

2.主要观点

第一,选调生工作始于1964年。有学者认为1965年分配高校毕业生到基层工作是最早的选调生工作。笔者引经据典,提供丰富生动的史料,从全新的视角为读者解释了选调生工作的来历,澄清了部分学者和公众一直以来对于选调生工作来历的一些误解。第二,选调生工作自始至终都是党中央着眼干部队伍长远发展实施的一项战略举措,事关党和人民事业后继有人。第三,历史上,选调生工作从源头上为各级党政机关和广大基层、农村输送了大批干部,培养造就了大批各级领导干部,为县以上党政机关培养选拔了一批了解国情、熟悉基层、联系群众、作风扎实的机关干部,探索了一条通过基层培养锻炼年轻干部的有效途径。现在和未来,选调生工作都将发挥更大作用。第四,选调生工作历史,在一定意义上也是党的事业接班人的培养史,年轻干部、青年干部和后备干部工作史。

二、研究意义

第一,以史鉴今、资政育人。在理论意义上,对选调生工作历史进行专题研究是对青年干部和年轻干部工作等历史的丰富和有益补充。在现实意义上,有助于总结党的选调生工作做法、成就和经验,完善选调生、青年干部和年轻干部工作制度,推动发展。

第二,为建立中国式政治精英或中国特色干部后备力量培养选拔理论体系框架提供借鉴,为解决人类面临的共同问题提供更多更好的中国智慧、中国方案、中国力量,不断提升国家文化软实力和中华文化影响力。

第三,理论成果可依托选调生工作广泛推广,使选调生工作能够更好地为改善干部队伍结构、从源头从基层建设堪当民族复兴重任的高素质干部队伍和培养优秀党政领导干部服务。有助于宣传党的选调生工作理论、政策,加深党员干部群众对党的选调生工作的理解,提高对选调生工作的认识和执行党的选调生工作政策的自觉性,有助于吸引更多的优秀大学生加入选调生队伍中来。

三、国内外研究现状

选调生工作是具有中国特色社会主义的我国干部队伍建设制度,如果仅从选调生工作这一角度来说,根据笔者有限的资料收集,未发现国外有直接对应或者比较类似的干部制度,美国文官制度下的事务官更接近我国改革前的非领导职务的普通公务员,不是选调生,而高级文官更接近我国担任机关领导职务的公务员,不是强调从基层历练作为优秀年轻干部培养的选调生。日本松下政经塾是松下电器创始人松下幸之助于 1979 年 1 月创建的私立学校,通过修养以培养日本政治领袖和经营者而著称。塾生类似于高校学生而不是选调生。同为社会主义阵营的越南,2018 年 5 月召开的越共十二届七中全会以加强干部队伍为主要议题,通过了《关于集中建设才德兼备的各级干部队伍、尤其是战略级干部队伍的决议》。越南的战略级干部囊括各级精英,但起点较高,更接近中国的中高级干部后备人选而不是选调生。当然,党和国家中高级干部中有部分是经过多年实践锻炼的老选调生。

国内学术界对于选调生工作的发展历程、取得的成效、普遍存在的问题等进行了深入地研究。针对国内学术界的相关研究成果,笔者通过"中国知网"检索,不分年份和学科领域,首先以"选调生"为"主题"和"篇名"进行检索,分别得到 964 篇和 543 篇有效文献(检索时间更新于 2023 年 5 月 28 日,下同);其次,以"选调生工作"为"主题"进行检索,共检索出相关文献 596 篇;再针对"选调生工作历史"为"主题"进行二次检索,得出相关文献 37 篇,其中学位论文占绝大多数。由上可知,国内学界对中国共产党选调生工作历史的直接研究成果几乎没有,间接研究成果屈指可数。现有研究都是在研究选调生工作时回顾分析选调生工作历史进程,还没有专门对选调生工作历史进程进行整体研究的学术成果。专著方面有中共四川省委组织部所著《坚实的足迹 闪光的青春 四川省选调生工作概览》(1999)、笔者所著《选调生 中国特色干部后备力量》(2012),滕玉成、王铭、朱晓杰、翟福芳所著《选调生工作研究》(2015)和刘阅、赵佳明所著《新时代高校选调生工作研究》(2021)。当前学界的研究成果只是粗线条地勾勒出中国共产党选调生工作历史进程的基本轮廓, 对该问题的研究尚不够系统详尽,具体问题的分析和研究也不够全面,但是为我们由自发转向自觉、进一步对选调生工作历史进程展开系统全面地挖掘提供了研究基础。

1."三阶段"说

万红在研究选调生选用工作的发展历程时, 提出三个关键节点:1965 年选调生政策的最初实施、1980 年开始的优秀大学生的选拔工作和 2002 年以来选调生工作的逐步规范化。[①]笔者在对选调生工作历程全面梳理的基础上,提出了七个关键节点,即 1965 年,选调生工作的起源;1982 年,选调生工作正式提上议事日程;1986 年,全国选调生工作进入暂停和改变阶段;1992 年,选调生再调整再改革;2000 年, 选调生工作迎来新的开始;2003 年, 选调生出现一些新的变

---

① 万红:《公务员队伍中选调生群体的选用问题研究》,山东大学 2008 年硕士学位论文。

化;2008 年,中组部加强对全国选调生工作的指导。①笔者的学术观点偏重于三阶段说。萧鸣政等学者提出,选调生政策的发展历程应当以三个重要文件的出台实施为分界线,从而将选调生政策的创立、完善和发展分为三个阶段:第一个阶段是萌芽发展阶段(1965—1982),代表性文件是 1965 年中共中央下发的《关于分配一批高等学校毕业生到基层工作的指示》,这是关于选调生最早的文件,选调生工作由此拉开序幕;第二个阶段是恢复发展阶段(1983—1999),代表性文件是 1983 年中共中央组织部下发的《关于选调应届优秀大学毕业生到基层培养锻炼的通知》,标志着被"文革"中断十年的选调生政策恢复实施,并在此后的十多年中得到了逐步发展;第三个阶段是规范发展阶段(2000 年至今),代表性文件是 2000 年中共中央组织部下发的《关于进一步做好选调应届优秀大学毕业生到基层培养锻炼工作的通知》,这份文件肯定了此前几十年选调生政策的实施效果和积极意义,对进一步做好选调生工作进行了相对全面和详尽的部署,尤其是明确了选调生政策的目标,选调生工作进入规范发展和规模化发展的新阶段。②刘阅等学者提出高校选调生工作的制度变迁三个时期,即起航与拓展:全面建设社会主义时期;扬帆与深化:社会主义现代化建设新时期;成熟与发展:中国特色社会主义进入新时代。③

2."四阶段"说

雷浩巍将选调生培养的发展历史分为四个阶段:初始阶段(1965—1976年)、试验阶段(1977—1986 年)、研究阶段(1986—1995 年)、探索阶段(1996 年至今),提出在试验阶段前期的选调生晋升较快,有些选调生在地方上并没有得

---

① 肖桂国:《选调生 中国特色干部后备力量》,世界图书出版广东有限公司,2012 年,第 17~30 页。
② 萧鸣政、卢亮、王延涛:《选调生政策及其实施效果》,《北京大学教育评论》,2015 年第 13 期。
③ 刘阅、赵佳明:《新时代高校选调生工作研究》,中国发展出版社,2021 年,第 18~64 页。

到充分的锻炼便升迁到了上一级部门,这种情况在 1984 年后有了改变。①朱晓杰也将选调生工作的历史沿革分为四个阶段,即初始阶段、全面展开阶段、调整改革阶段和探索规范阶段,②其导师滕玉成等学者的研究与此类似,将选调生工作的历史发展分为初始探索、全面展开、调整改革、完善深化四个阶段。③李亚军提出,选调生历史发展的阶段划分为四个:1978 年以前为初始阶段,这个阶段主要是出现选调生工作的"火苗",但在改革开放前长期处于停滞状态;改革开放到 1999 年为探索阶段,从中央到地方都在摸索建立选调生工作制度和政策,有些省启动了选调生工作,而有些省并未启动选调生工作;以 1999 年中央组织部召开选调生座谈会为契机,各省市积极响应,进入了全面发展阶段;以 2014 年中央机关首次面向重点高校开展定向选调生工作,进入了定向选调的新阶段。④

3."五阶段"说

孙进宝对选调生工作的发展沿革采取了诗意表达的方式,认为选调生工作历程由曲折中的萌芽(1965—1976 年)、料峭中的破土(1977—1991 年)、暖阳中的勃发(1992—1999 年)、规范中的成长(2000—2008 年)和指导下的完善(2009年至今)五部分组成。"曲折中的萌芽"的特点是:一是注重发挥高校毕业生自身的优势。二是注重在基层工作中培养锻炼干部。三是注重毕业生分配在加强基层建设中的作用。"料峭中的破土"阶段的特点:1983 年下发的《关于选调应届优秀大学毕业生到基层培养锻炼的通知》标志着选调生工作走上了规范化和制度化轨道。"暖阳中的勃发"阶段的特点:随着改革的不断深化,选调生工作经过多次的探索和试验,逐渐被认可并逐步的采用,这也为选调生工作全面恢复和进一步调整奠定了良好基础。党在恢复选调生工作的同时也补足了之前工作中的

---

① 雷浩巍:《地方选调生培养问题研究》,西南财经大学 2010 年硕士学位论文。
② 朱晓杰:《选调生工作的问题及对策研究——以山东省为例》,山东大学 2012 年硕士学位论文。
③ 滕玉成、王铭、朱晓杰、翟福芳:《选调生工作研究》,山东大学出版社,2015 年,第 25~33 页。
④ 李亚军:《我国选调生选拔培养实践研究》,南京大学 2019 年硕士学位论文。

短板,由于之前工作中始终把选调生在基层的工作当成一种暂时的锻炼,在基层实践过一段时间后就会回到更高层的机关"另有重用",这难免会使部分选调生在基层不能安心工作。而这一时期的政策调整使得选调生的培养选拔不再与提拔挂钩,选调生仅仅是作为组织上重点培养的干部在基层接受锻炼,并不存在什么组织上的特殊照顾。"规范中的成长"阶段的特点:选调生工作的模式开始出现多样化。高校的扩招,培养了大批优秀毕业生,毕业生专业结构也不断优化。党开始根据多种需求,有针对性的选调学生到基层工作,改变了以往仅仅是凭国家计划安排调配毕业生的传统工作方法,而选调的大学生也将在基层发挥自身的专业优势从事不同的工作。"指导下的完善"阶段的特点:中央和省级以上党政机关自2012年始,不再从应届毕业生中招录公务员。由于参加选调有利于积累基层工作经验,这就意味着应届毕业生进入中央和省级党政机关的道路,必须要先经过基层工作锻炼或者选调工作,之后才能再继续参加考录。①

选调生工作历史进程虽然存在不同的划分法,但有几点是共同的:一是所有学者都提出选调生工作的起点是1965年;二是选调生工作的立足点在于更好地为党和人民事业持续提供高质量的优秀年轻干部,从而改善干部队伍的结构,提高干部队伍整体质量;三是选调生工作取得了显著成绩,为党培养了许多优秀干部,积累了宝贵经验,同时还存在不足。

四、研究思路和研究方法

1.研究思路

中国共产党选调生工作历史研究,其主旨在于通过考察中国共产党选调生工作的历史进程,进而论证从选调生工作的产生、休眠、重生、发展、暂停、勃发

---

① 孙进宝:《中国共产党选调生工作问题研究》,中共中央党校2017年博士学位论文。

等的主要特点与历史经验,形成研究党的选调生工作的完整闭环。

2.研究方法

选调生工作历史研究主要采用文献方法和分析方法等。文献方法包括全面占有史料的方法、"长编法"、文本解读法等。全面占有史料的方法是指在时间上,不仅搜集选调生工作诞生以来的史料,而且搜集选调生工作诞生以前的史料,包括马克思、列宁、毛泽东同志相关重要论述,中国古代的相关史料;在内容上,不仅搜集选调生工作自身的史料特别是核心史料,而且搜集接班人、新生力量、第三梯队、年轻干部、青年干部、大学生村官等史料。"长编法"是指根据研究思路和写作意向,把搜集到的史料,采用现代信息技术手段,按照时间先后顺序整理、排列、集中在一起,形成资料长编,反复阅读,找出它们之间的联系,删繁就简,把最集中的问题提炼出来,形成定稿。文本解读法是指认真研读经典作家的文本和相关历史文献,避免"诠释疏漏"和"过度诠释"等情况。同时,在研究中国共产党选调生工作历史时,紧密依托党的若干历史文献,梳理党和国家重要组织工作文件中关于党的选调生工作及其组成部分的相关内容。

分析方法包括"考异法"、客观分析法、系统分析法、纵向比较分析等。"考异法"是指把同一事项不同的记载、不同的版本排在一起,全面比较分析,推敲哪一种最可靠、最可信。客观分析法是指对历史事实特别是"文化大革命"时期党的选调生工作从客观历史事实出发、实事求是的方法。系统分析法是指从新时代党的建设新的伟大工程系统角度,分析选调生工作部分与党的建设、组织建设、干部、年轻干部工作等整体的关系,"以大观小""因小见大"。纵向比较分析是以时间为参照,比较分析某一对象或某一具体问题在不同时期所表现出的不同性质和特点。

五、创新和不足

1.学术创新

问题选择创新：当前全国选调生工作发展日新月异，自2018年中央提出每年的选调生名额占公务员计划的10%左右后，选调生的挑选和培养受到"双一流"建设高校及建设学科、体制内外和社会的广泛关注，发生了巨大变化，国内目前除少数文献对党的选调生工作历史进程进行了一些零碎甚至错误、歪曲的研究外，无全面、系统、准确论述。著作立足学科前沿，将弥补这方面空白。通过系统梳理，重点对党的十八大以来选调生工作实践探索进行研究，力图在时间维度上展示选调生工作政策的演变规律和历史动因，有利于从一个侧面全面把握新时代伟大变革的深刻内涵和重大意义，属于问题选择的创新。

应用范畴创新：打通选调生工作历史和现实壁垒，将两者联系在一起，使研究成果的应用跨越历史与现实两个范畴，并在党和人民事业发展、抓好后继有人这个根本大计两方面都发挥重要作用。

2.不足

一是受笔者学识、能力和时间所限，对中国共产党选调生工作自诞生以来的发展的基本经验和一般规律总结凝练尚不够全面和充分，这是一个研究难点，但同时也为后续研究提供了进一步拓展的空间。

二是比较研究外国在年轻干部和干部储备培养工作中的方式和经验教训不够。由于所掌握的其他国家年轻干部和干部储备培养的一手资料不足，仅在少数内容进行了讨论，这使研究内容很不充分。

三是搜集在当时历史条件下保留至今的图片、照片不够。由于所掌握的历史图片、照片不足，这部分研究内容也很不充分。

第一篇

序篇

支重要力量,他们的年龄在 20 岁至 30 岁之间。[1]为培养青年人才,党在早期采用多种方式对知识青年干部进行教育。党自己创办外国语学社、湖南自修大学等学校;与国民党合办上海大学和中山学院;选送党团员赴共产国际和苏联举办的莫斯科东方劳动者共产主义大学、莫斯科中山大学等学校就读。[2]

习近平总书记指出,我们党培养接班人有比较完备的制度,这是中国特色社会主义政治制度的独特优势。早在延安时期,我们党就提出"有计划地培养大批的新干部,就是我们的战斗任务"。

把培养接班人问题作为党的干部工作一个重要问题提出来,并逐步形成较为系统的思想理论,是遵义会议事实上确立毛泽东同志在党中央和红军的领导地位以后,特别是从全民族抗日战争后开始的。

一、大力吸收知识分子参加革命队伍

从全民族抗日战争到新民主主义革命胜利时期党的干部工作任务是培养新民主主义革命骨干,为建立社会主义新中国作干部准备。由于遵义会议前党的领导机关犯了严重错误,革命事业遭到严重挫折,加之在组织路线上对知识分子干部采取宗派主义、关门主义的错误政策,严重地削弱知识分子的作用,干部队伍的科学文化素质不适应当时形势发展的需要。发展党的领导力量,壮大抗日骨干队伍特别是知识分子干部队伍,是党所面临的极其紧迫的任务。1938年 3 月,中共中央《关于大量发展党员的决议》提出,要重点吸收积极的工人、雇农,城市中与乡村中革命的青年学生、知识分子等入党。由于党长期处在农村

---

① 中共嘉兴市委宣传部等:《中国共产党早期组织及其成员研究》,中共党史出版社,2013 年,第 8~9 页。

② 范国盛:《中国共产党早期干部教育研究》,华东师范大学 2020 年博士学位论文。

中,农民是部队主要成份、干部的主要源泉。1939 年 5 月,毛泽东在纪念五四运动 20 周年时指出,在中国的民主革命运动中,知识分子是首先觉悟的成分。他认为,知识分子如果不和工农民众相结合,将一事无成。"革命的或不革命的或反革命的知识分子的最后的分界,看其是否愿意并且实行和工农民众相结合。"他号召中国的知识青年们和学生青年们,一定要到工农群众中去,把占全国人口 90%的工农大众动员起来、组织起来。为增强知识分子的作用,1939 年 12 月,毛泽东进一步指出,对于知识分子的正确政策,是革命胜利的重要条件之一。①

同时,陈云在回顾历史上的历次运动和重大事件如农民运动、辛亥革命、五四运动、五卅运动、一二九运动、抗日战争、陕北革命等与知识分子的关系时,深刻指出,"半殖民地半封建国家的知识分子绝大多数是要革命的,许多革命是靠知识分子来领导的",他进而提出:"现在各方面都在抢知识分子,国民党在抢,我们也要抢,抢得慢就没有了。日本帝国主义也在收买中国的知识分子为它服务。如果把广大知识分子都争取到我们这里来,充分发挥他们的作用,那末,我们虽不能说天下完全是我们的,但是至少也有三分之一是我们的了。"②

随着一大批新干部特别是知识分子干部加入党的革命队伍,如何处理老干部与新干部的关系问题成了党的一项重要课题。毛泽东指出,老干部与新干部,外来干部与本地干部,军队干部与地方干部的关系,其实质就是一个同农民的关系问题,现在如此,将来还要加上一个同城市人民的关系问题。③一方面,党在革命斗争中特别是在苏维埃运动中培养、提拔、锻炼与保存了大批老干部;另一方面,在民族革命的浪潮中又培养与提拔了成千上万的新干部。因为新老干部

① 《毛泽东选集》(第二卷),人民出版社,2009 年,第 620 页。
② 《陈云文选》(第一卷),人民出版社,1995 年,第 180~181 页。
③ 《毛泽东文集》(第三卷),人民出版社,1996 年,第 401 页。

于官僚、地主、资本家家庭的有 194 人,占 19%;本人成份是学生的有 525 人,占 51%,小学教员有 179 人,占 17%;文化程度为小学的只有 87 人,仅占 8%,中学程度的有 665 人,占 65%,大学、留学生程度的有 265 人,占 26%。[①]第四期第一、二大队于 1938 年 8 月 1 日毕业,其余大队于当年底陆续毕业。这一期的教育取得了很大成绩,主要是把四千多名知识分子教育培养成为坚强的抗日军事、政治干部。这些青年在入学之初,虽然一般都有高涨的抗日热情和寻求中华民族振兴之路的愿望,但是大部分人对于共产党和共产主义还缺乏足够的认识,经过教育和实际锻炼,他们普遍地提高了认识,对共产党和共产主义有了较深刻的认识,初步树立起跟着共产党走,争取抗战最后胜利,在中国建立社会主义、共产主义制度的信念。多数同志从一个民主主义者转变为共产主义者,达到了共产党员的水平,光荣地参加了党的行列。在开学时,4655 名知识分子中,共产党员只有 530 名,仅占 11%;到毕业时,共产党员的人数增加到 3304 名,约占知识分子总数 71%。[②]同时,通过这一期大批吸收知识分子的工作,进一步取得了培养教育知识分子的丰富经验,总结出"依靠老干部为骨干,团结教育新干部"以及"知识分子工农化,工农分子知识化"等一系列行之有效的经验,造成一个新老干部亲密团结,工农干部与知识分子干部取长补短,共同提高,为党的事业并肩战斗的生动局面。

1942 年 3 月,陈云在总结延安训练新干部的方法时指出:"抗战初期的'抗大'、'陕公'的训练方法,学生在学校只学习几个月,之后就去参加工作。他们在学校中不只是学习马克思列宁主义的理论,而是培养生气勃勃的革命作风。现在许多'抗大'、'陕公'毕业之后参加工作的学生,已经在经验、能力和政治上都有了进步,这是正确的训练方法所获得的结果。"

---

① 《中共党史资料》(第七辑),中共党史资料出版社,1983 年,第 53 页。
② 《中共党史资料》(第七辑),中共党史资料出版社,1983 年,第 63 页。

在培养锻炼干部的过程中，彭真也非常重视总结培养干部的方式、方法。1941年9月，彭真在向中共中央政治局的报告①中指出，毫无工作经验而又自命非凡、目空一切、不知天高地厚的人，初出茅庐的一部分大学生，不到实际工作，特别是不到下层实际工作中去锻炼，很难锻炼得出来。他不会知道创业的艰难，不会知道自己究竟有多大本领。如果不经过斗争考验一下，提到领导机关来发号施令，一定会轻举妄动，一定成为党的败家子。家不是他创的，挥霍亦毫不知心疼；整个工作垮台可以，个人的面子、虚荣、威风、地位都动不得。现在我们还有些干部仍是上不上、下不下的，把他们放在下层实际工作中会慢慢锻炼出来。有些空谈家、幸进之徒经不起锻炼的，自己跑了、投敌了、堕落了、淘汰了。让实践作磨刀石，作试金石或照妖镜最好。不实际游泳就无从学会游泳。

对于组织干部去锻炼的注意事项，彭真指出，对新干部让他到工作中去锻炼时，不是让他去自生自灭，让他去乱碰，弄出乱子后再去批评、责骂、处罚他。要事前帮助他分析形势，使他了解政策，如何好好注意执行，坚持党的政策和制度，如何根据组织原则处理党内问题，如何去进行工作，如何把问题情形报告上级。在工作中随时给他们具体的指示帮助，使他步步入胜、胜任愉快。这样，弱的干部，就会成为强的干部；新的、生疏的干部很快会成为老练的干部。

三、有计划地大量地培养、训练和提拔干部

随着解放战争形势的快速发展，为解决干部缺乏的问题，满足党对干部的需要，党有计划地、大量地培养、训练和提拔干部。1948年10月，中共中央《关于准备五万三千个干部的决议》提出了一系列重要措施。其中，在可能开设大学的

---

① 彭真：《关于晋察冀边区党的工作和具体政策报告》，中共中央党校出版社，1981年，第188~189页。

地区开办正规大学,创办各种专门学校,在中学、大学及专门学校中大量地附设短期的速成学校或训练班,在已解放的城市中大量地使用及训练改造除了反动分子以外的原来的企业人员及公教职员。①经过一个时期之后,从中抽出一批加以训练派往新解放区工作。从国民党统治的大城市,如北平、天津、青岛、上海、南京、杭州、武汉、重庆、成都、厦门、广州、昆明等地大量吸收工人、知识分子到解放区来,进行必要的训练之后,派往各岗位去工作。

在接受训练的干部来源上,党十分注意吸收社会上的知识分子。1948 年 6 月,中央宣传部印发的《关于对中原新解放区知识分子方针的指示》提出,中原局除了尽可能地办军政学校以外,还要采取组织宣传队、剧团、随军工作队,以及财政、税收、司法、会计、医药、通讯、新闻等各种短期训练班,大量吸收现在已经决心参加工作的贫苦的或其他阶层出身的知识分子。同年 7 月,中共中央印发的《关于招收、训练当地知识分子解决干部不足问题给中原局的指示》强调,中原有大批知识分子,要尽量招收,加以短期训练后即可分配适当工作。这应该是当前干部的广大来源,必须十分注意争取、收集和教育他们,否则,下层工作干部很难解决。同年 12 月,中央就吸收平津地区知识分子问题给林彪等的指示要求:在华北军政大学设立一军政干部队,负责招收高中及大学生 6000 人,经短期训练后主要分配给东北野战军,一部分分给其他野战军;华北大学招收大中学生 7000 人,将来由中央统一支配;由华北局办一所革命干部学校,招收7000 名学生,培养党与群众工作的干部,准备将来使用于江南。但是由于条件限制,投考华北大学、华北人民革命大学和华北军政大学的学生很多被拒收。中央得知这一情况后,于 1949 年 3 月指示华北局,要求他们对来投考的学生只要具有初中以上文化就一律录取,不得拒绝,不要怕特务分子。中央还要求华北局分

---

① 公教职员,指旧时机关工作人员和学校教职员的合称。

送数千名学生给陕北、晋绥，并分送给每个区党委数百名。当时，由于知识分子多出身于地主富农家庭，不少地方的干部学校在招生时对他们作了限制。1948年1月，东北局专门作出的《关于知识分子的决定》提出，公家办的干部学校，一般地主富农子弟均可吸收；有党的领导的中学，都要大批招收包括地主富农子弟在内的学生，经过思想改造和审查，一批一批地动员到前方或介绍到其他干部学校。

在新干部问题上，强调提拔和培养并重。1948年11月，张闻天为东北局机关报《东北日报》起草的社论《大量提拔与培养新干部》指出，只有大量提拔与培养新干部，才是解决干部困难问题的主要方法。现在已经不是等到哪年哪月把新干部锻炼好了，培养好了，再来提拔的问题，而是立即在过去锻炼与培养的基础上加以提拔，再在提拔之后继续加以锻炼与培养的问题。平时只知道使用，不知道教育，一见工作中有了错误，也不加教育，就一脚踢开的办法，都是不对的，是一辈子也培养不出新干部来的。今后在大量提拔新干部的过程中，老干部不但不应放弃教育新干部的责任，而且更应加强对于新干部的教育工作。培养新干部是一件需要极大耐心的细致的工作，又是最有意义、最有结果的工作，决不能粗心大意，马虎从事。

大量培养、训练和提拔产业工人干部和技术干部。1946年2月，中央从华北、华中抽调1000个知识青年到东北，条件是20至30岁的高中至少初中毕业程度，身体健康的男性青年，最好都是党员。1948年12月，中央要求各地加强和改善各产业中的工会工作与党的工作，从产业工人和职员中细心挑选大批思想进步、工作积极、忠实可靠、懂得技术并有组织才能和办事才能的优秀分子，开办职工学校或速成的训练班，给他们以短期的政治训练及组织纪律训练和城市政策教育等，然后依照情况并在自愿条件下，征调他们到新解放区去工作。[①]

①　《中共中央文件选集（1948）》（第17册），中共中央党校出版社，1992年，第609~610页。

可见,我们党对干部文化水平的要求随着形势的变化,是逐步提高的,而且注重结合当时的现实条件,强调干部教育培训。

四、重视发展高等教育事业

新民主主义革命胜利后,党的地位和任务发生了重大变化。党成为了执政党,党的主要任务也由原来的开展武装斗争转变为领导社会主义革命和社会主义建设。1953 年,第一个五年经济建设计划开始实施。干部工作的重点转移到了培养社会主义事业建设人才上来。经过大批、迅速地发展党员和培养提拔干部,到 1954 年底,全国党员达 785 万人,整体科学文化素质比 1950 年有较大提升,但仍然较低。其中,大学程度党员 6.5 万人仅占全体党员的 0.8%,[①]比 1950 年的比例有所提高。除了大学程度党员以外,其他小学以上文化程度党员的文化水平也在不断地提高。虽然文盲党员占全体党员的比例比 1950 年降低了,但党员中的文盲仍然有 275.5 万人占 35%。党员的总体文化结构与社会主义经济建设的要求不相适应。领导干部的文化程度相对较高。根据中央 8 个工业部科长以上干部的统计,现有文化程度在初中以上的则占到 88.9%(其中大学和大学以上的占 27.1%)。[②]

在挑选提拔干部时,片面强调干部的斗争历史,忽视新生力量的思想仍普遍严重存在。很多高校和中专学校的毕业生被分配到领导机关做一般性的行政事务工作,得不到实际锻炼的机会;有些虽然被分配到工厂,但由于领导上缺乏有计划地培养,进步得也非常迟缓。据纺织工业部对 7 个纺织管理局所属工厂的调查,自 1949 年至 1953 年分配去的高校和中专学校的毕业生,共有 1775

---

① 《中国共产党组织史资料》(第九卷),中共党史出版社,2000 年,第 322~323 页。
② 《中国共产党组织史资料》(第九卷),中共党史出版社,2000 年,第 329 页。

人,其中被分配做技术工作的有 1416 人,几年来被提为技师的只有 8 人,占总数的 0.56%;①被提为工程师和助理工程师的则一个也没有。解放后,国家共给沈阳七二四厂派去 117 个大学生,由于工厂的领导干部片面地强调这些人的缺点和认为他们的"资格"不够,在行政职务和技术职务上没有一个被提拔的。特别值得注意的是,像这样的现象,并不是个别的或少数的,而是比较普遍的。邓小平在中共中央书记处的一次会议上指出,有许多新生力量,能力未得到很好发挥。好多大学毕业生,工作了几年还当见习技术员。他提出,要重视二十几岁、三十几岁的年轻人。"现在再不重视培养提拔年轻人就晚了,到了我们这个年纪就不行了"。

改变干部工作的方法。1953 年 11 月,中共中央提出,逐步建立分部分级管理干部制度。中共中央还提出,逐步建立后备干部名单制度,将发现、培养和提拔后备干部的工作,看作各级党委和一切管理干部部门的经常任务之一。随着我国进入社会主义建设时期,1957 年 2 月,中共中央提出,将干部工作的方法从过去大批地、迅速地提升干部职务的方法改变为稳定干部职务、提高干部能力的方法,要求各级党、政、群众团体和经济机关加强基层单位的工作,派强的干部到基层单位中去工作。按照中央要求,各地在相当一个时期内基本上不再从农村提拔干部脱离生产,对提拔工人当干部进行了严格控制,在职干部的提拔调动也大为减少。1957 年全国总共增加干部 5 万名,仅是 1956 年的 4%。1957年至 1959 年三年内,各级党委提拔的领导干部只有 11 万人。②各地本着改进工作方法、提高工作效率的精神,充分挖掘已有干部的潜力,将更多精力放在培养提高干部的能力素质上。稳定提高干部工作方针的实行,一方面抑制了干部队伍的进一步膨胀,使干部队伍增长过热的势头冷了下来;另一方面也促使广大

---

① 《中国共产党组织史资料》(第九卷),中共党史出版社,2000 年,第 330 页。
② 中共中央组织部:《中国共产党组织建设一百年》,党建读物出版社,2021 年,第 213~214 页。

到几年的劳动锻炼以后,再根据他们的专长和在劳动中的表现,分配他们的工作。为贯彻执行党的干部工作路线,1958 年 2 月,中共中央决定下放干部进行劳动锻炼。首先把那些没有经过劳动锻炼和实际斗争考验的青年知识分子和缺乏基层工作经验的干部放下去。凡是没有参加过体力劳动的大专学校毕业生,分配到工作岗位时,一般先下放到农村、工厂参加一年到两年的体力劳动。

为了争取国民经济的尽快好转,在三年困难时期,中共中央发出了一系列的规定和文件,要求党员干部发扬艰苦奋斗的精神,做人民群众的表率。中共中央先后决定精简职工,减少城镇人口,停办一些学校,下放干部,加强农业第一线,加强基层工作。在党员干部的带动下,全国有 2000 多万名城镇职工和家属回乡参加农业生产;有 100 余万名干部到基层劳动和工作。①1962 年,根据中共中央决定,中央一级机关抽调近百名部长、副部长、司局长级干部下放到粮食高产地区,担任地、县的领导工作。这些组织措施,对切实贯彻国民经济调整方针,改善党群关系,团结全国人民同心同德战胜困难,起了积极的作用。根据中央指示精神,全国各级的大多数领导机关掀起了下放劳动锻炼的热潮。到 1963 年底,全国县级以上机关 784 万干部中,累计下放 202 万人。②

六、继续采用"抗大"的方法培养训练干部

1961 年 5 月,中共中央文教小组根据刘少奇的意见代中央起草了关于举办"抗大"式政治学校训练一批革命的知识青年派到农村工作的指示草稿。毛泽东、刘少奇对指示稿进行了批语,刘少奇还对指示稿进行了修改,改写和加写了文字。同年 6 月,中共中央发出《关于举办"抗大"式政治学校训练一批革命的知

---

① 《中国共产党组织史资料》(第五卷),中共党史出版社,2000 年,第 23 页。
② 赵生晖:《中国共产党组织史纲要》,安徽人民出版社,1987 年,第 314 页。

识青年派到农村工作的指示》。《指示》强调,没有大批的革命知识分子到农村去工作,同农民结合起来,在乡村中就很难建设社会主义。为了进一步巩固农村人民公社,发展农业生产,急切需要训练一批具有中等以上文化水平、熟悉党的方针政策、革命的青年知识分子,充实人民公社和生产大队的干部队伍,改进人民公社和生产大队的管理工作。为此,中央决定,从现有在职的青年知识分子干部中或从当年高中、初中毕业生中,挑选3万到5万人,举办"抗大"式的政治学校,加以短期训练,派到农村参加工作或者参加劳动。中共中央指出,"这是一项具有深刻的革命意义的措施","必须在今后几年内,继续地有计划地训练大批的革命的青年知识分子到农村中去"。中央要求各级党组织,必须对这项工作予以足够重视,并且采取积极的办法做好这项工作。

综　述

党的选调生工作诞生于社会主义建设全面展开时期的 1964 年。在此之前的党的创建、大革命、土地革命战争、全民族抗日战争、全国解放战争、新中国建立初期等各个历史阶段，党根据政治路线的需要，不断在知识分子工作、创办学校、培养新党员新干部、发展高等教育、知识分子与工农相结合等方面进行探索和改进，逐步积累了许多培养选拔干部的方式方法和历史经验。这些经验客观上孕育着选调生工作的诞生。

选调生工作属于干部、人才、教育工作的范畴，由培养目标、培养途径和培养期三部分构成。培养目标包括工作目标和对象目标。总的工作目标是培养党和人民事业的接班人，不同历史时期有不同的具体目标，经历了一个由最初的、单一的培养高级干部（政治家）到如今同时综合培养基层干部、中级干部、高级干部（政治家）的变化过程。工作目标受接班人培养、高等教育、应届大学毕业生就业、干部政策、政治路线、基层建设、公务员法和突发事件等因素影响。对象目标是作为工作对象——选调生的锻炼成长目标。工作目标和对象目标应保持同一方向。培养途径是党的组织部门选调优秀应届大学毕业生到基层培养锻炼，又由主体、对象、方法等构成。牵头的主体是中央组织部和各省级党委组织部门，其行为包括选拔、分配、培训、考核、使用、管理、激励等。对象是优秀应届大学毕业生，具有能动性，品学兼优是其特征，自愿是其价值取向。培养方法包括大学教育、党校培训、基层实践锻炼、领导传帮带、跟踪培养等。培养目标统帅培养途径,培养途径服务于培养目标。培养目标又有短期目标和长期目标之分。选调生工作的三部分有机组合、相互作用、相互制约构成选调生工作的整体,缺少其中任何一个部分都不能构成整体的选调生工作。

重视知识分子工作为开启选调生工作创造了条件。"没有革命知识分子,革命就不会胜利"等重要论述,说明知识分子对党和人民事业具有重要作用。党从创建之初就认识到知识和知识分子、青年学生对革命的重要作用,立足革命和建设实际,在实践中逐步形成关于知识分子工作的一系列重要思想观点。在这些思想观点的指导下,党创办"抗大""陕公"等学校,源源不断培养大量革命知识分子,满足日益发展的革命需要。知识分子结业后大多被派往全国各地进行工作锻炼,成为各地党组织的骨干力量。新民主主义革命胜利后,党更加重视知识分子工作,大力发展高等教育事业,对知识分子的需要逐渐由革命为主转为建设为主。

知识分子特别是青年学生文化层次的不断提高为选调生工作准备了工作对象。根据不同阶段的政治路线和革命建设形势,党不断提高对知识分子特别是在政治和文化层次上的要求。随着党的事业不断发展,培养的知识分子、青年学生的文化层次也在不断提高。延安时期,从文盲、半文盲的农民到投奔延安的知识青年,小学、中学到大学等不同文化层次的知识分子齐聚延安。随着旧中国高等教育向新中国高等教育转变,新中国的大学生被大量培养出来,最优秀大学毕业生试行按名分配的办法随之提出,反映出党和人民事业对高文化层次知识分子的渴求。将大量大学生投入社会主义建设当中的同时,党和国家开始将少量应届大学毕业生分配至党政机关。

知识分子与工农群众相结合为选调生工作提供了方法论。在长期的革命斗争中,党总结出"依靠老干部为骨干,团结教育新干部"以及"知识分子工农化,工农分子知识化"等一系列行之有效的经验。因为知识分子的弱点等方面原因,党的八届三中全会提出"党从来就是注意选拔优秀的工农分子和同工农群众有密切联系的知识分子担负各种领导工作的"干部工作路线,对大中专毕业生下基层劳动锻炼提出明确要求。党通过举办"抗大"式政治学校训练革命知识青年,并将他们派到农村工作,对进一步形成知识分子特别是年轻知识分子到基层去、走与工农群众相结合的道路、在实践中锻炼成才的光荣传统具有重要意义。延安时期知识青年在"抗大"等学校学习几个月后即去参加工作、1961年举办"抗大"式政治学校训练革命知识青年到农村工作等成熟经验做法直接为选调生工作提供借鉴。通过几年的正规大学教育替代了几个月的短期训练,几个月的短期训练由"主"变"辅",预示着即将诞生选调生工作。

选调生工作出现之前,党主要采取发展教育事业、知识分子到基层工作锻炼等方法来培养接班人和优秀年轻干部。干部工作的主要任务从培养壮大新民主主义革命骨干队伍转变为培养社会主义事业的建设人才及其接班人,党和人民对干部提出更高更严的要求,遂党逐步加大从青年知识分子中培养优秀年轻干部力度,培养接班人和优秀年轻干部的方法和措施也由最初的、简单的单个方式发展至较为复杂的组合方式。

第二篇
社会主义革命和建设时期
党的选调生工作

第二章 党的选调生工作诞生于社会主义建设全面展开时期

党的选调生工作诞生于社会主义建设全面展开时期。这一时期,党的选调生工作初步建构起框架,但没有来得及进行规范和系统化,还没有形成比较完整的选调生工作的各项规章制度。选调生工作诞生之初,中国共产党虽然还没有提出"选调生"这一概念,但党十分重视从基层培养锻炼应届优秀大学毕业生。

一、党的选调生工作产生的历史背景

在培养提拔新生力量和革命事业接班人的背景下,经中央组织部大力推动,1964 年 3 月,党的选调生工作诞生了。中央组织部提出选调生工作措施后,立即挑选大学毕业生,布置选调生培训、基层工作锻炼和领导传帮带等工作。部分省(直辖市)参照中央组织部的做法,挑选优秀应届大学毕业生作为本省(直辖市)重点培养提高对象。1965 年 6 月,中央提出,分配一批高等学校毕业生到基层工作。1965 年 11 月,中共中央印发《对中央组织部关于提拔新生力量、接收新党员、加强农村党的建设的三个报告的批示》。其中,《关于培养提拔新生力量参加县、地、省领导工作的报告》指出,大力培养和提拔新生力量,是有计划、有步骤地解决革命事业接班人的一个重大问题。此后,一些优秀年轻干部走上县以上领导岗位。

1.培养接班人战略思想的提出

在提出培养和造就千百万无产阶级革命事业接班人之前,毛泽东就早已在思考这个问题。早在 1956 年 1 月,毛泽东指出,我国人民应该有一个远大的规划,要在几十年内,努力改变我国在经济上和科学文化上的落后状况,迅速达到世界上的先进水平。为了实现这个伟大的目标,决定一切的是要有干部,要有数量足够的、优秀的科学技术专家。在 1957 年 10 月党的八届三中全会闭幕会上,毛泽东首次提出又红又专,各级要有培养无产阶级知识分子的计划。1958 年 12 月,毛泽东提出要培养新生力量。后来毛泽东又提出要重视起用和鼓励年轻有为的干部。从党的八届十中全会起,毛泽东开始集中考虑鉴于苏联的教训,如何把革命事业传下去,不致中途发生问题。同时,一些地方党组织开始培养接班人,这一做法引起了党中央的重视。1964 年 5 月,东北局第一书记宋任穷向毛泽东汇报了辽宁省盖平县太阳升公社何屯大队党支部书记培养接班人的做法,认为这个党支部"有政治远见",提出应重视培养农村基层党组织的接班人。同年 6 月,毛泽东在中央政治局常委扩大会议上说,宋任穷的一个材料很值得注意,那个支部书记说要注意后事,注意培养提拔青年人。你不注意培养后代怎么行?

1964 年 6 月,毛泽东郑重提出要培养接班人及其五项条件。①同年 7 月,毛

---

① 接班人的五项条件:第一,必须是真正的马克思列宁主义者,而不是挂着马克思列宁主义招牌的修正主义者。第二,必须是全心全意为中国和世界大多数人服务的革命者,而不是在国内为一小撮资产阶级特权阶层的利益服务,在国际为帝国主义和反动派的利益服务。第三,必须是能够团结大多数人一道工作的无产阶级政治家。不但要团结和自己意见相同的人,而且要善于团结那些已被实践证明是犯了错误的人。但是,要特别警惕个人野心家和阴谋家,防止这样的坏人篡夺党和国家的各级领导。第四,必须是党的民主集中制的模范执行者,必须学会"从群众中来,到群众中去"的领导方法,必须养成善于听取群众意见的民主作风。而不能破坏党的民主集中制,专横跋扈,对同志搞突然袭击,不讲道理,实行个人独裁。第五,必须谦虚谨慎,戒骄戒躁,富于自我批评精神,勇于改正自己工作中的缺点和错误。而决不能文过饰非,把一切功劳归于自己,把一切错误归于别人。

泽东对此又作了进一步阐发,提出为了保证我们的党和国家不改变颜色,我们不仅需要正确的路线和政策,而且需要培养和造就千百万无产阶级革命事业的接班人。①培养无产阶级革命事业接班人的问题,从根本上来说,就是老一代无产阶级革命家所开创的马克思列宁主义的革命事业是不是后继有人的问题,就是将来我们党和国家的领导能不能继续掌握在无产阶级革命家手中的问题,就是我们的子孙后代能不能沿着马克思列宁主义的正确道路继续前进的问题,也就是我们能不能胜利地防止赫鲁晓夫修正主义在中国重演的问题。总之,这是关系我们党和国家命运的生死存亡的极其重大的问题。这是无产阶级革命事业的百年大计,千年大计,万年大计。我们一定要从上到下地、普遍地、经常不断地注意培养和造就革命事业的接班人。这是毛泽东对接班人问题的重大判断,对当时和今后的工作产生了深远影响。

无产阶级革命事业的接班人,是在群众斗争中产生的,是在革命大风大浪的锻炼中成长的。应当在长期的群众斗争中,考察和识别干部,挑选和培养接班人。

1964 年 9 月,中央组织部部长安子文在《人民日报》发表的文章《培养革命接班人是党的一项战略任务》指出,无论是年轻干部,或者是老干部,都应当到三大革命运动②中去锻炼,特别是要到基层单位中去锻炼。凡是没有经过基层锻炼的干部,都应当过好这一关。就是过去有基层工作经验、而现在缺乏社会主义革命时期的基层工作经验的同志,也需要补上这一课。如果不到基层单位中去锻炼,就没有资格做无产阶级革命事业的接班人。

文章指出,到基层单位去锻炼,必须参加社会主义教育运动,把运动的整个过程搞清楚,取得完整的经验。那种下乡、下厂走马看花、转一圈就离开的人;那

①　《关于赫鲁晓夫的假共产主义及其在世界历史上的教训　九评苏共中央的公开信》,《人民日报》,1964 年 7 月 14 日。

②　三大革命运动:阶级斗争、生产斗争和科学实验。

种到群众中发一通议论、收集一点材料就回机关的人;那种下去以后,仍旧只依靠干部的口头汇报、书面材料进行工作,不愿意深入群众亲自调查研究的人;那种下去以后,只传达上级指示,不根据上级指示认真研究和解决下面存在的问题的人;那种下去以后长期住在招待所,住在机关里,不愿意同群众一道生活的人;那种下去以后,不积极参加体力劳动,游手好闲,四体不勤,五谷不分的人;那种虽然生活在群众当中,但是对火热的阶级斗争、生产斗争采取不闻不问的冷淡态度的人等,所有这些人,都不能叫作到基层单位中,到群众斗争中去锻炼,都不能叫作蹲点,最多只能叫作"走点"或"看点"。

文章强调,培养接班人的工作,归根到底,要靠老干部来做。是不是满腔热忱地欢迎和关心革命的新生力量,是不是积极地培养革命的接班人,是测量每个干部党性强弱的一个标志。

文章指出,干部工作中的保守思想和习惯势力表现在有些同志思想落后于实际,对新形势认识不清,对党中央和毛泽东同志提出的培养接班人的伟大战略任务了解不够,体会不深;也表现在有些同志不大了解新生力量成长的实际情况,需要干部的时候就向上级伸手要,不积极培养,也不主动发现;还表现在干部工作上的一套清规戒律:论资格,排辈数,比级别,套框框。这些保守思想和习惯势力必须迅速加以克服。

安子文最后强调,要根据社会主义革命和建设事业的需要,做好培养新生力量和革命接班人特别是各级主要领导干部接班人的规划。要有计划地、有针对性地整顿、调整和加强各级领导班子。把久经考验的老干部同年轻优秀的新生力量搭配好,把培养对象和培养办法落实好。

毛泽东提出培养接班人问题,主要有国内和国际两方面原因。国内方面,当时党的干部队伍状况无论从数量上还是从质量上都不完全适应形势。党员干部整体科学文化素质低。新中国成立之初,党的各级干部都还年富力强,到了六十年代年龄逐渐大起来,交接班问题越来越有紧迫性。六十年代中期以后,毛泽东已经70多岁,年事增高加重了他对身后事安排的紧迫感,令他殚精竭虑的是党和国家的前途和命运。国际方面,世界上第一个社会主义国家——苏联的领导集团发生了重大变化,当时的苏联领导人赫鲁晓夫全盘否定斯大林,并推行大国沙文主义政策。党内有不少同志认为,这是由于斯大林没有选好接班人造成的。由此,党更加重视培养接班人问题。帝国主义美国的杜勒斯兄弟提出了"和平演变"战略,他们把"希望"寄托在我们党的第三代、第四代身上,这也促使党将培养接班人问题提高到战略层次。

培养接班人战略思想的提出和全面实施,带动了全党全国各级组织将后继有人提上工作日程,广大青少年积极向上、争当接班人的良好局面逐渐形成。

2.高等教育与党员干部队伍的状况和特点

高等教育的蓬勃发展为选调生工作的开展创造了条件。1963年和1964年是高等学校毕业生人数最多的两年。1964年,全国高校毕业生20.17万人,其中重点高校毕业生6.3万多人,中共党员1万人。[①]这些毕业生从小接受新社会教育,受资产阶级教育影响较小,政治可靠,大学期间又注重社会实践或经过社会主义教育运动,主要是参加农村的"四清[②]"运动。党认为,他们可择优作为新生

---

① 《中共中央文件选集(1964年5月—8月)》(第四十六册),人民出版社,2013年,第259页。

② "四清",指1963年至1965年间,在我国部分农村和少数城市基层开展的社会主义教育运动。中共中央先后制定了《关于目前农村工作中若干问题的决定(草案)》《关于农村社会主义教育运动中一些具体政策的规定(草案)》《农村社会主义教育运动中目前提出的一些问题》,作为指导运动的文件。农村的社教运动,起初以清账目、清仓库、清财务、清工分(后称"小四清")为主;城市社教运动原为反对贪污盗窃、反对投机倒把、反对铺张浪费、反对分散主义、反对官僚主义的"五反"运动。后来,城乡社教运动的内容都发展为清政治、清经济、清组织和清思想四个方面,统称"四清"运动。这个运动,虽然对于解决干部作风和经营管理等方面的问题起了一定的作用,但由于把这些不同性质的问题都认为是阶级斗争或者是阶级斗争在党内的反映,在1964年下半年使不少基层干部受到不应有的打击。在1965年又错误地提出了运动的重点是整"党内那些走资本主义道路的当权派",这个提法后来发展成为发动"文化大革命"的错误论点之一。

力量和接班人来培养。

1965 年,中共中央组织部上报党中央的《关于目前党员的情况和今后六年接收党员意见的报告》指出,高校学生中党员太少。1958 年,党员占大学生总数的比例是 8.7%,以后逐年下降。1965 年全国大学生中只有党员 15000 人,占大学生总数的 2.2%。一些学校的学生党员占学生总数的比例不到 1%。随着一部分学生毕业离校,大学生中党员将只有 8000 人,大学生中党员的比例也将下降为 1%。①中央要求,高校学生党员的比例逐步做到能够经常保持在 15% 左右,高年级的比例更大点,绝密的专业和学校的比例可高于普通专业和学校。高等学校的特点同军队有点类似,要年年在学生中发展党员,不能间断,并且要从一二年级开始。

1964 年 9 月,中共中央、国务院《关于组织高等学校文科师生参加社会主义教育运动的通知》指出,高校文科脱离实际的倾向十分严重。某些混进党内的不纯分子,爬上了基层党的领导岗位。有些学生不听党的话、不跟着党走,而是跟着资产阶级专家跑。他们可能成为资产阶级的接班人。这样发展下去,不仅严重影响到我们革命下一代的成长,而且由于文科毕业生将来会掌握国家的上层建筑,将使我国有发生"和平演变"的危险。这种状态,必须从根本上加以改变。今后的方向,就是使文科院校附设工厂或者迁到农场,办成半工半读或者半耕半读的学校,一面参加生产劳动,一面读书。这样做的目的,是使文科师生通过生产劳动和阶级斗争,向工农群众学习,和工农群众打成一片,逐步锻炼成为无产阶级的革命战士。必须首先抓紧组织高校文科师生参加正在开展的社会主义教育运动,使他们接受教育和锻炼,提高社会主义觉悟。只有这样,才能使文科师生走出"书斋",逐步克服长期存在的从书本到书本、从概念到概念,脱离生产劳

---

① 《建国以来重要文献选编》(第二十册),中央文献出版社,1998 年,第 556 页。

动，脱离实际等不良学风；才能培养出无产阶级革命事业的接班人。第二年2月，中共中央、国务院又印发《关于组织高等学校理、工科师生参加社会主义教育运动的通知》。通知要求，高校理工科师生，原则上应同文科一样，必须积极参加社会主义教育运动，接受教育和锻炼。从1965年暑假起，各高校分期分批组织高年级师生参加一期"四清"的全部过程或主要过程。

二、20 世纪 60 年代对选调生工作的初步探索

1.培养新生力量措施与选调生工作的产生

从党的八届十中全会起，中央组织部逐渐把培养提拔新生力量作为组织工作和干部工作的重点任务之一。1963年上半年，中央组织部到福建调查，发现地、县领导干部年龄较大、本地干部所占比例很小的问题。同年9月，中央组织部在给毛泽东和中央政治局常委会关于加强地委以上各级领导核心和培养第一把手接班人问题的报告上指出，现在中央国家机关各部、委和各省（自治区、直辖市）党委第一把手的平均年龄是56岁。再过10年、8年，岁数大的问题就会更加突出。地委以上各级领导机关第一把手的接班人问题，已经是一个十分迫切需要解决的问题。如果我们现在不注意培养第一把手的接班人，将来就会有脱节的危险。建议中共中央从现在起，就应该有意识、有计划地注意培养第一把手的接班人，并提出地委以上各级单位既要有久经锻炼的、经验丰富的老骨干，又要有后起优秀的新生力量。培养新生力量和接班人应成为各级领导干部的一项重要任务。

毛泽东阅后批交中央书记处研究，中央书记处讨论后认为，报告所提原则是正确的，要中央组织部提出具体执行的办法和意见。1964年2月至3月，根据中共中央书记处和邓小平的指示，中共中央组织部在北京召开各中央局组织部

长座谈会,集中讨论研究培养提拔新生力量、安排丧失工作能力老干部等问题。大家反映县以上各级领导核心普遍缺乏年轻干部,一致认为培养提拔新生力量十分重要,现在强调提出培养提拔新生力量是时候了。今后几年内,要把培养提拔新生力量作为党的干部工作的一个关键性问题来抓。

具体负责党政干部培养选拔工作的中央组织部二处(未设司局)根据自身工作经验,向中央组织部领导提出建议:开展选调生工作,将这项工作作为贯彻执行毛泽东和中央决策部署、培养地委以上各级领导核心和第一把手接班人的具体举措。建议获得了中央组织部部长安子文同意,并上报刘少奇和中央书记处批准。随后,选调生工作写进了安子文在即将召开的中央局组织部长座谈会上的讲话稿中。

安子文在各中央局组织部长座谈会上指出,什么是新生力量?新生力量就是年青有为的,或者说,后起之秀。既要年青,又要有为,两个条件结合起来,缺一不可。光讲年青,不讲有为,要犯很大错误。光讲有为,不论年龄,那不是属于培养提拔新生力量范围,而是属于一般培养提拔干部范围。培养提拔新生力量是培养提拔干部的一个重要方面。党在过去有时一般地提"培养提拔干部",有时除一般地提"培养提拔干部"外,还着重提"培养提拔新生力量"。要突出地提出培养提拔新生力量的问题。①

一是工作需要。干部队伍同国际国内形势不完全适应,缺乏足够数量的、政治上坚强的、熟悉各行各业业务的干部,特别是理论工作干部、外事工作干部和科学技术干部,这是一方面。另一方面,在各级、各部门、各单位中,有相当一部分领导核心缺额不少。在领导干部中有一些人身体不好,不能坚持正常的工作;还有一些人年老体衰,担任领导工作有困难,还有一些人因为各种原因不适宜

---

① 《中共党史教学参考资料》(第二十四册),国防大学出版社,1986年,第409页。

于担任领导工作。

二是接班问题。解放初期的青年人,到1964年已是中年人。那时的中年人,到1964年已是老年人。县以上各级领导核心,普遍缺乏新的血液。各级领导骨干的年龄普遍比较大。"省部级领导干部,多数是五十几岁,甚至六十几岁,少数是五十以下的。厅局级领导干部,一般是四十六、七、八岁。县委书记一般也是四十多岁"。要培养一个比较成熟的、有全面经验的领导干部,需要相当长的时间,需要十几年,不是几年。新陈代谢是自然规律,老的骨干总是要衰老的。如果不及早培养新的,将来就有后继无人的危险。

三是关系重大。从国际共产主义运动的经验看,培养接班人的问题是一个关系革命前途的大问题。如果不能把真正革命的接班人一批一批地培养出来,将来党和国家就有变质的危险,革命的事业就会中断,革命的成果就会丧失。苏联的教训深刻。

安子文强调,要跟上形势,跟上中央和毛泽东主席的指示,干部工作就必须提出一些具体措施,把能够继承毛泽东思想、继承党的好传统、好作风的接班人培养出来,把党的革命事业一代一代地传下去。

为此,安子文提出了八条培养选拔新生力量的具体措施:

一是对缺乏实际斗争锻炼的、有培养前途的干部,要排一个队,下决心在几年内分批下放到县、社和厂矿企业担任领导工作,取得基层工作经验。

二是对理论水平较低的、有培养前途的干部,也要排个队,下决心在几年内分批抽调到各级党校进行基本理论知识的训练,学习马列主义和毛泽东著作。

三是对比较年轻、文化较低、有培养前途的工农干部,应当有计划地采取各种形式,提高他们的文化水平,使他们过好文化关。

四是各级领导干部在实际工作中要带好新干部。

五是要培养一些30岁以下的县委书记或副书记、40岁以下的地委书记或副书记,选拔一批 40 岁左右的干部参加省(自治区、直辖市)党委和中央各部委的领导工作。

六是精选几百个特别优秀的青年知识分子干部到县里锻炼,进行特殊的培养,用于特殊的用途。

七是每年从大学毕业生中选择几十名工农家庭出身的最优秀的党员,集中起来,加以短期训练,到基层去锻炼,经过一段时间当大队长、当支部书记。锻炼五六年也不过 30 岁,可能成为县委书记的候选人。

八是每年从年青优秀的工农分子中选拔若干人,到基层工作五六年。注意不断地补充干部队伍的新鲜血液。①

其中,第七条指的就是选调生工作。

经会议讨论后,中央组织部对安子文的讲话进行了修改完善,并以此为基础,中央组织部于当月向中央政治局常委作了《关于培养提拔新生力量的报告》。《报告》指出,从长远来说,更重要的是培养。必须做好对广大干部的培养提高工作。广大干部普遍地提高了,才能有更多的新生力量源源不断地涌现出来。应该根据党的干部工作路线和党在培养干部方面的历史经验,按照理论和实践相结合的原则,针对工农干部和知识分子干部的具体特点,采取切实有效的措施,使他们不断地革命化,又红又专。

《报告》提出要着重做好四项工作:

一是现在县以上各级领导机关中,都有一些年轻优秀的知识分子干部。他们在工作中很得力,就是缺乏实际斗争锻炼和基层工作经验。对这些干部,要开列名单,下决心在三、五年内,分批下放到县、社和厂矿企业担任领导干部,使他们取得基层工作经验,加强同工农群众的联系。

---

① 陈凤楼:《中国共产党干部工作史纲》(1921—2011),党建读物出版社,2012 年,第 163 页。

二是对理论水平较低，有培养前途的干部，要开列名单，下决心在三、五年内，分批抽调到各级党校进行基本理论知识的训练，学习马克思列宁主义，学习毛泽东主席的著作。

三是对文化较低、比较年轻，有培养前途的工农干部，要开列名单，采取各种办法，积极地、及时地帮助他们过好"文化关"，使他们进步得更快，更顺利。省、地、县三级党校或党训班，都应该附设干部文化训练班。

四是各级领导干部要在实际工作中带好被领导干部。要提倡带徒弟，抓思想，教经验，传作风。老干部要带好新干部。各个领导岗位上的第一把手要有意识地培养二把手、三把手，准备第一把手的接替人。要把新生力量是不是成长得又多又快又好，作为检验领导的标准之一。

《报告》指出，以上四条，是中央历来指示的培养干部的基本方法。

对于已经涌现出来的特殊优秀的年轻干部，《报告》提出，还要采取以下三项措施，进行重点培养：

一是从全国范围内精选一批最优秀的青年知识分子干部到上面去锻炼。可以先让他们在条件较好的地方工作几年，然后再让他们到条件较差的地方工作几年。这样经过七、八年的锻炼，其中一部分真正优秀的干部，在他们四十岁左右的时候，可能比较成熟，如有需要，就可以把他们直接提拔上来参加领导工作。

二是每年从全国各大学的毕业生中选择最优秀的党员，到基层进行培养。

三是最近几年，在工农业生产战线上，已经有了一大批有文化的工人和农民。这样的人，将来会越来越多。在他们中间，肯定是会出一批人才的。[①]

重点培养措施中的第二条是选调生工作。此时的选调生工作，经过优化，更具现实针对性。

---

① 刘华峰、王雨亭：《中国共产党组织工作大事记》，辽宁人民出版社，1992年，第563~564页。

2009 年 9 月,习近平在中央党校 2009 年秋季开学典礼上的讲话《关于新中国 60 年党的建设的几点思考》对上述历史经验做法进行了总结回顾。其中,习近平提到了选调生工作。

八条措施和三项重点措施的正式提出标志着选调生工作的产生。

2.早期选调生工作的三种形式

选调生工作一经提出,中央组织部立即着手落实。1964 年 4 月,中央组织部致信国家计委、高等教育部、内务部党组,启动优秀应届大学毕业生挑选工作,[①]又于同年 5 月下发关于从 15 个省市挑选 60 名应届毕业生的通知。

1964 年 6 月,部分省、直辖市参照中央组织部做法,挑选优秀应届大学毕业生作为本省市重点培养提高对象。1965 年,挑选名额翻番,中央组织部从 17 个省市的应届大学毕业生中挑选 130 名进行重点培养,[②]实际选出 120 名毕业生,并增加了女生名额。[③]关于毕业生的质量平衡,高等教育部要求在需要与可能结合的条件下,做到重点和一般兼顾,以保证重点为主;军用和民用兼顾,以保证军用为主;中央和地方兼顾,以保证中央为主的原则。这一要求也体现了选调生工作的开创性。1964 年、1965 年连续两年,中央组织部和省(直辖市)党委组织部两级组织部门从全国应届高校毕业生中选拔了 1000 多名最优秀的苗子进行重点培养,其中中央选调生 179 名,由中央组织部直接负责培养和组织锻炼。辽宁、湖南、江苏、上海等省(直辖市)选调生 900 名左右。

1965 年 6 月,中共中央分配一批高等学校毕业生到基层工作。

---

① 何东昌:《中华人民共和国重要教育文献》(1949—1975),海南出版社,1998 年,第 1282 页。
② 朱克民:《吉林省志》(卷十一)(政事志·人事),吉林人民出版社,1994 年,第 134 页。
③ 徐天:《六十年代的"接班人计划"》,《中国新闻周刊》,2014 年第 33 期。

三、中央组织部直接负责重点培养大学毕业生

根据中共中央关于培养提拔新生力量和革命事业接班人的指示精神，落实中央组织部部长安子文在各中央局组织部长座谈会上提出的措施，1964 年 5 月，中央组织部下发《关于挑选 60 名大学毕业生的有关事项的通知》，部署选调生工作。

关于挑选范围，《通知》提出，从 15 个省市的应届毕业生中进行挑选。名额分配是：北京 8 名，四川、江苏各 5 名，黑龙江、辽宁、河北、上海、湖北、广东各 4 名，吉林、山东、福建、河南、湖南、陕西各 3 名。[①]挑选毕业生的数量约占当年党员大学毕业生的千分之六。

关于挑选的条件，《通知》提出，要挑选"工农家庭出身、政治思想好、历史清楚、学习成绩优良、身体健康而有培养前途的优秀党员"，这是基本条件。应注意挑选那些头脑清楚，有活动能力，善于联系群众，经过一定社会工作(党、团组织和学生组织的工作)锻炼的毕业生。要从全省(直辖市)范围内的应届毕业生中挑选最优秀的，要拔尖子。但学国防尖端专业的毕业生不要挑选。

关于挑选工作组织，《通知》指出，毕业生的挑选、审查、名单的确定、与本人谈话等工作，均由有关省市委组织部负责。关于工作分配，在与本人谈话时，要说清楚，先由中央组织部组织选调生到农村基层参加一年社会主义教育运动，进行劳动锻炼和基层工作锻炼，然后再分配他们做党的工作、政权工作、厂矿企业中党的工作或行政工作。要做好思想动员工作，做到本人自觉自愿，不要勉强。

---

① 　何东昌：《中华人民共和国重要教育文献》(1949—1975)，海南出版社，1998 年，第 1282 页。

关于基层工作锻炼,《通知》要求,挑选出来的毕业生,先到中央高级党校报到,进行三个月的短期学习,学习后,组成 3 个工作队分别到山西、江苏、湖南三省参加社会主义教育运动,进行劳动锻炼和基层工作锻炼。山西、江苏、湖南三省各选调一名思想好、作风好、能力强的县委书记或副书记,也到高级党校报到,以便领导这批选调生进行学习,并在学习后带领他们下去参加社会主义教育运动。

1964 年 7 月,因中共中央高级党校开始批判副校长杨献珍的"合二为一"理论,选调生的理论学习计划被取消。全国第一批选调生直接参加"四清"。1964 年夏,中央组织部实际挑选的 59 名选调生,20 人左右一组,分赴江苏、山西和湖南三省农村开展"四清"。[①]去山西一组的选调生来自北京市、吉林省、黑龙江省、辽宁省和陕西省,一共 22 名,由山西太谷县委副书记带队。[②]去湖南一组的选调生来自四川省、湖南省、湖北省、广东省和河南省,一共 18 名。去江苏一组的选调生来自河北省、山东省、上海市、江苏省和福建省,一共 19 名,由江苏省泰兴县委书记带队。一些工作能力较强的选调生被任命为大队下面的小组长。

1965 年,中共中央组织部在 1964 年基础上,决定从 17 个省(直辖市)的应届大学毕业生中挑选 120 名进行重点培养。挑选省的范围在 1964 年基础上增加浙江、安徽两省。挑选的条件除了将 1964 的"历史清楚"改成"主要社会关系没有严重政治问题"以外,其他无变化。按照中共中央的要求,吉林省在本省高校应届毕业生中挑选了 6 名优秀分子送中共中央组织部培养。同济大学、复旦大学、上海交通大学、南开大学、山东大学、山东师范大学、吉林师范大学等高校成为选调生主要输送的高校。

1965 年秋,中共中央组织部将 1964 年选调生和 1965 年来自北京市、上海

---

① 徐天:《六十年代的"接班人计划"》,《中国新闻周刊》,2014 年第 33 期。
② 张邦应:《善德堂随感诗集》,北岳文艺出版社,2016 年,第 61 页。

市的选调生集中到北京进行培训。培训完后,这些选调生就随中央组织部领导分赴河北省、陕西省和山西省农村进行"四清"。山西省由后来曾担任中央组织部部长的副部长陈野苹带队,陕西省由另一名中央组织部领导带队,河北省由中组部部长安子文亲自带队。河北省这一组的选调生分在正定县二十里铺公社二十里铺大队、东两岭大队。选调生分散住在不同的大队,在农民家吃、住,每天的伙食标准是 0.3 元钱。①中央组织部六处处长担任二十里铺大队队长,副队长是化名为韩文的安子文,指导员、副指导员分别是河北省委组织部部长、中央组织部研究室副主任。

东北地区八所高校的 17 名中央选调生,没有到北京参加集训。他们就地在辽宁省委党校培训。1965 年,东北三省有 17 名应届大学毕业生入选中央选调生,分别来自哈尔滨工业大学、黑龙江农学院、吉林工业大学、东北工学院、辽宁大学等高等院校。其中辽宁大学 4 人,哲学系、历史系、中文系、经济系各 1 人。②1965 年 9 月,这些选调生组成的"青年干部培训班"与辽宁省委党校一起开学。和中央选调生一起参加培训的,还有辽宁省本省挑选的省内接班人。选调生们到辽宁省委党校集合,接受为期两个月的集中培训,然后于当年 11 月在省委党校的组织领导下,一起到营口县参加"四清"。1966 年 5 月,"四清"工作结束,选调生们由营口返回省委党校,接受组织分配。8 名学工的选调生进工厂,分给沈阳市委;9 个学文的选调生下农村,去义县。1966 年 7 月,这些选调生到各个公社报到。是正式党员的,任公社党委副书记,是预备党员的任公社副社长。③

肖作福是中央选调生的优秀代表。④他于 1939 年 11 月生,满族,辽宁北镇

① 徐天:《六十年代的"接班人计划"》,《中国新闻周刊》,2014 年第 33 期。

② 杨春风、赵文泉:《情系大地 肖作福》,辽宁人民出版社,2014 年,第 28 页。

③ 杨春风、赵文泉:《情系大地 肖作福》,辽宁人民出版社,2014 年,第 33 页。

④ 20 世纪 60 年代的优秀选调生代表——肖作福的先进事迹材料是在《情系大地 肖作福》《六十年代的"接班人计划"》等资料上综合而成。

人,中共党员,1965届中央选调生。1948年9月就读于辽宁省北镇县正安镇小学,1954年7月考入北镇县第一初级中学,1954年9月加入中国共产主义青年团,1957年7月考入北镇县重点高中,1960年7月考入辽宁大学哲学系哲学专业,学制五年。大学期间,肖作福是学生干部,获得最高等级的助学金,每月17元。他先后两次参加"四清"运动,都被分配到辽宁省铁岭地区开原县。第一次是在1963年10月,他被分配到开原县中固公社王广福大队,身份是工作组队员;第二次是在1964年末,先被分到开原县中固公社白庙子大队,后被调到嵩山公社社教办公室,分管共青团和妇联工作。1964年6月,他加入中国共产党,是辽宁大学哲学系同届学生中的第一人。1965年7月,他大学一毕业即成为四名辽宁大学选调生之一,且是辽宁大学哲学系(两个班68人)指定的第一人选。中央组织部委托辽宁省委党校对选调生进行培训。受训后,肖作福于当年11月在辽宁省委党校的组织领导下,到营口县旗口公社莲花大队参加"四清",任当地"四清"工作组组长(中央组织部东北地区17名选调生中唯一担任组长的人)。这是他的第三次"四清"经历。1966年5月,"四清"工作结束,肖作福由营口返回辽宁省委党校。"文化大革命"开始后,中央组织部让辽宁省委自行安排选调生的工作。根据辽宁省委组织部的意见,1966年7月,肖作福被分配到最艰苦的地方——辽宁省锦州市义县七里河公社,任公社党委副书记,分管工、青、妇和贫协工作。

经过七年的基层艰苦锻炼,肖作福的领导才能逐渐显现出来。同时,扎实的基层工作锻炼也为他以后担任更高级领导职务打下了坚实基础。"文化大革命"中,他依靠自身努力不断成长进步。1973年7月,他任义县七里河公社党委书记,其间建红旗水库和七里河公社机关办公楼。1976年10月,"四人帮"刚刚粉碎,因为表现优秀,任义县县委常委、县"革委会"副主任。1977年10月,任义县县委副书记、县长。1978年11月,任义县县委书记,在义县率先推行分田到户。

党的十一届三中全会后,中央提出干部队伍"四化"方针和建立"第三梯队"设想,各级党委组织部门开始在六十年代毕业的大学生和六十年代的选调生中寻找领导人才。肖作福作为"文化大革命"之前毕业的大学生、六十年代中央组织部选调生,自然容易引起党组织关注,后被辽宁省委组织部发现。1981年9月,他任锦州市委副书记,分管意识形态和农村工作。1982年9月,当选党的十二大代表,是六十年代中央组织部东北地区选调生中的两名十二大代表之一(另一位是毕业于吉林工业大学的1965届中央选调生、曾任国务院侨务办公室主任的陈玉杰)。1982年9月至1983年7月,参加中央党校第三期中青年干部培训班。后来,一路升至正省级领导干部。2009年11月,退休。

关于干部下基层锻炼的选择,肖作福的体会是,首先看这个干部的目的是什么。如果下去是为了上来,那就最好别下去。因为"下"如果只是为了"上",那在基层就干得不安心、不扎实,就得搞关系,拿基层当跳板。在这种情况下,假如组织上让干部下去干两年,这个干部就得做五年的准备才行。因为如果下去只是为了上来,只是为了提拔,就不可能把工作放到第一位,不可能把为老百姓解决实际问题放到第一位,那就肯定干不好,干不好也就难上来,兴许五年也上不来。那么还下去干什么呢?一旦组织上满足不了这个干部的希望,这个干部还会产生怨气,就更不好好干了,前途也就到此为止。这是一名退休老选调生对其选调生涯的深刻总结,对开展选调生教育培训工作具有重要借鉴意义。

四、省市挑选接班人

河北、上海、辽宁、湖北、河南、广东等省(直辖市)委组织部,参照中央组织部的做法,向高等教育部提出挑选一部分应届毕业生,作为本省(直辖市)重点培养提高的对象。1964年6月,高等教育部印发《关于挑选高等学校应届毕业生进行重点培养提高的问题的通知》。①《通知》提出,在调配毕业生的时候,应首先保证调给中央的毕业生质量。中央组织部选拔的 60 名毕业生,应予以优先保证质量。凡省(直辖市)挑选的高等学校应届毕业生,可以在中央统一分配给本省(直辖市)的分配计划名额内进行挑选。主要是从省(直辖市)主管的高等学校挑选。如要从全国重点高等学校或中央业务部门主管的高等学校中挑选,则可以在不影响调配给中央国防机要部门的毕业生质量情况下,少数人可在学校按照统一分配计划调给本省(直辖市)的毕业生名单范围内挑选。凡经中央批准事先到学校挑选的单位已经选定的毕业生,以及选拔作外语留学生、外语留学生政治辅导员、培养出国教师的毕业生,省(直辖市)不再从中挑选。

五、分配高校毕业生到基层工作

中央认为,分配一批高校毕业生到农村工作,是实现知识分子同工农群众相结合、培养革命事业接班人的有效途径之一,是加强基层建设的重要措施之一。②1965 年 6 月,中共中央印发《关于分配一批高等学校毕业生到基层工作的指示——转发高等教育部党委的报告》。此前,刘少奇对高等教育部部长蒋南翔关于分配大批高校文科毕业生到县以下基层单位工作问题给刘少奇,中共中央书记处书记、国务院副总理陆定一并中央的请示报告上作了批语。③《报告》就如何做好分配高校毕业生到基层工作中的重要问题提出了意见。《报告》指出,高教部党组专门讨论并一致拥护刘少奇同志关于分配一批高校文科毕业生到县以下的基层单位工作的指示,认为这样做,可充实农村"四清"工作队伍,更好地

---

① 何东昌:《中华人民共和国重要教育文献》(1949—1975),海南出版社,1998 年,第 1288 页。

② 《建国以来重要文献选编》(第 20 册),中央文献出版社,2011 年,第 234 页。

③ 《建国以来刘少奇文稿》(第 12 册),中央文献出版社,2018 年,第 479~481 页。

实现知识分子同工农群众相结合，对培养基层工作骨干和革命接班人的意义十分深远，必须坚决贯彻执行。

关于选调数量，《报告》提出，1965 年、1966 年两年拟抽出高校毕业生一万余人，分配到县以下的基层单位工作。其中，1965 年抽出五千八百余人，1966 年抽出四千四百余人（因"文化大革命"未能执行）；综合大学文科四千人，师范院校文科一千人，农科三千余人，理科生物专业两千人，政法等科类一百二十余人。

关于选调条件，《报告》强调，要注意保证政治质量，根据"重在表现"的精神，认真选拔政治、学习、身体都较好的学生。

关于基层培养锻炼，《报告》提出，对分配给各省（自治区、直辖市）的毕业生，由各省（自治区、直辖市）党委组织部负责管理，先进行短期集训，然后组织他们参加"四清"运动。在运动中，适当集中，与"四清"工作队的干部混合编队。要严格组织生活，定期进行思想总结。在运动中，注意发展党员。少量经过考察，发现不适合做农村基层工作的，则调整做其他工作。

中央指示指出，除 1965 年、1966 年这两年分配大学毕业生到农村工作外，以后每年都要有计划地分配大学毕业生到农村去工作。要指定对知识分子工作比较熟悉的负责干部带领。2 年后，将他们分配到县以下的基层单位工作。高教部协助中组部调查了解这部分毕业生的培养使用情况。在分配到基层单位工作以后，地委、县委仍要指定专人负责管理和教育，使他们更好地适应基层工作。《报告》明确要求，所有分配到基层工作的大学毕业生，都不许留在机关内当秘书或办事员。这些人都应列入正式编制，顶替那些不能工作的人。他们应回避本县，到外县工作，但要适当注意他们的语言能够和农民讲通。

1964 年和 1965 年两年，中央、省（自治区、直辖市）两级共挑选选调生近 7000 人。培养新生力量和革命事业接班人工作迈出一大步。

根据中央安排,各省(自治区、直辖市)贯彻中共中央关于培养革命接班人的指示,纷纷开展省内接班人培养工作。比如,辽宁省委 1964 年开始,从每年应届大学毕业生中选调一部分政治思想好、学习好、身体好、历史清楚、有培养前途的党、团员,经过党校短期学习后,派到社会主义教育运动中进行培养锻炼,然后分配到各级党政机关去工作。辽宁省委党校从 1964 年至 1966 年,共举办了两期青年干部训练班,三个班次培训 157 人。①这些学员入校后,先在党校进行三个月左右的学习。为了加强对学员世界观的改造,树立全心全意为人民服务的思想,党校组织学员学习了毛泽东《在中国共产党全国宣传工作会议上的讲话》《青年运动的方向》《在延安文艺座谈会上的讲话》《为人民服务》和刘少奇的《论共产党员的修养》。同时为参加"四清"运动作好思想上的准备。这两期青训班学员,都参加了一期或两期(每期时间一年左右)的农村"四清"运动。

1964 年至 1965 年,湖南省先后从湖南师范学院、湖南大学、湖南农学院抽调 364 名应届毕业生,连同中央组织部委托培养的大学毕业生 40 名,进行重点培养,将他们分配在衡阳、南岳、常宁、湘潭、浏阳、澧县、安乡等 7 县的 21 个公社 145 个大队参加农村社会主义教育运动。②

1964 年、1965 年,江苏省在应届毕业生中分别重点挑选了 200 名和 265 名进行重点培养,③并拟作"接班人"使用。这两届毕业生大多数都参加了社会主义教育运动。

吉林省制定了《1964—1965 年培养提高干部与选拔新生力量的规划》,从大专院校挑选了一批素质较好的应届毕业生送到基层培养锻炼。

上海市委批转市委组织部《关于培养提拔新生力量的规划》,在 1964 年和

---

① 《中共辽宁省委党校 60 年》编写组:《中共辽宁省委党校 60 年》,沈阳出版社,2006 年,第 81 页。
② 湖南省地方志编纂委员会:《湖南省志》(第四卷)(政务志・人事),湖南出版社,1995 年,第 51 页。
③ 江苏省地方志编纂委员会:《江苏省志・人事管理志》,凤凰出版社,2007 年,第 59 页。

1965 年从上海各高校的毕业生中挑选 60 多人，分派到各条战线接受锻炼，准备重点培养为县、处级领导干部，当时主要采取由市委农村政治部、教育卫生部等负责同志带领，通过参加农村第一期"四清"运动进行锻炼。1965 年，上海市委组织部从复旦大学、上海交通大学、同济大学、华东化工学院、上海第一医学院、第二医学院、上海师范学院、上海科技大学等高校挑选优秀应届大学毕业生 204 名到农村基层锻炼，[1]准备从中选择一部分担任公社和县级党政领导工作。上海市委组织部会同上海市委党校对这批选调生进行了短期培训。在老干部的带领下，这些选调生分别到郊区各县参加农村"四清"运动；一部分选调生还到城市工厂、企业、教卫系统参加"四清"运动。

　　1964 年和 1965 年，黑龙江省委从省内部分高等院校中选调近百名工农家庭出身、政治思想好、历史清楚、学习成绩优良、身体健康、有培养前途的优秀应届大学毕业生，[2]经过短期训练后，分配到农村、工厂参加社会主义教育运动，经过逐步培养提高，充实到各级领导班子。

　　各省（直辖市）这些措施和办法为在新的历史时期从青年知识分子中培养党政以及其他方面的领导干部创造和积累了经验。通过学习和实际锻炼，使学员在政治水平和实际工作能力上均有显著的提高，基本上达到预期的目的。但他们在这次的学习和实践中，也受到了一定程度"左"的思想影响。

　　作为培养提拔新生力量工作的一部分，20 世纪 60 年代的选调生工作尽管由于"文化大革命"的发生而没有贯彻始终，但这项工作的提出和初步实施，关系到党的干部队伍是否后继有人，关系到党和人民的事业能否兴旺发达，关系到国家能否长治久安，因而具有长远的重大意义。

---

①　《中国共产党组织史资料》(第五卷)，中共党史出版社，2000 年，第 416 页。
②　黑龙江省地方志编纂委员会：《黑龙江省志》(第七十卷)(共产党志)，黑龙江人民出版社，1996 年，第 384 页。

第三章 "文化大革命"时期党的选调生工作

　　"文化大革命"是中国共产党历史上的一个特殊时期。从 1966 年至 1976 年持续 10 年的"文化大革命",是一场由领导者错误发动、被反革命集团利用的内乱,使党、国家和人民遭到新中国成立以来最严重的挫折和损失,给党的干部队伍造成了灾难性的破坏。

　　这一时期,选拔个人作为党的最高领导人的接班人,党的九大将林彪是毛泽东的接班人写入大会通过的党章。[①]新中国成立以来党中央形成的集体决策、分工负责、"一线二线""集体"接班的制度被破坏。"个人"接"个人"的班,这是对接班人培养指导思想的扭曲,一次历史的倒退。把阶级斗争、生产斗争和科学实验"三大革命运动"作为培养接班人的途径,逐渐被阶级斗争这一种方式所取代。阶级斗争在接班人培养中的作用被无限夸大,成为主要途径。

　　党的选调生工作遭到破坏,实际上处于瘫痪状态。推行选调生工作的领导干部被批判审查,有关选调生被牵连。

一、选调生工作机构遭到严重冲击,坚决执行中央指示的领导受到错误批判

　　20 世纪 60 年代,国际形势动荡,中国面临着多重压力。苏联在我国北部边

---

① 《中国共产党章程》,《人民日报》,1969 年 4 月 29 日。

064 >>

疆陈兵百万。美国侵越战争的战火指向我国南方边陲。国民党妄图反攻大陆。党和国家领导人估计世界大战的危险迫在眉睫，担心堡垒可能会从内部攻破，认为社会主义国家存在资本主义复辟的危险，逐渐把阶级斗争、反修防修和反"和平演变"的重点转移到党内和党的领导干部中。[1]党内"左"倾思潮不断发展，阶级斗争扩大化的错误理论逐渐形成。

1957年反右派斗争开始后，对干部队伍状况做了错误判断，把大量知识分子和党的干部看成反对中国共产党的领导、反对社会主义道路的右派分子。在1959年的庐山会议上，毛泽东指责彭德怀向他提出的《意见书》是配合社会上的右派向党进攻。[2]1963年，在农村开展社会主义教育运动。后来，又把社会主义教育运动的重点逐步转为整党内那些走资本主义道路的当权派。在"阶级斗争一抓就灵"思想的指导下，人为地揪出了许多所谓的阶级敌人。由此，毛泽东进一步得出了错误的结论：农村政权有三分之一不在我们手里[3]；工厂、企业里一个相当大的多数领导权不在马克思列宁主义者和工人群众的手里；学校是资产阶级知识分子独霸的一统天下……他认为这一切的根子都在上面，从人民公社到区、县、地，甚至省和中央部门的领导干部中都有反对走社会主义道路的人。修正主义势力已经是盘根错节，根深蒂固。在1965年的整党中，中央再次提出重点是整党内"走资本主义道路的当权派"[4]。到了"文化大革命"前夕，毛泽东把对党内矛盾和国内阶级斗争形势的错误估计，延伸到了党内最高领导层，确认中

---

① 本书编写组：《中国共产党干部工作史纲（1921—2021）》（修订本），党建读物出版社，2021年，第175页。

② 本书编写组：《中国共产党干部工作史纲（1921—2021）》（修订本），党建读物出版社，2021年，第176页。

③ 本书编写组：《中国共产党干部工作史纲（1921—2021）》（修订本），党建读物出版社，2021年，第176页。

④ 中共中央文献研究室：《毛泽东年谱》（一九四九——一九七六）（第五卷），中央文献出版社，2013年12月，第457页。

央出了修正主义。①

1966 年 5 月 4 日至 26 日，中共中央召开政治局扩大会议。5 月 16 日，会议通过的《中国共产党中央委员会通知》(简称"五一六通知")成为发动"文化大革命"的纲领性文件。《通知》指出，有"一大批反党反社会主义的资产阶级代表人物""反革命的修正主义分子""混进党里、政府里、军队里和各种文化界"。"这些人物，有些已被我们识破了，有些则还没有被识破，有些正在受到我们的信任，被培养为我们的接班人，例如赫鲁晓夫那样的人物，他们现在正睡在我们的身旁"，"一旦时机成熟，他们就会要夺取政权，由无产阶级专政变为资产阶级专政"。对他们要"彻底揭露""彻底批判""清洗这些人"，实行专政。许多党和国家领导人以及各级组织的领导干部被视为批判对象。"五一六通知"下发后不久，毛泽东在同胡志明谈话时也说到，我们都是 70 以上的人了，总有一天被马克思请去。接班人究竟是谁，是伯恩斯坦、考茨基，还是赫鲁晓夫，不得而知。②从这里可看出，对更换接班人的急迫考虑，确实是毛泽东下决心发动"文化大革命"的原因之一。八大以后中共中央政治局常委分一线、二线，主要意图是借鉴斯大林晚年所犯错误的教训，加强集体领导，培养中央领导的接班人。但毛泽东后来对中央的一线很不满意，认为"搞了一线、二线，出了相当多的独立王国"，③绝大多数各级党政领导干部成了修正主义路线在各省、市、县及各机关里的代理人。

1966 年 9 月，康生写信给毛泽东，将 1936 年薄一波、刘澜涛、安子文、杨献

---

① 本书编写组：《中国共产党干部工作史纲(1921—2021)》(修订本)，党建读物出版社，2021 年，第 176 页。

② 中共中央文献研究室：《毛泽东年谱》(一九四九——一九七六)(第五卷)，中央文献出版社，2013 年 12 月，第 592 页。

③ 中共中央文献研究室：《毛泽东年谱》(一九四九——一九七六)(第六卷)，中央文献出版社，2013 年 12 月，第 8~9 页。

珍等 61 人出狱的事诬陷为是"投敌叛变"①②,对刘少奇等同志进行了残酷迫害。1967 年 3 月,中共中央印发《薄一波、刘澜涛、安子文、杨献珍等 61 人的自首叛变材料的批示和附件》,说 61 人是一个"长期隐藏在党内,窃取了中央和地方党政领导机关的重要职务"③的叛徒集团,他们在刘少奇的包庇重用下成为刘、邓资产阶级反动路线的坚决拥护者、反革命修正主义分子。④随后,各地也纷纷成立了抓叛徒的群众组织,刘少奇被诬为叛徒集团的总头子。1968 年 10 月召开的党的八届扩大的十二中全会,批准了由中央专案审查小组提交的《关于叛徒、内奸、工贼刘少奇罪行的审查报告》⑤,作出了把刘少奇"永远开除出党,撤销其党内外一切职务"的决议。因此案而被牵连的干部、职工有 2.8 万多人。⑥

当时,毛泽东从对干部队伍的错误估计出发,进而推断"中央组织部不在我们手里"⑦,中央组织部存在一个反革命的修正主义集团。1966 年 8 月,中央组织部部长安子文被中央文革小组宣布为反党、反社会主义、反毛泽东思想的"三反分子",六个副部长和主管选调生工作的二处处长等被宣布为反革命修正主义

---

① 本书编写组:《中国共产党干部工作史纲(1921—2021)》(修订本),党建读物出版社,2021 年,第177 页。

② 1978 年 12 月 16 日,中共中央转发中央组织部《关于"六十一人案件"的调查报告》,为这一错案平反。

③ 中国人民解放军国防大学党史党建政工教研室:《"文化大革命"研究资料》(上册),1988 年 10月,第 344 页。

④ 本书编写组:《中国共产党干部工作史纲(1921—2021)》(修订本),党建读物出版社,2021 年,第177 页。

⑤ 1980 年 2 月 29 日,党的十一届五中全会通过《关于为刘少奇同志平反的决议》,决定撤销党的八届十二中全会强加给刘少奇同志的"叛徒、内奸、工贼"的罪名和把他"永远开除出党,撤销其党内外一切职务"的错误决议,恢复刘少奇同志作为伟大的马克思主义者和无产阶级革命家、党和国家主要领导人之一的名誉;因刘少奇问题受株连造成的冤、假、错案,由有关部门予以平反。

⑥ 本书编写组:《中国共产党干部工作史纲(1921—2021)》(修订本),党建读物出版社,2021 年,第178 页。

⑦ 陈野苹、韩劲草:《安子文传略》,山西人民出版社,1985 年 11 月,第 193 页。

集团成员,他们的领导职务被罢免。①作为党中央主管全国组织工作、干部工作的职能机关——中央组织部随即陷于瘫痪,一名分管选调生工作的中央组织部领导含冤逝世,②具体负责选调生工作的中央组织部二处跟着瘫痪。坚决执行中央指示的相关领导受到错误批判,他们被诬陷为"执行修正主义路线""培养修正主义苗子"。③

1967年5月,经中共中央批准,由解放军组成中组部业务组,领导中组部的"文化大革命"运动。1968年3月,中组部业务组主要负责人郭玉峰向中共中央递交的《中央组织部"文化大革命"运动的基本情况和今后意见的报告》提出,对旧中组部应彻底解散,宣布撤销,今后再根据需要重新组建。④与此同时,随着1966年下半年"全面夺权"的展开,各级党委的组织部门也相继陷入瘫痪或被取消。随着主管组织工作、干部工作的职能机构遭受重大破坏,正常的干部管理工作与工作程序也就不复存在。

党的九届二中全会后,1970年11月,中共中央作出《关于成立中央组织宣传组的决定》,把中宣部、中组部合并为一个机构。康生任组长,江青、张春桥、姚文元、纪登奎、李德生任副组长。⑤这样一来,中央组织、宣传大权完全落到了康生、江青、张春桥一伙手中,成为他们进行篡党夺权活动的阵地。这一时期的中共中央工作机构均陷入严重瘫痪或名存实亡的境地。即便党的九大以后一些职能部门有所恢复并勉强运转,但由于既要服从于"文化大革命"各项运动的需要,又不断受各项运动的冲击,机构内部设置简陋杂乱,表现出很大的随意性,

---

① 陈野苹、韩劲草:《安子文传略》,山西人民出版社,1985年11月,第193页。

② 王雨亭、陆沅:《坚持原则 实事求是——怀念原中组部副部长赵汉》,《人民日报》,1989年12月28日。

③ 张旭东、卓超:《历史的经验 有益的启示》,《人才开发》,1998年第3期。

④ 《中国共产党组织史资料》(第六卷),中共党史出版社,2000年,第71页。

⑤ 《中国共产党组织史资料》(第六卷),中共党史出版社,2000年,第12页。

也很难建立健全正常的工作制度和工作程序。[①]

干部教育培训机构方面,上至中央党校,下至县级党校受到冲击破坏、停办或撤销。

"文化大革命"期间,随着组织工作和干部工作机构遭到严重冲击,坚决执行中央指示的领导受到错误批判,从 1964 年开始逐步形成的选调生工作的政策、制度和行之有效的做法失去了依托。

二、选调生基层培养锻炼方式发生变异

1966 年 5 月 7 日,毛泽东给林彪写信,赞扬军队"是一个大学校",学政治、学军事、学文化,又能从事农副业生产,又能办一些中小工厂,又能从事群众工作。要求党政机关工作人员也这样做。[②]按照毛泽东《五七指示》精神,各地开始开办"五七"干校。1968 年 10 月,《人民日报》在刊登黑龙江省柳河"五七"干校经验及其"编者按"中,传达毛泽东的指示:"广大干部下放劳动,这对干部是一种重新学习的极好机会,除老弱病残者外都应这样做。在职干部也应分批下放劳动。"[③]全国掀起了干部下放劳动的热潮。所有受审查、挨批判的干部不论老弱病残、职务大小,一概限定时间离开原单位下放劳动改造,从中接受再教育。据统计, 几年中全国共下放干部 118.1 万人, 其中中央机关 11.9 万人, 省级机关 25.87 万人,地级机关 30.8 万人,县级机关 49.53 万人。[④]1969 年 2 月,中组部除留机关工作的 55 人外,其余全部下放劳动。1973 年 7 月,《人民日报》发表的社

① 吴林根:《中国共产党干部教育九十年》,东方出版中心,2011 年,第 304 页。

② 中共中央文献研究室:《毛泽东年谱》(一九四九——一九七六)(第五卷), 中央文献出版社,2013 年 12 月,第 584~585 页。

③ 《柳河"五·七"干校为机关革命化提供了新的经验》,《人民日报》,1968 年 10 月 5 日。

④ 吴林根:《中国共产党干部教育九十年》,东方出版中心,2011 年,第 327 页。

论《一定要把"五七"干校办好》指出,"五七"干校是在批判刘少奇修正主义路线的基础上创建和发展起来的;它是按照毛泽东的无产阶级干部教育路线培养教育干部的一种好形式;这种培养教育干部的形式,就是狠批刘少奇的"入党做官论""劳动惩罚论""下乡镀金论"。在干部下放劳动、"接受贫下中农再教育"的名义下,大批干部下放后虽然经受了劳动锻炼,增加了对基层特别是农村的了解,但许多地方是把干部下放劳动作为迫害干部、惩罚知识分子的一种手段。而且这些干部长期被排除在工作之外,耽误了宝贵时光,给干部队伍建设造成了损失。①

三、选调生工作遭批判

"文化大革命"运动中,林彪、江青两个反革命集团篡党夺权,全面否定了新中国成立后十七年组织工作路线,否定了选拔培养后备干部和选调生的工作。包含选调生工作在内的"挑选特殊的人才,进行特殊的培养,用于特殊的用途"——"三特殊"政策②受到批判。

1967年9月,中央《关于1966年大专院校毕业生分配问题的通知》要求,彻底批判高等教育部提出、刘少奇批准的《关于分配一批高等学校文科毕业生到县以下基层单位工作的请示报告》。③《通知》提出,1965年按照《报告》分配的毕业生,尚未安排工作或安排确实不当的,由省(自治区、直辖市)负责安排或调整。有的选调生,在1964年毕业时已经分配至省级机关等单位工作,到农村参加了社会主义教育运动。1965年,中央分配高校毕业生到基层工作的文件下发

---

① 本书编写组:《中国共产党干部工作史纲(1921—2021)》(修订本),党建读物出版社,2021年,第180页。

② 《中共党史资料》(第52辑),中共党史出版社,1994年,第13页。

③ 财政部文教行政财务司:《文教行政财务制度资料选编》(第一册),1987年,第566页。

后,省级党委组织部又把他们重新挑选出来,安排到省级党校学习。学习完后,这些选调生被组织分配至公社,担任党政领导副职,由公社书记负责选调生的培养和传帮带。1968 年,按照这个通知要求,有的选调生就被安排回到了老家,进了县直单位。①

各级革命委员会成立后, 虽然也强调培养年轻干部 "具有深远的战略意义","有计划地培养大批的年轻干部是我们的战斗任务",但他们选拔培养年轻干部不是为了培养全心全意为人民服务的革命事业接班人, 而是要挑选那些"头上长角,身上长刺"的造反派,为他们篡夺党和国家最高权力进行组织准备。这从根本上背离了选拔培养无产阶级革命事业接班人的宗旨,严重破坏了这一工作。

四、选调生遭到排斥但依靠自身努力不断成长进步

1971 年 4 月,国务院召开的全国教育工作会议通过了《全国教育工作会议纪要》(简称《纪要》)。8 月 13 日,中共中央批转《纪要》。《纪要》提出所谓"两个估计":一是中华人民共和国成立后 17 年"毛主席的无产阶级教育路线基本上没有得到贯彻执行","资产阶级专了无产阶级的政";二是大多数教师和中华人民共和国成立后培养出来的高等学校学生"世界观基本上是资产阶级的"。②"两个估计"提出后,教育领域发生了重大变化,如大多数知识分子到工农兵中接受再教育,选拔工农兵大学生管大学、改造大学,缩短大学学制。"两个估计"歪曲了历史,严重脱离了实际,把在知识分子问题上的"左"倾错误系统化、理论化了,

---

① 杭州市新四军历史研究会:《人生历程》,2011 年,第 326 页。
② 1977 年 9 月 19 日,邓小平同教育部负责人谈话指出,教育战线要拨乱反正,1971 年《纪要》里讲的所谓"两个估计"是不符合实际的。1979 年 3 月中共中央决定撤销该《纪要》。

为"四人帮"破坏教育事业提供了理论根据,也成为束缚广大知识分子的精神枷锁,使他们长期受到严重的压抑,使正常的人才培养根本无法进行。[1]选调生的选拔工作失去了来源。

"文化大革命"开始,对选调生的培养计划被迫中断。"文化大革命"前挑选的选调生在农村中遭到不同程度的冲击,被诬陷为"修正主义的黑苗子""资产阶级司令部的接班人"[2],他们被排斥、被歧视、被打击。不仅让他们"靠边站",而且还对其中一部分选调生进行批判斗争。有的选调生在基层任职,被批为"走资派",有的选调生回到北京,到中央组织部讨说法,继而成了"造反派",有的选调生被下放到"五七"干校。[3]

多数选调生留在了当地基层,成为公社、大队干部。他们坚持斗争,依靠自身努力不断成长进步。除个别人后来表现不够好,少数人走过弯路,多数人都得到了锻炼,[4]有了很大的进步,成为工作中的骨干,一部分在改革开放后,重新焕发活力,走上各级党政机关领导岗位。

① 吴林根:《中国共产党干部教育九十年》,东方出版中心,2011 年,第 303 页。

② 张旭东、卓超:《历史的经验 有益的启示》,《人才开发》,1998 年第 3 期。

③ 徐天:《六十年代的"接班人计划"》,《中国新闻周刊》,2014 年第 33 期。

④ 中共中央组织部研究室:《做好新时期的干部工作》,人民出版社,1984 年,第 241 页。

综　述

　　从 1949 年 10 月新中国成立到 1976 年 10 月"文化大革命"结束的 27 年，是中国共产党领导人民进行社会主义改造和开始全面建设社会主义的时期。由于新中国成立之初，党的各级干部都还年富力强等原因，年轻干部培养远未提上议事日程。但到了 20 世纪 60 年代，他们的年龄逐渐大起来，交接班问题越来越具有紧迫性，于是党在 1964 年提出，要开展选调生工作。从 1964 年到"文化大革命"结束，选调生工作围绕贯彻落实党培养提拔新生力量和革命事业接班人的战略任务进行了积极探索，有短暂的成功经验，也有长达 10 年的严重挫折，但短暂的选调生工作对年轻干部工作产生的深远影响，是不能用选调生工作时间长短来衡量的，因为它为党的事业后继有人开创了一条通过基层培养锻炼新生力量和革命事业接班人的有效途径。

　　从 1964 年开始，选调生工作围绕培养提拔新生力量和革命事业接班人逐步推开，向前推进，特别是在挑选最优秀的党员、做好思想动员、做到自觉自愿、县委书记传帮带、中央组织部领导带队等方面进行了艰辛探索，积累了宝贵经验。1964 年 3 月至 1966 年 5 月的两年多，党高度重视党的建设，取得了很大成就。这一时期，围绕党的建设的探索，在培养提拔新生力量和革命事业接班人上，提出培养提拔新生力量的"八条具体措施"和"三项重点培养措施"，选调生工作是其中之一；中央组织部带头挑选少量优秀应届大学毕业生进行重点培养；中共中央分配一批高校毕业生到基层工作；等等。党的选调生工作得到一定程度发展,全国选调生队伍从零起步发展到近 7000 人;由培养目标、培养途径和培养期三部分构成的选调生工作框架基本形成,目标是培养接班人、途径是省级以上党委组织部门将选调生派到基层进行培养锻炼、对象是优秀应届大学毕业生、方法是大学教育、党校培训、基层实践锻炼、领导传帮带等相结合。但是在挑选选调生时,将"工农家庭出身"作为优秀应届大学毕业生选拔标准的第一条,无疑使一些虽非"工农家庭出身"但政治依然可靠的优秀应届大学毕业生失去了进入选调生队伍的机会。这一时期党的选调生工作积累了宝贵的经验,即必须紧紧围绕党的政治路线、组织路线和中心任务谋划选调生工作,必须紧密结合当时的政治任务安排选调生的基层锻炼工作,必须坚持大学教育与党校教育相结合、突出思想政治教育,必须注重老干部的传帮带。

"文化大革命"时期,党的选调生工作遭到破坏,广大选调生受到冲击。在"无产阶级专政下继续革命"理论的错误指导下,党的领导体制和选调生工作制度遭到严重破坏,党的各级组织普遍受到冲击,广大党员领导干部受到批判,许多选调生受到排斥。这一时期党的选调生工作遭遇严重挫折,留下深刻的教训,值得不断地反思和总结。

第三篇

改革开放和社会主义现代化
建设新时期党的选调生工作

第四章 伟大历史转折和中国特色社会主义开创时期党的选调生工作

　　"文化大革命"结束后,1978年12月召开的党的十一届三中全会果断结束了"以阶级斗争为纲",实现了党和国家工作中心的战略转移,开启了改革开放和社会主义现代化建设新时期,实现了新中国成立以来党的历史上具有深远意义的伟大转折。

　　党的十一届三中全会以后,以邓小平同志为主要代表的中国共产党人,团结带领全党全国各族人民,深刻总结新中国成立以来正反两方面经验,围绕什么是社会主义、怎样建设社会主义这一根本问题,借鉴世界社会主义历史经验,创立了邓小平理论,解放思想,实事求是,作出把党和国家工作中心转移到经济建设上来、实行改革开放的历史性决策,深刻揭示社会主义本质,确立社会主义初级阶段基本路线,明确提出走自己的路、建设中国特色社会主义,科学回答了建设中国特色社会主义的一系列基本问题,制定了到21世纪中叶分三步走、基本实现社会主义现代化的发展战略,成功开创了中国特色社会主义。

　　党的十一届三中全会重新确立马克思主义的思想路线、政治路线、组织路线。党痛定思痛,拨乱反正,清理"三种人""五种人",全面彻底矫正"文化大革命"期间培养接班人的错误思想和错误做法。党注重制度改革,废除领导干部终身制,设立顾问委员会。大批党的高级领导人身体力行,带头退休。党破格选拔人才,从基层做起,加强中青年干部培养锻炼,关心爱护年轻干部,大力推进新老干部合作与交替。党提出各级领导班子年龄结构和梯次配备要求,挑选第二梯队,迅速建立"第三梯队",从四十岁左右的人中选拔接班人,注意提拔三十岁以下的大学毕业生。党坚持用党的创新理论培养选拔接班人,抓好教育,重视幼儿、少年、青年的培养工作,在高校学生中发展党员和建立党组织,建立第四梯队、第五梯队。党对接班人的培养开始走上科学化、制度化的道路,接班人培养的方式方法得到根本改变。大批优秀中青年干部得以快速走上重要领导岗位。

党重新开展选调生工作。适应干部队伍和领导人员革命化、年轻化、知识化、专业化和第三梯队建设的需要,选调生工作的重要性凸显。选调生工作重新开始并迎来较大发展。经过几年的努力,选调生工作取得了令人瞩目的成绩,摸索积累了许多培养基层干部的成功经验,为党培养锻炼了一大批优秀人才。

一、重新开始选调生工作

1.干部队伍存在的问题

"文化大革命"结束后,干部队伍青黄不接,干部的政治素质和业务素质与党和人民事业发展很不适应,而且还有一批干部在政治、思想和作风上存在严重问题。1983年10月,陈云在党的十二届二中全会上的讲话中指出,"文化大革命"对党造成了严重损害,最危险的是党内混进了一批"三种人"①。这些人是党内最不安定的因素,他们彼此还有联系,若干年后,气候适宜了,他们还会兴风作浪。党的工作中心转移以后,面对社会主义现代化建设的繁重任务,当时的干部队伍更加无法适应社会主义现代化建设的需要。1965年,中央和国家机关30多个单位主要领导人的平均年龄是55岁,其中55岁以下的占70%,66岁以上的只占5.7%。而1980年平均年龄是63岁,比1965年上升了8岁;其中55岁

---

① "三种人",指"文化大革命"结束后,在清理清查运动中对"文革"期间追随林彪、江青反革命集团造反起家的人,帮派思想严重的人和打砸抢分子的合称。

以下的仅占 9%，下降了 61 个百分点；66 岁以上的占 40%，上升了 34 个百分点。全国 2000 多万干部中，大学毕业的只占 20% 左右，初中以下文化的在 40% 以上。[①]在各级领导班子中，懂专业、会管理的干部更少。

选拔大批优秀年轻干部、努力提高全体干部的政治和业务素质已经成为一个紧迫的战略任务。

1982 年 10 月，中共中央政治局委员、中央组织部部长宋任穷在《人民日报》发表的《按照革命化年轻化知识化专业化的方针建设好干部队伍》指出，尽管国内国际都有许多有利条件，但是困难也不少，而在所有各种各样的困难中，突出的困难还是我们干部队伍的现状不适应新形势的需要。主要表现在：

一是历史遗留下来的各级领导班子的年龄普遍比"文化大革命"前增加十五至二十岁，比五十年代大得更多，"老化"现象严重；

二是相当多的干部缺乏文化科学技术知识，受过系统的专业训练、懂得先进科学技术和管理知识的人更少。

这种状况，同社会主义现代化建设的要求形成了尖锐矛盾。

2.提出干部队伍"四化"方针与突出强调年轻化、知识化、专业化

党的十一届三中全会后，邓小平以选拔中青年干部为开端，先后提出了革命化、知识化、红与专的统一等要求。他指出：找些年轻人慢慢带出来。这是个长远的战略问题，是关键性问题。[②]许多事情要办，没有年轻人怎么行呢？这个问题比较大，如果在 3 年内不能逐步解决，我们的干部队伍就要发生很大的危机。在这一期间，陈云也指出：我们选干部，要注意德才兼备。所谓德，最主要的就是坚持社会主义道路和党的领导。在这个前提下，干部队伍要年轻化、知识化、专业

---

① 本书编写组：《中国共产党干部工作史纲（1921—2021）》（修订本），党建读物出版社，2021 年，第 203 页。

② 《邓小平年谱（1975—1997）》（下卷），中央文献出版社，2004 年，第 734 页。

化,并且要把对于这种干部的提拔使用制度化。1981 年 6 月,《关于建国以来党的若干历史问题的决议》指出,党决定废除干部领导职务实际上存在的终身制,改变权力过分集中的状况,要求在坚持革命化的前提下逐步实现各级领导人员的年轻化、知识化和专业化。1982 年 9 月,党的十二大报告提出,为了造就社会主义现代化建设的大批专门人才,必须大力加强干部的教育和训练工作。今后使用和提拔干部必须把学历、学习成绩同工作经历、工作成绩一样作为重要依据。同时,"努力实现干部队伍的革命化、年轻化、知识化、专业化"写进了党的十二大通过的新党章。

干部队伍"四化"方针,是立足新时期新任务,对干部队伍的政治素质、年龄结构、知识水平、专业能力四个方面提出要求的有机统一。革命化是对干部政治素质的要求,是使党和国家的各级领导权牢牢掌握在忠诚于马克思主义的人手里的重要保证。它要求干部坚持马列主义和毛泽东思想,坚决拥护并执行党的十一届三中全会以来的路线、方针、政策,坚持党的领导和社会主义道路,全心全意为人民服务,坚持民主集中制,自觉维护党的团结和统一,作风正派,大公无私,遵纪守法。革命化是年轻化、知识化、专业化三项要求的前提。年轻化是为改变干部队伍老化、精力和身体条件难以胜任社会主义现代化建设任务的状况而提出来的,是对干部年龄和身体素质的要求。但不能机械地要求省、地、县、基层各级领导班子的平均年龄逐级递减。知识化和专业化要求干部具有一定的文化知识水平和专业工作能力,要有推进社会主义现代化建设的本领。

干部年轻化是世界性的趋势。1980 年 8 月,邓小平在中央政治局扩大会议上的讲话《党和国家领导制度的改革》指出,一定要吸取"文化大革命"的教训,同时也一定要清醒地看到我们国家面临着现代化建设巨大任务的形势和现有大批干部不能适应现代化建设需要的实际,要坚决克服那种不从长远看问题的短视观点。1983 年 9 月,邓小平在同邓力群、龚育之等谈邓小平在党的十二届二中全会上的讲话稿的起草问题时说：现在五十岁的都要算年轻人，还是要培养一些更年轻的，三十岁、四十岁的，不然难以为继。1985 年 6 月，邓小平在会见民主柬埔寨客人时指出，干部年轻化是世界性的趋势，越是现代化，越要年轻化。同年 7 月，他又指出：我们正在进行的主要是两大改革，一个是干部年轻化，一个是经济体制改革。最重要的是干部年轻化。干部年轻化是我们的战略决策。有了大批年轻的、精力充沛的和具有专业知识的人才，才能促进我国经济的发展。我们现在要做的事情很多，这两件事最关键。

更加注意年龄、文化和专业。1980 年 1 月，邓小平在中共中央召集的干部会议上指出，要有一支坚持走社会主义道路的、具有专业知识和能力的干部队伍。无论在什么岗位上，都要有一定的专业知识和专业能力，没有的要学，有的要继续学，实在不能学、不愿学的要调整。要按照专业的要求组织整个领导班子，充分发挥专业人才的作用，并且领导广大群众，按照专业的要求，去学习和工作。今后的干部选择，特别要重视专业知识。同年 7 月，中央书记处书记、中央组织部部长宋任穷在中共中央党校的一次讲话中指出，随着历史条件和历史任务的变化，这支队伍的弱点也就越来越明显。他认为主要是干部构成不合理，缺少专业知识和专业能力的干部太多，具有专业知识和专业能力的干部太少，整个干部队伍文化程度偏低，大专程度的只占干部总数的 18%；[①]在各级领导班子中，中青年干部偏少。同这个问题相联系的是机构庞大，层次过多，人浮于事，严重影响工作效率。由此可见，"四化"需要的人才和干部队伍现状的矛盾十分突出，如果不采取得力措施加以解决，随着事业的发展，这个矛盾将日趋尖锐，实现"四化"就没有希望。今后吸收脱产干部，应当十分注意文化程度和专业知识，严格按照新时期的干部条件，主要从大中专毕业生或具有同等程度的青年中择优

---

① 《宋任穷回忆录》（续集），解放军出版社，1996 年，第 421 页。

选拔,一般不直接从文化低的工人、农民中选拔脱产干部。1983年2月,《组工通讯》①发表《领导经验和文化水平》一文。文章指出,在取得领导现代化建设经验这个问题上,文化水平高的同志一般总比文化水平低的同志来得快些,在需要系统总结实践经验时,前者一般也总比后者做得好些。提出选拔干部既要重视经验,更要重视文化水平,领导经验与文化水平相比,后者是第一位的,这是不是党的干部工作方针和政策变了? 同过去相比有变,也有不变。讲变,主要是党明确规定了干部队伍特别是领导班子要在革命化的前提下实现年轻化、知识化、专业化,选拔干部要比过去更加注意年龄和文化。但这并没有改变德才兼备、任人唯贤的基本原则,而是在坚持这些原则前提下的变,是进一步清除干部工作中"左"的思想影响的变,是适应新形势、新任务需要的变,是符合党心民心的变。1983年7月,《人民日报》发表的社论《继续推进领导班子的"四化"建设》进一步指出,新时期最需要的是领导四个现代化建设、推动科学技术进步、争取工农业总产值翻两番的经验。而要取得这种经验,文化水平较高的同志总比文化水平较低的同志快一些。由于长期不重视从知识分子中选拔党政领导干部,他们的领导经验相对地少一些,这是事实。然而这并不是他们的过错。只要党组织给他们提供在其位、谋其政的条件,经过几年锻炼,经验就会积累起来的。

3.把选调生工作作为培养领导人才的途径之一

大学毕业生里会出人才。1979年11月,邓小平指出:"我们要特别注意选拔中年干部。也许再过五年,大学毕业生里会出现一批人才,他们的年龄都在三十岁以下,对这些人我们要注意提拔。但是从现在的状况来说,重点应该放在选拔中年干部,要选拔他们当中合乎三个条件的人接班,老同志要让路。我们要破格选拔人才,不要按老规矩办事,要想到这是百年大计。先不说百年大计,十年大

---

① 《组工通讯》是中共中央组织部编印的党内刊物,创刊于1978年6月。

计首先要想嘛。"①

时代呼唤伯乐。1979年12月,《组工通讯》(总83期)发表的《选拔接班人要积极见诸行动》一文指出,选拔接班人需不需要党组织积极做工作,在发现、培养、选拔人才方面下一番功夫呢? 完全需要。所谓"自然接班"的论点,恰恰是否定党的这项工作的。殊不知,如果忽视了这项工作,尽管社会主义制度为人才辈出提供了历史上任何其他社会制度所不能比拟的优越条件,可贵的人才还是难以"各尽所能",有所作为,甚至会受到各种旧习惯势力的压抑和摧残。文章指出,育人,好比种庄稼。善于稼穑的人,有了良种,总是抓住春回大地的季节,不失时机地把种子播入适宜的土壤,然后按其生长规律,精心培育,最后得到丰硕的果实。何况育人比种庄稼复杂得多,需要付出的劳动也比种庄稼艰巨得多! 在我们的同志当中,现在真正懂得人才成长规律的并不多,能够自觉运用的更少,而选拔出搞"四化"的接班人的历史重任,正在迫使我们积极实践,不断学习、研究、解决这个问题,尽快弥补自己的不足。

中央组织部部长宋任穷对选调生工作非常熟悉。20世纪60年代,宋任穷在东北工作期间曾向毛泽东汇报过辽宁省一农村党支部培养接班人的做法。同时,中央在东北三省高校毕业生中选拔过选调生,辽宁等省也开展过本省选调生工作,以培养省内接班人。

继续采用选调生工作办法。1980年5月,中央书记处书记、中央组织部部长宋任穷在选拔优秀中青年干部工作座谈会上的总结发言提纲中提出,干部培训工作是可以有一个长足的进展的。对这件事,我们可不能马虎。过去我们已经吃了亏了,现在如果没有远见,再不抓紧,会吃更大的亏的。培养训练干部要多想些办法,譬如一九六四年,中央组织部和各省(自治区、直辖市)从大学应届毕业

---

① 《邓小平文选》(第二卷),人民出版社,1994年,第225页。

生中选拔了一批比较优秀的学生放到县、社基层培养，准备经过几年锻炼后提拔到领导岗位上来。据了解，当时挑选的这批大学生，其中有相当一部分成长起来了，有的现在已经担任了县和司局一级的领导职务，我看我们还可以继续采用这个办法，作为培养领导人才的途径之一。[1]大专学生有文化、有科学知识，思想比较开阔，接受新事物比较快，他们的不足之处，是缺乏生产知识和实际的经验。这不要紧，只要把他们放到基层去，在实践中锻炼，是能够较快地成长起来的。这次会上讨论的文件里，要求从 1980 年起，各省（自治区、直辖市）和国家机关有关部委每年要从应届大专毕业生中挑选三、五十名，百八十名政治品德好，学习成绩优良，作风正派，身体健康，有培养前途的，放到基层锻炼，待条件成熟时提拔上来。

这是改革开放后中央领导第一次在全国会议上提出选调生工作，对选调生工作的恢复具有重要意义。

经过近 20 年的成长，60 年代选调生已能独当一面。尽管 1964 年、1965 年两届选调生的锻炼和培养受到"文化大革命"的影响，但他们中的绝大多数人后来确已成为各条战线的骨干。到 1980 年，有的选调生已经担任了县和司局一级的领导职务。最终，179 名中央选调生中出了 4 名部级或副部级领导。[2]

部署选调生工作。1980 年 6 月，中央组织部《关于抓紧做好选拔优秀中青年干部工作的意见》提出，从 1980 年起，各省（自治区、直辖市）党委和国家机关有关部委，每年要从应届大学毕业生中挑选一定数量的政治品德好、作风正派、学习成绩优良、身体健康、有培养前途的，放到基层锻炼。党组织要对他们加强管理教育，严格要求，热情帮助，条件成熟时，择优逐级提拔到领导岗位上来。[3]

---

[1]　中共四川省委组织部：《青年干部工作文件选编》，1984 年，第 78~79 页。

[2]　徐天：《六十年代的"接班人计划"》，《中国新闻周刊》，2014 年第 33 期。

[3]　中共四川省委组织部：《青年干部工作文件选编》，1984 年，第 325 页。

延安时期担任过中央组织部部长的陈云，对党在延安时期创办的"抗大""陕公"等学校怀有深厚的感情。他对采取继承了"抗大"做法的选调方式加快年轻干部培养的做法给予了充分肯定。1981年7月，陈云同志在省（自治区、直辖市）党委书记座谈会上的讲话指出："台阶论还是对的。这是小平同志讲的，台阶，一级一级上来，这是必要的。一定要按级提拔。我写的一些办法也是按级提拔。但是，也可以越级提拔。越级提拔的，只能是少数。我看按台阶的办法上台的人，他的基础巩固扎实，本领全面。我听说，宋任穷同志开了一个省市委书记的电话会议，有的地方采取这样的办法，把大学毕业生放到公社里头去做一个时期工作，慢慢地再抽回来，以后到县委，以后再到地委，以后再到省委，一级一级来。我看，这是一个很好的办法。"①在陈云的心目中，以选调生的形式培养干部是一种从基层开始的台阶式干部培养法。

4.选调个别大学生

在老一辈无产阶级革命家的亲自倡导和扶持下，选调生工作重新开始。1980年出现了一批恢复高考后的专科毕业生和本科生，个别省份因领导干部紧缺，选调了个别大学生。1980年9月，湖南省委组织部《关于从应届大专院校毕业生中选拔基层骨干培养对象的通知》提出，1980年从省8所师专，湖南师范学院零陵分院，湖南农学院常德分院、湘潭分院，吉首大学的中文、政教、史地、农机、农作等五个专业中选拔90名毕业生分配到农村人民公社工作，②作为基层领导骨干的培养对象。

从1980年起，山东省委组织部每年要挑选一百名政治品德好、作风正派、学习成绩优秀、身体健康、有培养前途的应届大学毕业生，③放到基层进行锻炼，

---

①　《陈云文选（一九五六—一九八五年）》，人民出版社，1986年，第270页。

②　张学军：《湖南教育大事记》（远古—2000年），岳麓书社，2002年，第453~454页。

③　本书编审委员会：《拨乱反正》（山东卷），黄河出版社，1998年，第159页。

条件成熟时,逐级提拔到领导岗位上来。到1983年,共选调298名应届大学专科和本科毕业生到乡镇、厂矿锻炼。①

二、选调生工作是建设第三梯队的重要组成部分

1.实现领导班子"四化"的一项重大战略措施

1982年底,中央、国务院开始正式部署地方各级党政机关机构改革工作。1983年2月,中央办公厅转发的省(自治区、直辖市)机构改革指导小组《关于派赴各省(自治区、直辖市)的工作组的几项任务》提出,建议省(自治区、直辖市)党委从1983年开始,每年选调一百至几百名优秀的应届大学毕业生,按照他们的专长,分别分配到农村、工厂、文教、科研等基层单位,重点培养,锻炼两、三年,择优选拔到基层领导岗位,再经过几年的锻炼,逐级选拔到县、地、省一级(包括大中型企事业、大专院校和科研单位等)的领导岗位上来。②这是实现领导班子革命化、年轻化、知识化、专业化的一项重大战略措施,应作为培养干部的一项重要制度,长期坚持下去。这项工作要同省(自治区、直辖市)党委共同研究,制订计划,具体落实。选调生工作与省级领导干部培养选拔挂钩,这是改革开放后中央第一次在正式文件中提出如此雄心勃勃的选调生计划。

1983年2月,中共中央政治局委员、中央书记处书记习仲勋同厦门市领导同志见面时指出,摆在我们面前的一项很重要的任务就是挑选干部。从1983年开始,各省(自治区、直辖市)每年要从大学毕业生中挑选一批,不是让他们坐机关,而是让他们下去,到一个公社去,到一个大队去,到一个工厂去,锻炼几年,

---

① 山东省委组织部:1984年印发《关于进一步做好选调优秀大学毕业生到基层锻炼的通知》,《灯塔–党建在线》2018年12月28日,http://www.dtdjzx.gov.cn/staticPage/zhuanti/ggkf40nzgyj/20181228/2504030.html.

② 劳动人事部政策研究室:《人事工作文件选编》(六),劳动人事出版社,1986年,第21页。

然后逐步地择优选拔到各级领导岗位上来。这是培养德才兼备干部的一条重要途径，是一项战略措施。挑选人材，品质是很重要的，当然还要有才，就是德才兼备。大学生不一定才都好。但文化水平是成才的基本条件，要尽量高一些。①中央领导同志的指示，言简意赅地说明了选调生工作的内容和意义，极大地鼓舞和推动了全党选调生工作。

2.建设第三梯队

为了保证新老干部交替的顺利进行，让新进班子的年轻干部尽快地承担起领导责任，从 1983 年起，中央提出要建设第三梯队，作为较高层次领导班子接班人的后备队伍。在同年 6 月召开的中央工作会议上，邓小平、陈云都讲了建设第三梯队的问题。邓小平指出，干部队伍三个梯队的配备问题是一个重要的政治问题，这个问题关系到我们党和国家的命运。同年 10 月，陈云在党的十二届二中全会上又强调指出："只要把党的第三梯队建立起来了，经过十年八载的锻炼，他们就可以成为党的事业的接班人，我们党的领导权就可以保证为马克思主义者所掌握，而不会落到'三种人'手里。"

建设第三梯队，就是要按照干部队伍"四化"的方针，在我们党和国家的各级领导骨干中，组织起能够接班的年轻干部队伍。这些同志，有的是准备接任所在领导班子主要职务的人选，有的是准备进入上级领导班子的人选。1983 年 7 月，中央组织部在全国组织工作座谈会上对建设第三梯队的工作作了部署。同年 9 月，中共中央批准印发的《中央组织部在全国组织工作座谈会上的工作报告》提出，建设好第三梯队，挑选好后备干部，是干部工作中最重要的一项基本建设；选定后备干部，一定要严格掌握选拔条件，坚持走群众路线，以群众推荐和组织考核相结合的办法进行认真考察，精心挑选；对选定的后备干部，要定向培养、大胆使用，为他们尽快锻炼提高创造条件。同年 12 月，中共中央批转的

---

① 《习仲勋同志同厦门市领导同志见面时的讲话》，《中共中央组织部〈组工通讯〉》，1983 年总 268 期。

《关于调整省地两级班子的工作报告》提出,在确定第三梯队人选时,必须严格把好政治、年龄和文化三关,使当选者真正是符合党章的有关要求而又有培养前途的优秀干部。中央要求中央组织部成为发现、培养第三梯队的带头部门。

有目的地有计划地培养人才。1983年9月,《人民日报》摘要发表《北京日报》题为"建设'第三梯队'要有十二分紧迫感"的评论员文章。文章指出,有一种说法,叫作"自然接班"。这同样是放弃自己选拔和培养接班人的责任,缺乏紧迫感的一种表现。年轻干部是有个成长过程。但是,是靠其自然成长,还是有目的地加以培养,其出人才的速度和质量是大不一样的。自然成长,必定延缓成长的时间,成长方向也不一定适合将来工作的要求,这势必影响整个干部队伍"四化"的建设,进而影响我国社会主义现代化建设的进程。只有有目的地加以培养,才能早出人才,快出人才。

为了党和人民事业后继有人,邓小平指出,除了建立第三梯队,以后还要建立第四、第五梯队。①1985年4月,中央组织部副部长尉健行在部分省市、部委第三梯队建设座谈会上指出,第三梯队建设是我们党的一项战略任务。他要求,建立的后备干部队伍是一支德才素质好、数量充足、结构合理、上下衔接、不断更新的队伍,既能满足近期领导班子调整的需要,又能适应远期领导班子建设的要求。通过第三梯队的建设,逐步建立和健全有助于大批年轻优秀干部能源源不断地涌现,并得到及时选拔、培养和使用的一套制度和工作秩序。

为了加强培养选拔接班人的工作,陈云几次提出要专门设立管理青年干部的机构。他在1981年5月提出:"中央组织部要成立青年干部局。这个局的工作人员应该是优秀青年,并且是熟悉青年干部情况的。"同年7月,他在省(自治区、直辖市)党委书记座谈会上再次提出:"组织部要专门设一个管理中青年干

---

① 《邓小平年谱(1975—1997)》(下卷),中央文献出版社,2004年,第1062页。

部的机构。这个机构十分重要。各级组织部门里,中央也好,省区市也好,地县也好,都要有管理中青年干部的机构。"

1981 年 7 月,中央组织部印发《关于建立青年干部管理机构的通知》,对省(自治区、直辖市)党委建立青年干部管理机构提出了具体意见,并指出青年干部处建立以后的主要任务。同年 8 月,《中央组织部关于贯彻执行中央对调整领导班子和选拔优秀中青年干部指示的几项工作的通知》提出,今后一段时间着重做好抓紧筹建青年干部局等工作。10 月,中央组织部印发《关于省一级组织部门和中央部分机关增设青年干部处的通知》,要求各省和中央部分机关最迟在 1982 年 6 月底以前把机构建立起来,省一级组织部都要设置青年干部处;中央国家机关可从实际出发,设置青年干部工作机构或设专人负责这项工作。1982 年 3 月,中央组织部成立青年干部局。选调生工作是中央组织部青年干部局的一项重要工作。

据统计,1979 年至 1983 年底,中央组织部先后 7 次召开全国性的座谈会、汇报会、电话会议,[①]部署推进培养选拔中青年干部工作,中央组织部领导还带队到省区市考察选拔中青年干部,这些都为建设第三梯队提供了基础条件。

第三梯队建设工作客观上将选调生工作推向了一个新的高度,同时将 60 年代的选调生与 80 年代的选调生工作联系了起来。

3.选调生工作纳入领导班子"四化"建设八年规划

遵照中央书记处指示,中央组织部以北京市作选调试点。1983 年 6 月,中央组织部在北京大学召开北京大学、清华大学、北京师范大学、中国人民大学等 6 所重点高校的党委组织部长和团委书记会议,了解各校选调的进度和问题,以及学生对选调的反映和态度。同年 7 月,北京以市委名义印发的《关于选调应届

---

① 中共中央组织部办公厅:《改革开放 30 年组织工作大事资料摘编》,党建读物出版社,2009 年,第 27 页。

大学毕业生到基层锻炼培养的通知》提出,决定从 1983 年开始,每年选调一批优秀应届大学毕业生,按照他们的专长,分配到基层做党政工作,进行培养锻炼。[①]《通知》指出,这是实现党政领导班子"四化"的重要措施之一。这一表达与中央的要求一致。

(1)选调条件:信仰共产主义,坚决拥护和执行党的路线、方针、政策;思想意识好,作风正派,不怕艰苦;学习勤奋,成绩良好;热心做社会工作,积极为群众服务,有一定的组织活动能力;身体健康。一般应是共产党员,人数不足时也可选调少数团员。

(2)选调办法:市属各高等院校党委要按应届毕业生人数的百分之一二推荐,中央部委所属的双管院校党委要按照分配留京应届毕业生的百分之一推荐。学校党委对推荐对象要深入调查了解,广泛听取各方面意见,并经党委集体讨论决定,报市委教育工作部,由市委组织部和市委教育工作部共同审定。学校党组织要积极做好推荐对象的思想工作,向他们说明到基层锻炼、做党政工作,征得本人同意。各校推荐的毕业生,由市委组织部和市委各分管干部部门会同市大学生分配联合办公室统筹安排。各区县局(包括局级企事业单位)应按上述安排意见进行分配,如有变更要征得市委主管部门的同意。

(3)培养和管理:基层单位党组织,对分配到本单位锻炼的应届毕业生应制定培养计划和措施,积极为他们提供各种锻炼的条件和机会,使他们开阔眼界,增长才干。要对他们提出严格的要求,了解关心他们的思想、工作、生活等方面的情况,并及时地给予指导帮助。各区县局要对所属基层单位的培养工作给予具体指导,每半年要对下基层锻炼的同志进行一次考察。表现好、工作成绩显著的,要有计划地选拔到一定的领导岗位,表现不好或不适宜培养做领导工作的,

---

① 陈大白:《北京高等教育文献资料选编》(1977—1992),首都师范大学出版社,2008 年,第 372 页。

可以进行调整,但要说明原因,报市委主管部门备案。市委主管部门要掌握被培养对象的锻炼情况,每年要进行一次检查总结。

当年,北京市选拔了首批54名选调生。北京市的选调通知相当于一份选调生选拔、培养、管理的操作手册,按此开展选调生选拔工作,便于形成试点经验后,进行全国推广。

1983年7月6日至7月20日,经中央批准,中共中央组织部召开全国组织工作座谈会,中央组织部部长陈野苹作了《以改革的精神加速领导班子和干部队伍的"四化"建设的报告》。《报告》指出,我们党和国家的2100万干部是四化建设的骨干力量。当前的突出问题在于,不少同志的政治理论水平和专业知识不能适应"四化"建设的要求,未经过系统的马克思主义基本知识训练的超过半数,在政治思想方面存在的问题也不少。在现有干部中,大学毕业的只占19%,初中以下文化的却占40%。在45万名县以上领导干部中,初中以下文化的有23万人。①

《报告》提出,各地、各部门应挑选一批优秀的应届大学毕业生,按照他们的专长,分配到基层锻炼,几年后,可择优逐级选拔到适当的领导岗位上来。②在领导机关工作的具有大专文化程度、没有基层工作经验的年轻干部,应分期分批放到基层任职锻炼,确实优秀的要及时提任一定的领导职务。同年9月,中共中央印发了《中央组织部在全国组织工作座谈会上的工作报告》。

全国组织工作座谈会召开后不久,1983年10月,中央组织部《关于领导班子"四化"建设的八年规划》指出,配备领导班子,必须把革命化作为前提条件。各级领导班子成员,都应具有党章规定的领导干部六项基本条件所要求的政治素质。《规划》强调,"三种人"以及反对党的十一届三中全会以来党中央路线的

① 中共云南、广西、贵州、重庆、湖南省(区市)委组织部:《干部教育文件选编》,1985年,第45页。
② 中共四川省委组织部:《青年干部工作文件选编》,1984年,第395页。

人和有各种严重违法乱纪行为的人,一个都不能进领导班子,进来了的要坚决清除出去。

《规划》还对中央国家机关部委和司局领导班子、省级党政领导班子、市地(州、盟)、厅局(部委)领导班子、县级党政领导班子、县级以上工矿企业领导班子、高校领导班子,在年龄结构、知识结构和专业结构等方面提出具体要求。其中,县级党政领导班子方面:

年轻化:党政领导班子一般由50岁以下、40岁左右、30岁左右的干部组成,平均年龄在45岁左右。县委书记和县长,一般不要超过50岁。县委常委和正副县长中,45岁以下的最好占到一半以上,35岁以下的,正副县长中应有一人,县委常委中应有二、三人。要经常保持这一合理结构。

知识化、专业化:前三年,党政领导班子成员一般应是高中(中专)以上文化程度,其中大专文化程度的应占三分之一左右;县委书记和县长,基本上应具有大专文化程度,条件不具备的地方,应有一人达到大专文化程度。后五年,党政领导班子成员中,应有三分之二以上具有大专文化程度,党政一、二把手,一般应是大专文化程度。

人数:县委常委一般七至九人,个别的不超过十一人,县委书记一人,副书记二至三人;县长一人,副县长二至四人。

《规划》提出,要抓紧贯彻落实中央培训干部的决定,实现干部培训正规化、制度化、经常化。抓紧培训后备干部,因人制宜,定向培养,做到四定:定对象,定时间,定方式,定地点。

选调生工作是落实《规划》的重要措施。《规划》提出,各地还要选调一批品学兼优、身体健康、有培养前途的应届大学毕业生,按照他们的专长,分配到基层锻炼,几年后,把其中优秀的选拔到适当的领导岗位上来。①中央再次强调了选调生工作。

4.改革开放后第一份全国性选调生工作规范性文件的印发

中央提出第三梯队建设任务后,选调生工作被提到了"建设第三梯队的重要组成部分"的高度。

为建设好"第三梯队",有计划地培养一批年轻而又有大学文化程度的党政领导干部,改善省、地、县(包括企、事业单位)领导班子的结构,1983 年 8 月,中央组织部下发《关于选调应届优秀大学毕业生到基层培养锻炼的通知》,决定从1983 年开始,各省(自治区、直辖市)每年都要选调一批应届优秀大学毕业生,到基层进行重点培养锻炼,几年后,择优选拔到适当的领导岗位。②《通知》强调,这是实现领导班子"四化"的一项重要措施,应作为培养干部的一项制度长期坚持下去。中央重申了此前的提法。

这是改革开放后第一份中央专门对选调生工作进行规范性论述的党的重要文件,标志着选调生工作正式在全国铺展开来。

关于选调生的培养锻炼、管理和使用,《通知》提出,要根据选调生的专长和工作需要,对选调生进行定向培养。一般应派到领导班子团结,党风端正,能施展其专长的农村、厂矿的基层单位锻炼。经过两、三年,择优选拔到基层领导岗位,从事政治、业务等多方面的工作,取得领导工作的实践经验。几年后,把其中优秀的选拔到县一级领导岗位。以后,对选调生的培养、管理和使用,可同地、省级后备干部衔接起来。这就为有 40 岁左右的干部进入省、部级领导班子打下良好的基础。

《通知》将选调生工作与省(部)级领导班子建设相结合,体现了 20 世纪 80

---

① 本书编委会:《国家公务员素质工程全书》(下册),中国方正出版社,1998 年,第 1871 页。

② 本书编委会:《国家公务员素质工程全书》(下册),中国方正出版社,1998 年,第 1801 页。

年代选调生工作对 60 年代选调生工作的继承和发展。

关于选调人数和专业要求，《通知》提出，选调生的人数，大省每年 200 名左右，小省 50 名左右，要有一定数量的女生和少数民族学生。开始时可以少一些，取得经验后再逐步增加。选调的范围，应包括理、工、农、医、文史、政法、财经等各种专业。去农村锻炼的，以农、医、文史、政法专业为主；去企事业单位的，要注意专业对口。

关于选调条件和程序，《通知》提出，选调的对象，主要是应届大学本科毕业生，也可少量挑选专科毕业生。首先着眼于担任过学生干部的党团员和三好学生；也可在重点高校中挑选一部分往届大学毕业留校工作的团干部、辅导员等。选调的毕业生，必须具备以下条件：坚持四项基本原则，拥护党的路线、方针、政策；思想品质好，作风正派；学习成绩优良，善于独立思考，有一定的语言和文字表达能力；组织活动能力较强，能联系群众；身体健康。选调的办法，一般由学校党组织审议、推荐，省（自治区、直辖市）党委组织部考察、批准。

关于岗前培训，《通知》提出，省（自治区、直辖市）党委组织部要组织选调生集中学习两三个月，学习党的路线、方针、政策；学习马克思主义的思想方法和工作方法；学习党的建设和现代管理的基础知识。使他们受到党政工作的基础训练，树立全心全意为人民服务、长期同工农群众一起艰苦创业的思想。

关于传帮带、考察，《通知》提出，在选调生锻炼期间，基层单位要指定专人对他们进行帮助，经常关心他们的思想、工作和生活，帮助解决实际困难。地、县委组织部每年要对选调生进行一次全面考察了解。考察的材料要归入本人档案。对于不适于继续培养的，要及时按其所学专业，另行安排工作。他们在锻炼期间，享受同期大学毕业生的待遇。

关于组织实施，《通知》提出，由省（自治区、直辖市）党委组织部组织实施选调生工作。

三、中央国家机关部委和地方开展选调生工作

为了贯彻中央组织部选调生工作通知精神,少数中央国家部委机关和多数地方党委部署开展选调生工作。

1.各地开展选调生工作

1983 年 6 月,中央政治局委员宋任穷在参加六届人大的各地负责同志座谈会上指出,近三年来有 19 个省(自治区、直辖市),共选调了 3000 多名应届大学毕业生到基层锻炼,有 10 个省(自治区、直辖市)没有进行这项工作。1983 年又有 21 个省(自治区、直辖市)计划选调 2500 多名应届大专毕业生到基层锻炼,有 8 个省(自治区、直辖市)没有报来计划。①这项工作需要进一步落实。

最终,1983 年全国(除西藏外)选调了 3300 多名优秀大学毕业生到基层锻炼。②1983 年,甘肃省从省内兰州大学、兰州医学院、甘肃师范大学、甘肃工业大学、甘肃农业大学、甘肃中医学院、兰州师范专科学校、西北民族学院、天水师专、庆阳师专和张掖师专 11 所高等院校选出优秀大学毕业生 102 名。其中:男 92 名,女 10 名;本科 82 名,专科 20 名;少数民族学生 6 名。③1983 年首次公开选调之后,甘肃省委决定把省委组织部 1980 年秘密选调的 27 名优秀大学生和省人事局 1982 年选调的 93 名优秀大学生,交由省委组织部青年干部处建档立卡,统一管理。④这两届学生是采取秘密选调、跟踪培养的方式选调出来的,当时,只有省委组织部掌握名单,各级组织和选调生本人都不知道。这两届学生下去以后成长情况很不理想,一年以后担任副科级以上职务的还占不到 20%。

---

① 中共四川省委组织部:《青年干部工作文件选编》,1984 年,第 197 页。
② 中共四川省委组织部:《青年干部工作文件选编》,1984 年,第 281 页。
③ 裴云天:《岁月集》,甘肃人民出版社,2008 年,第 33 页。
④ 裴云天:《岁月集》,甘肃人民出版社,2008 年,第 36 页。

1983 年采取公开选调以后,情况就大大不同,1983 年选调的 102 人下去以后一年时间就有 55 人被提拔到副科级以上领导岗位,占总数的 55%。[①]

1984 年,全国又新增 3300 余名选调生。1980 年以来,各地选调生总数已有近万名。[②]其中,天津市、内蒙古自治区、吉林省等 12 个省(自治区、直辖市)1984 年共选拔选调生 1300 多名,其中共产党员占 35%,共青团员占 64%。北京市、上海市、河北省、四川省 4 个省市 1984 年共选拔选调生 600 多名,其中学生干部占 78%,三好学生和优秀团员占 67%。辽宁省、河南省等 5 省 1982 年以前共选拔选调生近 700 名,到 1983 年底,已有 380 多名被提拔担任了乡以及相当乡一级的公司、厂矿的领导职务,48 名加入了中国共产党。安徽省委组织部对 1983 年以前选拔的 470 多名选调生作了考察,已有 79 名被提任各级领导职务,其中有 8 名担任了县处级领导。河北省张家口地区在 1982 年和 1983 年共选拔了 34 名选调生,已有 4 名入了党,12 名被评为"新长征突击手"和"优秀团干部",22 名被提拔使用,16 名被选为上级领导班子的后备干部。

1984 年 10 月,《人民日报》发表评论《一项重要措施》。评论指出,选调生工作"是培养新一代党政工作骨干的重要措施之一"。各级党政干部不但要具有较高的文化和专业知识,而且要了解中国社会,熟悉人民群众,有志于"管理众人之事"。在本人自愿的基础上,每年选调一批在各方面都比较优秀的应届大学毕业生到基层去工作,从党政干部的角度进行定向培养。这样,十余年之后,我们就可能有数万名完全新型的党政工作骨干。这是大有益于党、国家和人民的事。评论强调,选调生要树立全心全意为人民服务、长期同工农群众一起艰苦创业的思想,决心到生产建设和改革的第一线去。许多同志在学校时都有一番改造

---

① 裴云天:《岁月集》,甘肃人民出版社,2008 年,第 146 页。

② 《培养党政干部 加强第三梯队建设 各地积极选调应届大学毕业生到基层锻炼》,《人民日报》,1984 年 10 月 6 日。

社会和建设国家的抱负,这是十分可贵的。但是抱负是一回事,能否始终不渝为实现抱负奋斗,是另一回事。

评论满怀希望地表示,选调生工作是"面向未来,面向世界,面向现代化建设",培养党政干部的一项高瞻远瞩的战略措施,一定要长期坚持下去。

1981 年至 1985 年,河南省委组织部从全省 18 所大专院校及部分省外重点院校选调了 696 名优秀应届大学毕业生,到乡(镇)农村、工厂和城区办事处等基层单位工作,作为党政领导干部培养。其中,1981 年 114 名,1982 年 108 名,1983 年 125 名,1984 年 190 名,1985 年 159 名;男 627 名、女 69 名;学生党员565 名,学生干部 382 名。①

从 1982 年开始,广西壮族自治区共选调了 5 批应届优秀大学毕业生到农村、厂矿、学校、医院等基层单位培养锻炼。1986 年 4 月,广西壮族自治区党委组织部出台《关于进一步做好选调生培养管理工作的意见》。这是对前期选调经验的科学总结,为后来的选调生工作发展指明了前进方向。

《意见》从培养目标、培养途径、培养和管理时限等方面对选调生工作进行了规定。

明确地方选调生的成长路径。《意见》提出,选调应届优秀大学毕业生到基层培养锻炼,目的是培养党政领导干部,使他们经过基层锻炼后能走上乡、镇党政领导岗位,再经进一步的培养锻炼,能成为县和地(市)的部、局级党政领导干部或后备干部。为培养更高一级的领导干部打下良好基础。

明确地方选调生的培养途径。为有利于选调生的锻炼成长,对他们的分配,应本着大专业对口,定向培养,面向基层的原则,主要分配到农村乡、镇机关和厂矿、企事业单位,安排到领导班子团结、党风端正,能更多地接触实际的地方,

---

① 河南省地方史志编纂委员会:《河南省志·共产党志》(第 13 卷),河南人民出版社,1997 年,第245 页。

接收单位要指定一位领导干部负责培养教育工作,落实专人传、帮、带。对他们的培养,既要让他们熟悉基层工作的情况,积累基层工作经验,又要根据他们所学的专业和培养方向,使他们有了解、熟悉机关工作和现代管理知识的机会,不断提高他们运用正确的立场、观点和方法来解决实际问题的能力。同时,对准备进领导班子的,一般应经过相应一级党校进行任前培训,较系统地学习马列主义基本理论和现代管理知识。

明确地方选调生的培养时限。对选调生的培养、管理要有始有终,负责到底,但也应有时限。一般为三年,最长为五年。对于在基层锻炼已满五年,发展潜力又不大,不适宜作党政领导干部培养,并经做工作仍坚持不愿搞党政工作的选调生,应予以调整。调整工作结合年度考察进行。调整前,县委组织部应派人找本人谈话,并办理调整手续。在基层锻炼期内,被提拔到县、处级领导岗位或列入县、处级以上后备干部的选调生,则按干部管理权限和后备干部制度管理。

2.中央国家机关部委开展选调生工作

根据中央选调生工作的有关要求,中央国家部委机关开展了选调生工作,如煤炭工业部、城乡建设环境保护部、国家医药管理局。

1983 年 11 月,煤炭工业部将选调生工作纳入《关于煤炭系统领导班子"四化"建设的八年规划》。[1]1985 年 12 月,全国煤炭干部工作会议提出,要加强对选调到基层锻炼的大学生的管理,1985 年从中国矿院、阜新矿院选调了部分应届优秀大学毕业生到基层锻炼,这项工作还要继续抓下去。今后每年要以 2%的比例,选调应届优秀大学毕业生到基层锻炼,把它作为第三梯队建设的一部分。[2]大专院校要认真负责地选拔推荐,接收单位要很好地对这些大学生进行培养并

---

① 煤炭工业部办公厅:《煤炭工业法规汇编(1949—1983)》(第五册),1986 年,第 644 页。

② 煤炭工业部《中国煤炭工业年鉴》编审委员会:《中国煤炭工业年鉴 1986》,煤炭工业出版社,1987 年,第 50 页。

定期考核。

为了有计划、多渠道地培养优秀的年轻干部,把"第三梯队"建设好,1986年1月,煤炭工业部又专门印发《关于选调应届优秀大学毕业生到基层培养锻炼的实施意见》,确定从1986年开始,每年选调一批应届优秀大学毕业生到基层进行重点培养锻炼。

将选调生工作与干部工作相结合。《意见》提出,选调优秀大学毕业生到基层培养锻炼,是为了有计划地培养一批年轻而又有大学文化程度的党务、行政、技术、经营等方面领导干部的后备人员。他们到基层培养锻炼两三年之后,择优选拔到区、科级领导岗位,再经过几年的锻炼,择优进入矿、处级领导班子。以后对他们的培养、管理和使用,可同局级后备干部衔接起来。通过一个台阶一个台阶的重点培养锻炼,使他们获得应有的实践经验和领导才干。

从优质结构出发。选调对象主要是各类专业的应届大学毕业生,也可挑选少量的专科毕业生。首先着眼于从在学校担任过学生干部的党团员、三好学生和在各方面表现突出者中选拔。并要注意选拔一定数量的女大学生和少数民族大学生。

坚持政治素质第一的标准。选调的毕业生应品学兼优,拥护党的路线、方针、政策,坚持四项基本原则,热爱煤炭事业,愿为煤炭工业的发展贡献力量;思想品质好,作风正派;学习成绩优良,善于独立思考,有一定语言和文字表达能力;组织活动能力较强,能联系群众;身体健康。选调名额大体上按应届大学生总数的2%掌握。

分类选调。对于煤炭系统院校应届毕业生,由院校指定专人负责选调,由系推荐,并广泛听取各方面意见,经院校组织、人事部门进行考核,报院校党委审查同意后,填写《选调大学毕业生登记表》;在毕业生分配前两三个月报部干部司。由干部司根据后备干部工作的需要,确定分配地点,并通知毕业生接收单位,列入相应的后备干部名单进行管理。对于国家直接分配的应届优秀大学毕业生,由所在单位组织,干部部门按选调条件考核提名,经所在单位党委(党组)集体讨论决定,并报部干部司备案。选调情况不同本人见面。

形成了一系列卓有成效的培养管理做法。接收单位要根据工作需要和选调生的专长,合理安排,一般应派选调生到领导班子团结、党风端正、能施展其专长的基层单位,进行定向培养。要让他们从最基础的工作做起,使他们直接接触群众,熟悉社会,经受实际工作的锻炼。应届毕业生到基层锻炼的第一年为见习期,要从事具体工作,并参加不少于六个月的现场跟班劳动。期满转正时,所在单位的组织、干部部门要进行考核鉴定。在锻炼期间,要压担子,使他们积累经验,增长才干。要有意识地出些"课题",提高他们分析和解决问题的能力。对于工作中的失误,要积极帮助他们分析原因,总结教训。基层单位要指派党性强、作风好、经验丰富的同志对选调生进行指导帮助。经常关心选调生的思想、工作、学习和生活,帮助解决实际困难。在锻炼期间的待遇,应和同级同类大学毕业生一样,不作特殊规定。组织、干部部门每年要对他们进行一次全面考核,考核情况填入《后备干部年度考核登记表》,并报部干部司备案。对于不适宜继续培养的,要及时按所学专业,另行安排工作。各单位对选调优秀大学毕业生进行重点培养的组织实施情况,每年要作一次全面检查总结。①

1983 年 10 月,城乡建设环境保护部干部局在部干部工作座谈会上的报告提出,从 1984 年起,每年从部属高校挑选一定数量的优秀应届毕业生,分配到基层锻炼,并按照他们的特长,进行重点培养。②1984 年 2 月,《城乡建设环境保护部干部局关于建立局、院级后备干部制度的通知》又提出,部每年要从部属院

---

① 煤炭工业部办公厅:《煤炭工业法规汇编 1986》,1986 年,第 415~418 页。

② 城乡建设环境保护部办公厅:《城乡建设环境保护部文件汇编》(1982—1984),中国建筑工业出版社,1986 年,第 114 页。

校挑选 30 名左右品学兼优的应届大学毕业生,①按照他们的专长,分配到基层锻炼,几年后可择优逐级选拔到适当的领导岗位上来。选调生工作进一步细化。

1984 年 4 月,国家医药管理局印发的《关于领导班子"四化"建设的八年规划(试行)》提出,各单位要立即选调一批品学兼优,身体健康,有培养前途的应届大学毕业生,按照他们专长,分配到基层工作,锻炼两三年后,把其中优秀的逐级选拔上来。②

从现有资料看,中央对部委选调生工作未作进一步要求,重点在地方。

3.军队从大学毕业生中培养军政指挥干部

在中央部委机关和地方开展选调生工作的同时,军队也有计划地从大学毕业生选拔部分优秀分子,然后放到部队基层培养锻炼,以培养各级军政指挥干部。

20 世纪 80 年代初,军队的中、高级指挥干部,大学文化程度的仅占 3.5%,基层指挥干部中具有大学文化程度的更少。为改变这种状况,军队加强院校建设,大力培养适应现代化、正规化革命军队建设需要的人才。但是由于军队院校培训大学水平的指挥干部还不能满足部队需要,必须从地方高校补充一部分大学毕业生。1983 年 3 月,国务院、中央军委批转国家计委、教育部、总参谋部、总政治部《关于分配一部分大学毕业生到军队培养军政指挥干部的请示的通知》。③《通知》指出,随着现代科技的发展和应用,军队需要大批具有大学文化水平的人才担任各级指挥干部。军队接收地方大学毕业生,培养各级指挥干部是实现我军干部队伍"四化"的一项重要措施。各省(自治区、直辖市)、各部委、各有关

---

①　城乡建设环境保护部办公厅:《城乡建设环境保护部文件汇编》(1982—1984),中国建筑工业出版社,1986 年,第 122 页。

②　国家医药管理局:《医药工作文件选编 1978—1988》,中国医药科技出版社,1989 年,第 896页。

③　劳动人事部政策研究室:《人事工作文件选编》,1986 年,第 374~376 页。

高校都应大力支持,做好宣传教育工作,采取有效措施,切实保证把品学兼优的大学毕业生输送到部队。《通知》提出,拟从 1983 年起,在近几年内每年从地方高校中分配一部分大学毕业生到军队,经过初级指挥学校短期训练,到部队任排长,后视情况逐步培养为各级军政指挥干部。

关于毕业生的数量,《通知》提出,1983 年分给部队的这部分毕业生,名额为 2500 名。

关于毕业生的来源,《通知》提出,在保证质量的前提下,由省(自治区、直辖市)人民政府统筹安排。本科、专科以及分校毕业生只要条件适合,均可安排。专业上注意适当分散,不宜过于集中。

关于毕业生的选拔条件,《通知》提出,拥护党的路线、方针、政策,思想品质好,作风正派,自愿献身国防事业;年龄 24 岁以下;身体健康,符合参军条件;男性应届毕业生。为照顾中学师资的需要,师范院校毕业生原则上少调。

关于毕业生的选调程序,《通知》提出,可采取组织动员、自愿报名、军队审查相结合的办法。各省(自治区、直辖市)人民政府将分配计划名额落实到院校。承担此项任务的院校做好宣传教育工作,提高师生员工对建设现代化国防伟大意义的认识,积极动员符合条件的毕业生报名。院校根据分配的任务提出名单,军队接收单位按照规定条件审查接收。不符合条件的,由原院校负责调换。

关于毕业生享受的待遇,《通知》提出,军队接收的大学毕业生,入伍后按总参谋部、总政治部、总后勤部(1981)政联字九号文件《关于军队院校毕业生工资待遇的规定》享受工资待遇,即第一年暂按军队行政 23 级、正排职发给工资,一年后正式定级任职,按所任职务享受规定的待遇。

通过观察选拔数量、来源、条件、程序和待遇,这项工作无疑受选调生工作的影响,具有选调生工作的性质。

四、加强对选调生的管理

选调生选拔出来并且具有一定规模后,怎么培养?如何管理?怎么发挥选调生的作用?这些问题突出地摆在了党的组织部门面前。

1983 年 12 月,中央组织部省部级第三梯队建设问题电话会议提出,在建设第三梯队的过程中,1984 年要继续做好选调应届大学毕业生锻炼、培养的工作。1984 年,要在总结经验的基础上,把这项工作做得更好。对已下去的同志,要加强管理,做好考核、调整、任用等工作,使他们健康成长,尽快成才。

选调生工作是建设第三梯队的重要组成部分,几年来已做出一些成效。据中央组织部统计,1980 年至 1984 年,全国共选拔了选调生 9900 多名。①为了加强对他们的管理,1985 年 4 月,中央组织部副部长尉健行在部分省(直辖市)、部委第三梯队建设工作座谈会上提出,要加强对选调生的管理。结合第三梯队建设和选调生工作的实际情况,尉健行指出,选调应届大学毕业生到基层去锻炼,主要目的是培养新型的党政领导干部。选调时要注意:不单纯追求数量多,各地区不强求一个比例;坚持本人自愿;选调对象应是适宜于搞党政工作,专业适应性较强的毕业生;主要应把他们放到县以下基层单位去锻炼,不要截留在机关,也不要过早地调到机关工作。不要把这项工作变成单纯为了解决某些行业缺大学生问题的措施。尉健行强调,要因人制宜地安排培养计划,切实关心他们在工作和生活上存在的实际问题,对不适宜做这项工作的要及时调整,妥善安排,不留后遗症。逐步形成和完善一套管理制度和工作秩序。

按照中央组织部关于加强选调生管理的要求,四川省积极做好选调生的管理工作。1983 年和 1984 年,四川省已选调 358 名优秀大学生下放基层锻炼,到

---

① 农牧渔业部人事司:《人事工作文件手册》,1987 年,第 263 页。

1985年,已担任区、乡两级职务的171人,列为县级后备干部的39人。1985年8月,四川省委组织部在一次讲话中指出,选调生工作虽然取得了初步成效,但也存在着一些比较突出的问题。有一部分同志未满锻炼时间就被抽调到市(地、州)党政机关工作,有的甚至被派到外地拉关系搞采购。①四川省委组织部认为,这对第三梯队的建设是不利的。各级组织部门必须明确,选调生主要应放到县以下的基层单位锻炼,在实践中增长才干。不能把他们截留在机关,也不能提前抽到领导机关工作,必须保证他们在基层锻炼两年以上时间。四川省委组织部要求,各地要对这项工作进行一次检查,针对存在的问题及时采取补救措施。针对1985年的272名选调生,四川省委组织部提出,市(地、州)委组织部和省级有关部门要抓紧落实选调生的工作单位,做好派遣工作。要结合他们所学的专业,考虑培养方向,安排到合适的基层单位。到农村区、乡基层的选调生,以农、医、文史、政法专业为主;分配到企事业单位的选调生,要注意专业对口。对这批选调生经过历时1年时间的锻炼后,发现有不适宜或本人不愿做党政工作的,要及时按其所学专业予以妥善安排。四川省委组织部要求,各级组织部门要加强对下放锻炼的选调生的管理,坚持每年全面考察一次。要关心选调生的成长,注意解决他们在工作、学习、生活方面的实际困难。要对选调生进行理想、纪律和党的路线、方针、政策的教育,关心他们政治上的进步。对未入党的选调生,要积极进行培养,在他们具备入党条件时,要及时吸收到党内来。争取通过三五年的锻炼,使选调生中的一大批人能够成长起来,挑起领导工作的重担。

对于选调生工作中出现的苗头性、倾向性问题,各地党组织及时采取措施,加强管理,有力地推动选调生工作朝着中央指引的方向发展。

---

① 《中共四川省委组织部关于印发喇进修同志在市、地、州委组织部长会议上的讲话的通知》,四川人事信息网。

五、选拔选调生进县级以上领导班子

1.老干部的职责

邓小平认为，老干部第一位的庄严的职责是选拔和培养接班人，"其他的日常工作，是第二位、第三位、第四位、第五位、第六位的事情。第一位的事情是要认真选拔好接班人"。他指出，实现干部队伍的革命化、年轻化、知识化、专业化，是革命和建设的战略需要，也是我们老干部最光荣最神圣的职责。他认为，这是一场革命。这场革命不搞，让老人、病人挡住比较年轻、有干劲、有能力的人的路，不只是四个现代化没有希望，可能要亡党亡国。①

1979 年 7 月，邓小平在接见海军党委常委扩大会议全体同志时又指出，现在摆在老同志面前的任务，就是要有意识地选拔年轻人，选一些年轻的身体好的同志来接班。要趁着我们在的时候解决这个问题，我们不在了，将来很难解决。解决组织路线问题，最大的问题，也是最难、最迫切的问题，是选好接班人。1981 年 6 月，中央书记处书记、中央组织部部长宋任穷发表在《人民日报》的文章《老中青干部紧密团结是党的事业继往开来的重要保证》指出，新形势对干部队伍建设的要求，比过去任何时候都更高，也更加具有鲜明的时代特点。如果用一句话来表达这种要求，那就是：以领导班子建设为重点，进一步加强老中青干部的团结，共同实现干部队伍的革命化、年轻化、专业化、知识化，并使之制度化。这是时代赋予全党同志，首先是老同志的一项光荣的政治责任。

老干部职责问题在 1982 年 9 月 1 日召开的党的十二大上得到一定的体现。党的十二大报告指出，在机构改革中，要使许多年事已高的老干部既能解脱

---

① 《邓小平文选》（第二卷），人民出版社，1994 年，第 396~397 页。

第一线工作的繁重负担,又能以他们丰富的领导工作经验在党、国家和社会生活中继续发挥作用;使大批德才兼备、年富力强的中青年干部能够及时选拔到领导岗位上来,在新老合作和交替的过程中得到更多的实际有效的锻炼,并且使各级领导层不断吸收新的活力和智慧,保持旺盛的生机。报告认为,新老干部的合作和交替问题是关系社会主义事业后继有人的大事,相信全党同志特别是我们的老同志必定会以高度的革命责任心来完成这个历史任务。

在科学的组织选贤任能机制未完全建立起来之前,依靠老干部这一"伯乐"识人,仍然无可替代。老干部作用的发挥,为新干部人才的不断涌现扫清了障碍。

2.选拔优秀中青年干部与六十年代选调生

中央各部门领导人年龄普遍偏大,引起中央领导同志的警觉。邓小平指出,三年内每个部都应该有四十岁左右的副部长,这些人精力充足,是一步步上来的,不是火箭式的。优秀人才上台阶可以快一点。[①]

1980 年 1 月,邓小平在中共中央召集的干部会议上指出,各级党委、各级业务机构都要由有专业知识的人来担任领导。他对干部年轻化提出明确要求,强调特别要注意从 40 岁左右的人中间选拔领导干部。他说,40 岁左右是一个什么含义? 大体上是 50 年代进大学的人。新中国成立 30 年了, 如果说 1961 年到 1966 年毕业,那个时候是 25 岁左右,现在就是 40 岁左右到 45 岁左右。一年多后,邓小平又重提这一问题。1981 年 7 月,中共中央主持召开省(自治区、直辖市)党委书记座谈会,陈云、邓小平等党和国家领导人先后在会上讲话。陈云在会上指出,必须成千上万地提拔中青年干部。提 40 岁以下的干部。而且从总数上来说,比如提一万人,其中大多数,百分之七十以上,应该是 40 岁左右、40 岁以下的人。[②]邓小平指出,(选拔中青年干部)有什么标准呢? 就是 60 年代的(主

---

① 《邓小平年谱》(第 4 卷),中央文献出版社,2020 年,第 278 页。
② 《陈云文选》(1956—1985 年),人民出版社,1986 年,第 270 页。

要是六十年代的)大学毕业生。他算了一笔账,"文化大革命"以前,从 1961 年到 1966 年,一年 10 万,就是 60 万人。如果加上中专,近 200 万。这些人是比较有专业知识的。很多材料反映,60 年代,"文化大革命"以前几年大学毕业的,绝大多数是表现比较好的。这些人大体上年龄 40 岁左右。

1983 年 5 月,中共中央批转的《中央组织部、省市自治区机构改革指导小组关于配备全国省级领导班子的工作报告》指出,各级领导班子的老化,固然是当前一个突出问题,但是长期以来,各级领导班子更严重的问题是文化偏低,同国家四化的要求越来越不相适应。几个月的实践再一次证明,决不是没有可供选拔的人才,而只是没有被发现,或者发现了不去大胆使用;只要那里的党委,特别是主要领导同志解放思想,开阔视野,不拘一格,人才就在我们面前。全国二千万干部,其中有"文化大革命"前的四五百万大专生、两三万留学生和研究生。人才是有的,关键的问题是要善于发现、挑选,善于培养、使用。

1964、1965 年选拔的选调生近 7000 名。粉碎"四人帮"后,特别是党的十一届三中全会以后,全党进行了思想上、组织上的拨乱反正。这批选调生中被打倒的得到了平反。在党组织的关心和本人的努力下,每个选调生都在不同的岗位上做出了有益于党和人民的贡献,其中有的走上了县处级和司局级领导岗位。这些选调生属于中央领导同志所说的中青年干部选拔对象的范围。一批 60 年代选调生获得了新生。

3.选拔大学毕业生进县级领导班子

1983 年 6 月,中央政治局委员宋任穷在参加六届人大的各地负责同志座谈会上指出,关于调整县级领导班子,中央提出,争取在 1985 年县委书记和县长基本上具有大专文化程度。这件事要从各地实际情况出发,凡有条件的地方,争取达到;条件不具备的地方,争取 1985 年县委书记和县长中有一人具有大专文化程度。选拔大学毕业生进县级领导班子,要注意一条,即至少要有 3 年实际工作经验。现在的问题是,这一批干部中,文化偏低的比较多,应当积极选拔和培养一批具有大专文化程度的优秀中青年干部。他建议采取三条措施:

一是从过去已在基层工作的大专毕业生中选拔。符合条件的 60 年代选调生完全属于这个选拔范围。1980 年中央部委机关和各省(自治区、直辖市)挑选的选调生也有了 3 年工作经验,他们也处在这个选拔的对象范围。

二是各省每年选调一百至几百名应届大专毕业生和党政机关中年轻的大专毕业生到基层锻炼,几年后把他们中比较优秀的逐步提到县级领导岗位。这样,就把新选调生的选拔工作作为其中一项举措。

三是选调一批有实际经验但文化程度较低的年轻同志去学习文化专业知识。

这样长年坚持下去,领导干部的政治和文化水平就会逐步提高,后备力量就会有比较雄厚的基础。

为了使新老干部交替经常化、制度化,1983 年 10 月,《中央组织部关于建立省部级后备干部制度的意见》指出,各级党组织必须把管理后备干部摆在同管理现职干部同等重要的位置上。提拔领导干部,除了特殊情况外,都应从后备名单中挑选。《意见》要求,后备干部名单由组织掌握,培养意图和使用方向要注意保密。

无论是后备干部制度的建立,还是党政机关机构改革,都对选调生工作非常有利。

1983 年 12 月,中共中央、国务院《关于县级党政机关机构改革若干问题的通知》提出,配备县级党政领导班子成员,必须严格把好政治关、年龄关和文化关,选拔干部应坚持以革命化为前提。《通知》再次强调,每个党员领导干部都应当具有党章规定的领导干部六项基本条件所要求的政治素质,特别是年龄和文化。

《通知》提出，县委领导班子的年龄结构，一般由 50 岁上下、40 岁上下、30 岁上下的干部组成，平均年龄 45 岁左右；县委的二、三把手，要有一名 45 岁以下的；县政府领导班子的年龄还应当更年轻一些；县长一般不超过 50 岁。县级党政领导班子成员的文化程度，一般应是高中（中专）以上，其中应有三分之一具有大专文化程度；县委书记和县长，一般应有 1 人具备大专文化程度。

当时，选调生非常突出。对县级领导的条件规定，客观上为选调生走上县处级以上领导岗位创造了条件。

1984 年八九月间的全国企业领导班子建设工作座谈会指出，对 80 年代的青年要有个正确的认识。挑选人才，对二十多岁、三十多岁的人，总是不放心。有极少数是不好的，但多数是好的。如果对 80 年代的青年没有这样一个基本的看法，选拔干部就会受到很大的限制。问题是有少数老同志总觉得他们不成熟，提拔使用他们不放心，这个问题要解决。有人说，厂长好选，党委书记难挑，还不是这个问题？不是要选年轻干部进班子吗？所谓年轻干部，也三四十岁了。地、市委里，有三十多岁的就很不错了，许多地方还没有三十多岁的人。领导班子，特别是大的企业，需要梯形配备。

中央书记处候补书记、中央组织部部长乔石在座谈会上提出，大中型骨干企业的厂长、党委书记，力争在 1984 年、少数到 1985 年，达到大专文化程度，其他党政副职也要有三分之二达到大专文化程度和相应的专业知识。

座谈会指出，已有一大批大学生下去锻炼，在工厂、农村搞几年，优秀的就可以进工厂领导班子，进党委。二十三四岁，下去搞上三四年，不到三十岁，就可以进县级领导班子，或在企业当厂长、副厂长。[1]这就为选调生进入县处级领导班子作了宣传和舆论准备。

---

[1] 《中央领导同志会见出席全国企业领导班子建设座谈会代表时讲话要点》，《教学参考》，1985 年第 2 期。

六、中央党校三年制培训班主要从选调生中招生

选调生源源不断地被选拔出来,引起了党内有关部门和社会的高度关注。

1983 年 5 月,中共中央下发《关于实现党校教育正规化的决定》和《关于第二次全国党校工作会议情况的报告》。《决定》指出,培训班要培训同级党委管理的主要领导骨干的后备人员以及少量新提拔的年轻现职人员,他们应具有大学文化科学基础知识以及大学毕业学历,学习年限一般为 2 至 3 年。这是今后地市以上各级党校的主要班次。同年 10 月,中央组织部印发的《全国干部培训规划要点》提出,培训干部的重点是各级领导干部以及作为后备的优秀中青年干部,特别是县以上各级领导干部及其后备干部。1984 年 12 月,中共中央批准的《关于加强干部培训工作的报告》指出,过去注重在职党政领导干部培训,几年来发展为以在职党政领导干部、后备干部为重点的各级各类干部整体培训。

1.培训战略后备队伍

1985 年 1 月,全国党校工作座谈会在北京举行。同年 7 月,中共中央党校校长王震和第一副校长蒋南翔向中央作了《关于中央党校培训对象问题的请示报告》。1985 年 11 月,中共中央批转了《全国党校工作座谈会纪要》和中央党校的《报告》。

《纪要》指出,为了更好地适应干部四化的要求,今后各级党校在分工培训领导干部时,可采取"长短结合"的办法。中央党校将举办两种类型的培训班:一种是半年到一年的短期培训班,主要招收急待补充为省部级党政主要领导干部的后备干部;一种是为期三年的长期培训班,招收大学毕业、具有三至五年实际工作经验、政治思想素质较好的优秀青年干部,年龄一般在 30 岁以下,经过系统的马克思主义基本理论和专业知识的培养,毕业分配到县一级或其他实际领

导岗位上锻炼,而后,再根据他们各方面的表现和知识才能,逐步提升担负较重要的领导职务。[①]

《报告》指出,为进一步贯彻执行中央的决定,根据形势发展的需要,在今后若干年内,中央党校无论是培训党政领导骨干及其后备人员,还是培训党校师资和宣传理论工作的骨干,都要采取"长短结合"的形式。这样,既照顾到了当前领导干部班子配备和党校亟需充实师资的情况,又考虑到了党和国家干部队伍的长远建设,使党校教育能更好地适应社会主义现代化建设的需要。

培训班是党校正规化教育的主体部分,要大力办好三年制的长期班。《报告》指出,今后要成为培训主体的长期班,从1985年下半年起开办,为了取得经验,先招收150人。这种班次是从党和国家对领导干部"四化"要求和长远的战略需要提出的,主要招收具有大学本科毕业文化程度、有几年实际工作经历、有培养前途的优秀党员干部。年龄要求在30岁以下。《报告》指出,中组部从1982年起,每年都分配有一批优秀的大学毕业生到基层工作锻炼,目前全国累计人数约有1万名左右。这批干部中有相当部分正符合长期培训班学员的条件,将可成为这个班次学员的主要来源。[②]后来,查看当年培训名册,发现其中有许多选调生,这就说明选调生实际上是中央党校三年制培训班的主要来源。

中央党校要求,在招生时,仍要继续坚持组织推荐、本人自愿、统一考试、择优录取的原则。这些学员入学后,在政治上和学习上都要严格要求。

新选调生身上不同程度存在着理论学习和党性、党风、党内生活锻炼缺乏等弱点,教学极具针对性。《报告》指出,党校整个教学过程的组织和课程设置都要有利于加深学员马列主义基本理论的学习,并扩大知识面;加强理论联系实际,加强党性锻炼。培训班的教学方针是要比较系统、全面地培养学员具有较高

---

① 中共中央组织部:《干部教育工作重要文献选编》,党建读物出版社,1999年,第600页。

② 中共中央组织部:《干部教育工作重要文献选编》,党建读物出版社,1999年,第605~606页。

马列主义理论素养,具有必要的业务知识和独立工作能力,使学员成为立场坚定的共产主义者和无产阶级革命事业接班人。因此,要求学员用较多时间,攻读规定数量的马列原著。在学习方法上明确以自学为主,教师的课堂讲授、指导读书、解答疑难为辅。对理论学习的要求,首先强调深入钻研并真正领会原著的精神实质。学业成绩的考核,不重死记硬背,主要在于能够正确掌握马克思主义的立场、观点、方法,提高运用马克思主义的理论来研究和解决社会主义建设中遇到的实际问题的能力。

他们毕业后,其马列主义理论水平、文化基础和业务知识、自觉的组织性、纪律性等综合的实际工作能力,将相当或高于一般文科院校同类专业研究生的水平。这种三年制培训班的学员,经过学校的考核和批准,通过论文答辩,优秀者可取得硕士学位,特别优秀者,可取得博士学位。

党校主动融入领导班子"四化"建设大局,客观上促进了选调生工作的大发展。《报告》指出,这些学员毕业时年龄还轻,一般在 30 岁左右,不直接选进地、省级领导班子,而是先分配他们到县一级或其他基层工作岗位担负一定的领导职务,在实际工作中锻炼三五年,然后再根据他们的实际表现和工作成绩逐级提拔。中央党校设想,这种培训班学员(优秀选调生),实际上是地、市以上领导干部的战略后备队伍。[1]他们年富力强(从党校毕业后再工作七八年也不过四十岁左右),他们有较系统的马列主义理论素养,有较宽阔的知识面,有较强的党性锻炼,具备这样条件的干部苗子,将会有更大的发展潜力,到 90 年代,他们将会在实际工作中日益发挥更大的作用。中央党校预计,今后如果把这种三年制培训班办好,精心设计,加强领导,长期坚持,定将会源源不断地为党和国家输送一批又一批又红又专、优秀党政领导后备人才,对于负有领导我国"四化"建

---

① 中共中央组织部:《干部教育工作重要文献选编》,党建读物出版社,1999 年,第 606 页。

设历史任务的执政党,将是一项具有深远意义的重要的基本建设。

后来的实践表明,中央党校的设想完全实现了。

2.培训班学员主要从选调生中选拔

根据党和国家培养年轻干部的战略需要，中央党校从 1983 年 9 月至 1986 年 9 月举办了四期干部培训班,即正规化第一期至第四期,其中第三、四期为三年。为适应党和国家对领导干部"四化"要求和长远的战略需要,培训班 85、86 两级改为培训战略后备干部。招收学员对象主要从各省(自治区、直辖市)党委组织部门挑选的选调生中选拔,条件是具有大学本科学历,有 3 至 5 年实际工作经历,年龄 30 岁左右,有较好的政治素质和党性修养,有培养前途的优秀党员干部,其中大部分是县处级干部。这两期三年制培训班的任务是培养地、市以上领导干部的战略后备队伍。这两期学员入学考试除考前两期的课程外,还加试外语。

1985 年 4 月,中央组织部等部门下发《关于中央党校 1985 年下半年招生工作的通知》。第三期培训班招收学员 150 名,学制 3 年,主要从各省(自治区、直辖市)党委组织部门挑选的选调生中选拔。①《通知》除了规定入学学员的政治素质、学历、工作经验等条件外,还要求学员"身体健康,家庭拖累较少,经组织推荐并征得本人同意,能坚持长期学习"。《通知》提出,学员学习期满,成绩合格,授予中央党校培训班毕业证书,承认为研究生班毕业学历,学习期间能写出学位论文并通过论文答辩,授予相应学位。关于招生办法,《通知》提出,组织推荐和考试相结合,推荐参加培训班的应试人员,需经省(自治区、直辖市)党委组织部讨论审定。各地推荐报考的人数一般应多于招生人数 2 至 3 名。

培训班招收学员均采取组织推荐和统一考试,择优录取相结合的办法。入

---

① 中共中央党校年鉴编委会:《中共中央党校年鉴 1985》,中共中央党校出版社,1986 年,第 254 页。

学考试科目为两门:马克思主义理论和时事政治,包括马克思主义三个组成部分、中共党史、党的十一届三中全会以来的方针政策、时事政治等;文化科学基础,包括语文、历史、数学、自然科学等。录取学员经中央组织部审核。

1985 年实际录取 140 人,28 个省(自治区、直辖市)平均录取 5 人,其中,内蒙古自治区、广西壮族自治区各 7 名,上海市、黑龙江省、辽宁省、河北省、山西省、宁夏回族自治区、新疆维吾尔自治区、安徽省各 6 名,四川省、湖北省、广东省、福建省、湖南省、甘肃省、浙江省、江西省、云南省各 5 名,北京市、山东省、河南省、陕西省、贵州省、天津市各 4 名,江苏省、吉林省、青海省各 3 名。[1]1986 年实际录取 116 人。[2]他们中的多数后来都担任了厅局级、省部级以上领导职务,少数担任了党和国家领导职务,成功实现了当时中央提出的办班目标。

中央党校领导高度重视培训班。蒋南翔是我国青年运动领袖,曾担任清华大学校长,60 年代在高等教育部工作期间就分配高校毕业生到基层工作(选调生工作)给中央写过报告。他担任中央党校第一副校长后,对三年制培训班的举办非常重视。1985 年 9 月,蒋南翔在中央党校 1985 年秋季开学典礼上的讲话中专门系统地谈到了三年制培训班的来龙去脉。他指出,培训班是党校正规化教育的主体部分,三年制的长期班,是 1985 年新开办的。开办这个班次,是根据中央文件精神,从党和国家对领导干部"四化"要求和长远的战略需要提出的。这个班主要招收具有大学本科毕业文化程度、有几年实际工作经历、有培养前途的优秀党员干部。为了取得经验,这一期招收的学员人数较少。他们都是经过组织推荐、本人自愿报名、统一考试、择优录取的,平均年龄 29 岁。中央党校培训班的培养目标,按照中央的规定,是培训地、省级党政领导后备干部的。虽然长

---

① 中共中央党校年鉴编委会:《中共中央党校年鉴 1985》,中共中央党校出版社,1986 年,第 772~773 页。

② 《中共中央党校同学录 第二期三年制培训班》(1986 年 9 月—1989 年 7 月)。

期班还是坚持中央规定的培养目标，但在做法上和前几期的培训班有所不同。这是根据组织工作的现实需要所作的必要改革。这些学员经过三年学习，从党校毕业后，先不直接选进地、省级领导班子，而是先分配他们到一定的实际工作岗位担负一定的领导职务，在实际工作中锻炼三五年，然后根据他们的实际表现和工作成绩，再逐级提拔。蒋南翔强调，这种长期培训班的学员，实际上是地、省级领导干部的战略后备队伍。至于他们能不能担任这样的职务，以至将来能不能担任更高的领导职务，这还要看本人毕业后在实际工作中的表现。教学计划、课程内容、党性锻炼要求等是尽可能根据这个培养目标制定的。这些学员年纪较轻，党校毕业后再工作七八年，也不过 40 岁左右。他们的政治素质和业务素质也都比较好，如果在学习和工作中能够坚持不懈地努力提高自己，那么可以肯定：他们将会有更大的发展潜力，到 90 年代以至 21 世纪末和下个世纪初叶，他们都将会发挥更大的作用。所以我们要用长远的发展的观点来看待干部战略后备队伍的培养问题。①对于怎样才能办好这样的班次，现在的经验还不足，还需要继续在实践中，不断创造和积累经验。可以设想，中央党校今后如果把这种三年制的培训班认真办好，精心设计，加强领导，长期坚持，就一定能够源源不断地为党和国家输送一批又一批又红又专的优秀党政领导后备人才，这对于加强党的建设，提高全党干部队伍的政治素质和业务素质，保证党的路线、方针、政策的连续性，都将具有重大的意义。

3.注重马克思主义理论学习和党性教育

这两期学员，在系统学习马克思主义基本理论的前提下，增加了选修课的内容，并注重调查研究，注重理论在实际工作中的检验。如 1986 级培训班，调查研究占整个教学时间的六分之一，每年组织一次外出调查；第三学年第二学期

---

① 中共中央党校年鉴编委会：《中共中央党校年鉴 1985》，中共中央党校出版社，1986 年，第 49~50 页。

用两个半月时间回原工作地区,进行社会调查,从理论和实践的结合上分析新情况,研究新问题;用两个半月时间写论文。最后进行毕业鉴定。

中央党校 1986 级三年制培训班教学计划如下。①

(1)培养目标:经过三年的学习,使学员在马列主义理论素养、党性修养、业务知识、现代科技文化知识等方面都得到较为显著的进步和提高,逐步成为坚定的共产主义者和既懂理论又有实际工作能力的优秀的党政领导后备人才。要求学员具备较为坚实的马列主义、毛泽东思想理论基础,熟悉十一届三中全会以来党的重要文献,能够坚持正确方向,自觉贯彻执行党的路线、方针、政策;能够较好地运用马克思主义基本原则和基本方法,不断结合变化着的实际,探索解决新的政治、经济、社会、文化基本问题的答案;具有较广泛的社会科学和自然科学知识,掌握必要的业务和管理知识,有较强的文字表达能力。有条件者,要求掌握一门外语,能阅读外文资料;具有较好的党性修养和全心全意为人民服务的精神,能够胸怀全局,遵守纪律,实事求是,独立思考,勇于改革,善于开创工作新局面,为国家富强和人民富裕而努力奋斗。

(2)课程设置:必修课(15 门):哲学、政治经济学、科学社会主义、中共党史和毛泽东思想研究、党的建设原著选读和专题研究,党的十一届三中全会以来重要文献学习和研究、中国近代史、世界近代史、当代世界经济、国际政治和国际关系、当代国际工人运动、经济管理学、法学基础、领导方法和领导艺术、中国社会主义建设基本问题;第一类选修课(每人限选 4 门):管理数学基础(文科毕业生必选)、现代自然科技和党的科技政策、社会主义政治学(理工科毕业生必选)、经济体制比较研究、政治体制改革研究、社会主义精神文明建设研究、中国文学史、写作基础、外语;第二类选修课(每人任选 3 门):心理学、伦理学、形式

---

① 中央党校教务部:《党校教育研究资料 中共中央党校培养干部和教学工作的历史发展概述》(1933—1992 年),第 107 页。

逻辑、中国经济地理、世界经济地理、美学概论、现代西方哲学评介、部门经济学、当代资产阶级经济学说评介、经济统计学原理、社会主义社会学、社会主义思想史、当代国外社会主义研究、文艺理论基础、中国古代史专题、世界古代史专题;现代科学知识讲座:现代军事知识、当代国内外社会科学著作评介,系统论、控制论、信息论介绍,计算机基本原理和操作。

(3)党性教育:党性教育是培训工作的核心。学员在党校学习期间,通过马克思主义理论学习、形势政策教育、党课教育、党刊阅读和严格的组织生活等途径,不断增强党性,培养高尚的精神面貌和优良的工作作风。

(4)培养方法和学业考核:贯彻理论联系实际的方针,研究具有中国特色的社会主义问题,加强马克思主义基本理论和党的路线方针政策教育,坚持学习马列原著和党的重要文献为主、坚持自学和研究为主,面向现代化,面向世界,面向未来,把学习、讨论和研究问题结合起来,努力提高学员分析问题和解决问题的能力,从而加强工作中的原则性、系统性、预见性和创造性;加强教师对学员学习的指导,在学员自学的基础上,根据课程特点进行必要的讲授和辅导,做到教学相长;发扬学术民主,提倡开展学术讨论和争鸣,培养实事求是的马克思主义学风;学业考核采取平时学习考核和课程结束考试相结合的办法,必修课进行考试或考查,第一类选修课进行考查。

(5)调查研究:调查研究计划占用整个教学时间的六分之一。每学年组织一次外出调查。第一学年主要进行有计划、有组织的典型调查,检验与提高运用马克思主义理论分析和解决问题的能力。写出有较高质量的调查报告。第二学年主要到外地调查学习。在调查研究的同时,注意开阔学员的眼界,进行形势教育。第三学年第二学期进行毕业实习和撰写毕业论文,原则上回本地区,边工作、边了解情况、边搜集资料、边进行写作。

(6)毕业论文:培训班学员的毕业论文要着重从马克思主义基本理论和社

会主义建设实践的结合上下功夫，强调针对新的实际问题进行分析和研究，提出解决对策。

中央党校坚持高标准、严要求，坚持全面与重点相结合，坚持理论与实践相结合，对这两期以选调生为主体的学员的教育培训取得了预期效果。

4.培训工作重点转变

中共中央党校的主要任务是培训省、地两级党政领导干部。1987年11月，中央《关于改革中央党校工作的报告》指出，后备干部培训班，现有三年制班学员253人，其中副厅级1人、县处级98人、县处级以下154人。[①]鉴于大批中青年干部进入省、地领导岗位，提高他们的马克思主义理论水平，已成为急迫的任务。中共中央党校以培训后备干部为主的结构，与中央的要求和形势发展的需要不相适应。为了集中力量培训现职省地两级党政主要领导干部，《报告》提出，中共中央党校培训班（三年制）不再招生，在校的两个班（85级和86级培训班）仍按原计划结业。今后省、地两级后备干部，可以按现职在相应的一级党校培训，不再单设后备干部班。此后，党校主体班的培训工作重点主要是短期培训、轮训现职领导干部。

七、选调生工作政策调整

经过大规模的队伍建设，第三梯队建设工作取得了显著成绩。截至1985年底，全国各级党、政、群机关及其所属全民所有制单位已有46.9万名中青年干部被提拔到县处级以上领导岗位；同时，全国又有126.8万名建国前参加革命工作的老干部办理了离休手续。各级领导班子的素质和结构都有了明显改善。省、地、县三级领导班子成员的平均年龄，分别由1982年的62岁、56岁、49岁下降

---

① 中共中央组织部：《干部教育工作重要文献选编》，党建读物出版社，1999年，第609页。

到 53 岁、49 岁、44 岁，具有大专以上文化程度的干部所占比例分别达到 62%、55%、54%，均比 1982 年提高 45%左右，初步形成了以德才兼备的中青年干部为主体的梯队年龄结构和具有较强决策能力、组织管理能力的领导集体。①

从 1985 年开始，第三梯队建设工作逐步走上经常化、制度化轨道。随着新形势新变化的出现，选调生工作面临调整的状况。

1.思想认识上存在阻力

虽然广大干部群众拥护党中央提出的干部队伍"四化"方针，但并不是一下子在全党就形成了共识。当时在思想认识方面还存在三个方面的阻力。②

一是对培养接班人问题的紧迫性和战略意义认识不足。有的老干部认为，在"文化大革命"中他们受迫害，现在刚平反出来工作，就要让位，影响他们的积极性。还有些老同志认为，自己身体还可以再干几年，不用那么急。

二是受到旧传统观念的影响和老框框的束缚，如论资排辈，对知识分子缺乏正确认识，唯成分论，用派性观点识别和使用干部等。

三是思想方法上形而上学。对有创见、有能力且敢于对工作中的缺点、错误提出批评意见的干部，就认为是骄傲自满，是"德"不好。对干部的德才要求求全责备，要求完美无缺。

2.中央和国家机关不再直接从应届大专院校毕业生中吸收干部

中央和国务院各部委补充干部，主要是直接吸收大专院校应届毕业生。大专生分配到机关，改变了机关干部队伍年龄老化和文化程度偏低的状况。但也有许多大专生没有经过基层工作和群众工作锻炼，缺乏独立判断和处理实际问题的能力，难以较快适应领导机关工作。

---

① 《党的事业兴旺发达后继有人 四十六万中青干部走上领导岗位 各级领导班子的素质和结构有了明显改善》，《人民日报》，1986 年 6 月 29 日。

② 《宋任穷回忆录》（续集），解放军出版社，1996 年，第 109 页。

为了改变这一状况,1984 年 4 月,中共中央、国务院印发的《关于改变中央和国家机关直接从应届大专毕业生中吸收干部的办法的通知》决定,从 1985 年开始,中央和国家机关原则上不再直接从应届大专院校毕业生中吸收干部。所需干部,各部门可以从北京市或者京外择优挑选经过三年以上基层工作锻炼、具有大专文化程度的干部。有直属单位的中央和国家机关,一般应从所属基层单位选调;没有直属单位的,通过组织、人事部门从本系统或其他基层单位选调。

《通知》强调,各中央和国家部委机关应将当年分配来的大专生,按其所学专业,对口下放至基层单位锻炼两三年。对下放基层锻炼人员,每年至少考察 1 次。考察合格的,锻炼期满后,调回原机关工作,不合格的另行安排。近几年分配到中央和国家部委机关工作的大专生,除了已经过 2 年以上基层工作锻炼的以外,都应分期、分批放下去工作两三年。在机关表现不好,在基层仍然表现不好的,应另行分配工作。

挑选优秀选调生到省级以上党政机关工作。1980 年至 1984 年,全国已有一批选调生到基层培养锻炼,他们是省级以上机关补充干部的对象之一。1983 年,广东省委组织部从本省应届大学毕业生中,挑选了 150 名优秀毕业生,到基层锻炼,然后作为后备干部培养。[①]1984 年 8 月,中央组织部转发的《广东省委组织部关于加强各级组织部门干部队伍"四化"建设的意见》提出,应注意从选调到基层锻炼的大专毕业生中挑选一部分适合做组织人事工作的干部到组织部门工作。一大批经过基层培养锻炼的选调生进入各级组织部门等单位。

3.大学毕业生应先基层锻炼再提拔任用

党的十一届三中全会以来,各级党组织认真执行干部队伍"四化"方针,选拔了大批德才兼备的中青年干部,保证了社会主义现代化建设和改革开放的顺

---

① 中共广东省委党史研究室:《中国共产党广东历史大事记》(1949.10—2004.9),广东人民出版社,2005 年,第 377 页。

利进行。但干部选拔任用工作也存在一些问题，[1]比如有的领导干部凭个人好恶、恩怨取人，或以对自己是否有利为尺度用人，或从宗族观念和宗派观念出发选人；有的领导干部为提拔任用子女、亲友"走后门"；有的组织人事工作干部放弃职守，不讲原则，以权谋私等。

1986 年 1 月，中共中央为纠正和防止上述问题，综合施策，采取多项措施，印发《关于严格按照党的原则选拔任用干部的通知》。《通知》强调，提拔干部应从经过实践锻炼的干部中择优任用。凡提任上一级领导职务的干部，都应在下一级领导岗位上经过一段实践锻炼，取得领导经验，并有显著成绩。干部一般要逐级提拔。越级提拔的，必须是特别优秀、工作又特别需要的。大学毕业生，应让他们先在基层锻炼，确实优秀的再提拔任用。[2]

1986 年 5 月，中共中央政治局委员、中央书记处书记、国务院副总理田纪云在甘肃视察时指出，要积极地、有计划地加快基层政权领导班子"四化"建设的步伐。好多乡镇和农村干部年龄偏大，文化水平低，不容易接受新的东西，往往凭老经验办事，缺乏创新和开拓精神。要研究采用什么办法解决基层政权领导班子年轻化、知识化的问题，人才靠哪里出来，要靠实践中锻炼培养。今后要把分配的大、中专学生尽量多放一些到基层去，充实和加强乡镇领导班子，也要动员在机关工作的年轻的大、中专学生到基层去锻炼，农村的不脱产干部，要注意从复员军人和回乡高中毕业生中培养，让这些人逐渐走上领导岗位。今后地、县选拔干部，都要注意经过基层锻炼。1986 年 8 月，《人民日报》对此进行了报道，指出一个大学生分到机关，搞一些收收发发，是不会有大的长进的。把他放到基

---

① 中央纪委纪检监察研究所：《中国共产党反腐倡廉文献选编》，中央文献出版社，2002 年，第 210页。

② 中央纪委纪检监察研究所：《中国共产党反腐倡廉文献选编》，中央文献出版社，2002 年，第 214页。

层去,压上担子,他就要动脑筋,想办法,解决工作中的问题,增长才干,即使受一些挫折,也会得到经验教训,会很快成长起来。

中央领导同志强调大学毕业生去基层锻炼,首先是去乡镇和农村。有的选调生不是去农村乡镇,而是去城市工厂和企事业单位;选调生人数还不少,有的省一年200人;最关键的是,设置县处级以上干部的培养方向,中央部委开展选调生工作,从选调生中选拔领导干部,选调生工作与一些大学毕业生分配工作相混淆,等等,容易引起误解。

4.处理好适应当前需要和实现长远目标的关系

选调生政策的执行常常涉及眼前与长远关系如何处理的根本问题。

1986年5月,中央组织部部长尉健行在中央和国家机关部委领导同志座谈会上指出,建设好第三梯队是保证党和国家方针政策的连续性和继承性的战略措施,是领导班子"四化"建设的基础工作,是必须长期坚持的经常性工作。

针对"干部靠自然生长,没有必要搞第三梯队"的错误认识,尉健行强调,古往今来,不同制度的国家大都非常重视培养自己的后续力量。对于我们这样一个肩负着革命和建设的艰巨任务的执政党来说,有计划地培养干部尤为重要。"凡事预则立,不预则废",干部工作也是这样。干部的成长要靠社会环境和本人的努力,社会主义现代化建设的蓬勃发展和各项改革的逐步深入无疑为大批优秀干部迅速成长,努力创造了良好的条件,但要真正达到目的,并且使他们得以脱颖而出,还需要党组织有计划、有目的地做好发现、培养、选拔、保护人才的工作。因此,应当花费大的力气把第三梯队建设工作做好。

尉健行指出,第三梯队建设的长远战略意义,主要是通过搞好省(部)、地(局)、县各级后备干部队伍的整体建设来体现。而每一层次的后备干部队伍,既要考虑班子建设的长远需要,更要满足班子建设的近期需要。因此,具体研究每一层次的后备干部队伍时,要以满足近期需要为工作重点,处理好适应当前需要和实现长远目标的关系,解决好备与用脱节的问题。在挑选层次上,要避免因不适当地强调长远战略的需要,从低层次干部中大量越级挑选。处在低层次的优秀干部,一般应首先作为上一级的后备干部培养。

选调生工作是第三梯队建设的基础性、源头性工作,基础性、源头性蕴含着长远性,这是领导者在解决现实问题时不能不考虑的。

5.注重实绩、鼓励竞争与有意识有计划地培养

党的十三大报告指出,无论实行哪种管理制度,都要贯彻和体现注重实绩、鼓励竞争、民主监督、公开监督的原则。1988 年 6 月,中共中央政治局委员、中央组织部部长宋平在全国组织工作会议上指出,后备人选能否提拔,应同其他干部一样,在改革和建设实践中平等竞争。各级党委和组织人事部门,都要努力学会在竞争环境中识别干部,造就人才。对有发展潜力的优秀人才,要放到重要岗位上去培养。要坚持机会均等,择优选用干部,使更多的党员干部群众能以自己的工作实绩参与竞争。同年 10 月,中共中央组织部加强后备干部培养工作座谈会针对实际存在的问题指出,在干部工作中,如果没有竞争,就难以广泛地发现人才,另一方面,如果没有对优秀人才有意识、有计划的培养,也不能保证高层次竞争的需要。片面强调人才自然成长的观点,是不符合人才成长规律和人事管理学的一般原理的。

选调生工作只是选拔大学毕业生到基层工作的途径之一,不是唯一的途径。随着众多大学毕业生去基层工作,选调生的提拔使用面临许多其他非选调生的大学毕业生的竞争,将选调生直接作为第三梯队人选的做法面临考验。

6.总结回顾选调生工作

1986 年 9 月 16 日至 20 日,中央组织部在北京召开选调生工作会议。中央书记处书记王兆国出席会议并讲话, 中央组织部部长尉健行作会议总结讲话,各省(自治区、直辖市)党委组织部部长(副部长)和青年干部处处长参加会议。

会议学习了中央组织部向中央书记处《关于贯彻中央对选调生工作指示精神的报告》，回顾了选调生工作情况，肯定了知识分子走与群众相结合的正确道路；同时指出这种预先公开确定人选的做法已不适应变化了的情况，需要改变，以避免由此带来的一些消极影响和不利因素。[1]同年10月，中央组织部印发《选调生工作会议纪要》和《尉健行同志在选调生工作会议上的讲话》。

《纪要》指出，1980年到1982年，全国有16个省（自治区、直辖市）开展了选调生工作。到1985年底，全国28个省（自治区、直辖市）选拔了12700名选调生。[2]这批选调生，多数在校时是三好学生、学生干部和共产党员、共青团员。他们响应党组织的号召，克服个人和家庭的困难，到基层和艰苦的地方去工作，这种精神是可贵的。几年来，各级党委和组织部门以及有关单位，对选调生做了大量艰苦的卓有成效的工作，创造了适宜于他们锻炼的环境，落实培养措施，加强管理，政治上严格要求，工作上大胆使用，生活上予以关怀，取得了很多关于培养干部方面的成功经验，这些经验应当充分肯定。许多基层干部言传身教，帮助解决实际困难，使选调生在与群众相结合的道路上有了一个良好的开端。选调生中的绝大多数表现是好的。在社会主义精神文明和物质文明建设和各项改革中，选调生们思想解放，锐意进取，为改变基层面貌做出了贡献。同时，通过熟悉和了解社会，学习做群众工作，又使他们得到了程度不同的锻炼和提高。几年来，已有2800人担任了乡科级领导职务，近300人走上了县处级以上领导岗位，有1500人被列为县处级、地厅级后备干部。有的虽然现在还没有提拔使用，但这些同志经过锻炼，也逐步成熟起来。

---

① 中共中央组织部研究室：《党的组织工作大事记 1978—1988》，北京大学出版社，1990年，第219页。

② 中共中央组织部办公厅：《改革开放30年组织工作大事资料摘编》，党建读物出版社，2009年，第71~72页。

　　《纪要》认为，提倡和鼓励知识分子特别是中青年知识分子到基层去，走与群众相结合的道路，在实践中锻炼成才，是我们党的一贯方针。这几年，由组织部门直接挑选一批优秀大学毕业生，有计划、有组织地把他们安排到农村基层去锻炼，培养造就新型党政领导干部，是贯彻这一方针的积极探索。其办法尽管有它的弊端，但在特定的条件下不失为一项得力的措施，对新时期基层干部队伍"四化"建设起了积极作用。方向是正确的。

　　《纪要》对存在的问题进行了分析，强调随着形势发展和情况变化，原来所采取的从高校中预先公开确定人选的做法需要改变。1985年，我国高校招生制度和毕业生分配制度开始改革，其中大学生就业开始实行"在国家计划指导下，由本人选报志愿、学校推荐、用人单位择优录用"的制度。《纪要》认为，由于高校招生和分配制度的逐步改革，将会有更多的大学生到基层去，从实践中锻炼成长的优秀青年知识分子必然会越来越多。今后可从经过实践锻炼的优秀知识分子中选拔干部。这样，可以避免预先选调而带来的一些消极影响和不利因素。同时考虑到选调生工作已进行了六七年，有必要进行认真总结，对已有的万名选调生，需要加强管理，把他们培养成才。因此，可以不再继续由组织部门出面从高校直接公开选调毕业生。

　　由于把应届优秀大学毕业生直接选拔为后备干部的做法有着一定的弊端，所以，中央确定不再搞先将应届优秀大学生一毕业就确定为领导干部的后备干部，然后放到基层培养锻炼择优提拔的做法，而是从在基层工作过一段时间且成绩突出的往届大学毕业生中间选拔领导干部。自此，从应届优秀大学毕业生中直接选拔后备干部的做法就逐渐被先锻炼、再选拔的做法取代。①

---

　　① 　高广景：《20世纪80年代第三梯队建设述论》，《党的文献》，2014年第6期。

八、坚持按中央要求认真做好对已选选调生的培养及调整安排工作

虽然选拔工作中断，但选调生的培养工作仍然继续。中央组织部《选调生工作会议纪要》指出，继续做好现有选调生的培养、使用和管理工作，是各级党组织的重要任务。方针是负责到底，积极地把万名选调生培养成才。这几年，各地摸索积累了很多培养选调大学生的成功经验，对这些好的经验和方法充分肯定，继续坚持运用。对已担任县（处）级以上领导职务和列为县级以上后备干部以及现已在县以上机关、地市直属企事业单位工作的选调生，应鼓励他们在现职岗位上努力做好工作，并按现行干部和后备干部管理权限进行管理。对继续留在基层工作的选调生，按照培养方向不变的原则，参照《中央组织部关于选调应届优秀大学毕业生到基层培养锻炼的通知》精神，继续做好对他们的培养、管理工作。对一部分需要调整工作岗位的选调生，要根据工作需要和本人意愿，本着扬长避短、发挥所长的原则，重新妥善安排他们的工作。宜于从事专业工作的，本着专业对口的原则，安排到专业部门去工作。本人不愿意或继续在基层工作有困难的，视本人情况，安排到机关或企事业适合他们特点的岗位上去工作。根据本地需要，经过培训，将一部分选调生转到需要充实和加强的部门去工作。

各级党委组织部门仍坚持按中央要求认真做好对已选选调生的培养及调整安排工作。根据中共中央组织部的指示，云南省从1982年开始，连续4年，从省内外大专院校挑选了508名选调生。其中1人担任厅局级职务，39人担任县处级领导职务，165人担任区科级职务，49人担任股所级职务；12人、103人分别被列为地厅级、县处级后备干部；128人加入中国共产党。截止1986年底，在县以上党政机关工作的选调生共有237名，其中省级机关27名，地级机关74

名,县级机关 136 名;在县以上企事业单位工作的选调生共有 136 名,其中省属企事业单位 48 名,地属企事业单位 44 名,县属企事业单位 44 名;考取研究生的选调生 7 名;仍在农村区镇工作的选调生 126 名。[1]云南省委组织部在调查研究的基础上,提出了关于做好选调生培养、使用和调整的意见。经过考核,对每名选调生的情况作了具体分析研究,适合做党政工作或有培养前途的选调生仍然留在党政部门,继续培养;该提拔使用的选调生,大胆使用;不适合做党政工作的选调生,调整去做技术工作,尽量帮助解决选调生工作和生活中的困难。从 1986 年起,新疆维吾尔自治区党委组织部根据中央决定,不再直接选调应届大学毕业生作为党政领导后备干部。几年来,由自治区党委组织部挑选的 350 名选调生,总的看表现是好的,为加速基层的各项建设做出了贡献。[2]本着"负责到底,培养成才"的方针,1987 年组织部门对选调生进行了全面考核与深入调查,根据本人意愿和有关政策规定,给每个人作出了调整、培养使用意见。到年底,选调生的调整工作已基本结束。

---

① 云南地方志编纂委员会:《云南年鉴 1987》,《云南年鉴》编辑部,1987 年,第 90 页。

② 新疆维吾尔自治区地方志编纂委员会:《新疆年鉴 1988》,新疆人民出版社,1988 年,第 75 页。

第五章　改革开放新阶段和把中国特色社会主义全面推向 21 世纪中党的选调生工作

1989 年春夏之交的严重政治风波发生后，中央对中国向哪个方向发展、走哪条道路的根本问题作出明确回答。1989 年 6 月召开的党的十三届四中全会强调，要继续坚决执行党的十一届三中全会以来的路线、方针和政策，继续坚决执行党的十三大确定的基本路线。全会还对中央领导机构成员进行了调整，选举江泽民为中央委员会总书记。同年 11 月，党的十三届五中全会同意邓小平辞去中央军事委员会主席职务的请求，选举江泽民为中央军事委员会主席。经过党的十三届四中、五中全会，顺利实现了中央领导集体之间的"整体性新老交替"和思想、经验、目标的传承，这对于保证党的政策的稳定性、连续性，实现党和国家的长治久安，具有极为重大的意义。随着第二代中央领导集体成员先后退出领导岗位、辞世，培养接班人的重任落到了后继者身上。

党的十三届四中全会以后，以江泽民同志为主要代表的中国共产党人，团结带领全党全国各族人民，坚持党的基本理论、基本路线，加深了对什么是社会主义、怎样建设社会主义和建设什么样的党、怎样建设党的认识，形成了"三个代表"重要思想，在国内外形势十分复杂、世界社会主义出现严重曲折的严峻考验面前捍卫了中国特色社会主义，确立了社会主义市场经济体制的改革目标和基本框架，确立了社会主义初级阶段以公有制为主体、多种所有制经济共同发展的基本经济制度和以按劳分配为主体、多种分配方式并存的分配制度，开创全面改革开放新局面,推进党的建设新的伟大工程,成功把中国特色社会主义推向 21 世纪。

1992 年 10 月,中国共产党召开的第十四次全国代表大会确定了建立社会主义市场经济体制的改革目标。面对国内外形势风云变幻和干部队伍实际状况,党提出"培养和造就千百万社会主义事业接班人"的使命任务,并第一次将之写入了党的十四大通过的党章中。党的十四大指出,按照干部队伍"四化"方针和德才兼备原则,把各级领导班子建设成为忠诚于马克思主义、坚持走有中国特色社会主义道路的坚强领导集体,是保证党的路线的连续性和国家长治久安的根本大计。选拔大批优秀年轻干部进入各级领导班子,是当时一项紧迫而又重要的任务。并提出,对青年干部要热情爱护,严格要求。1997 年 9 月召开的中国共产党第十五次全国代表大会把邓小平理论确立为党的指导思想,作出了把建设有中国特色社会主义伟大事业全面推向 21 世纪的战略部署。党的十五大指出,党的领导和党的建设,历来是同党的历史任务,同党为实现这些任务而确立的理论和路线联系在一起的。按照"四化"方针,建设一支适应社会主义现代化建设需要的高素质干部队伍,是我们的事业不断取得成功的关键。大会提出,培养和选拔大批能够跨世纪担当重任的优秀年轻干部,是一项战略任务,必须抓紧做好。

党的选调生工作正是按照党的十四大、十五大提出的要求和"三个代表"重要思想进行的。

一、保证机关干部具有较高的素质和干部队伍合理的结构

1.省级以上党政机关择优挑选在基层经过实践锻炼、具有大专以上文化程度的干部

高校应届毕业生经过基层工作锻炼,然后择优调入党政机关,是保证党政机关干部素质的重要措施。中共中央、国务院曾于 1984 年印发了《关于改变中央和国家机关直接从应届大专毕业生中吸收干部的办法的通知》,此举在一定程度上确保了中央和国家机关干部具有较高的政治和业务素质。为了继续坚持这一正确做法,1989 年 7 月,中共中央、国务院又下发《关于省级以上党政机关不直接从高等学校应届毕业生中吸收干部的通知》。

《通知》明确,省级以上党政机关及所属社科研究的事业单位和具有政府管理职能的公司,不直接从高校应届毕业生(含大学毕业直接考入的研究生)中吸收干部。所需人员,各部门从在基层经过实践锻炼、具有大专以上文化程度的干部中择优挑选。《通知》要求省级以上党政机关从经过基层工作锻炼的高校毕业生中挑选的干部必须具有较高的政治素质和业务能力。

对 1989 年及其以后高校应届毕业生的分配意向,《通知》提出,主要到基层工作。凡已分配到省级以上党政机关的 1989 年毕业生,应先集中学习一段时间然后安排到基层工作锻炼 1 至 2 年,户口随人转入所在地。锻炼期满后,对不适宜党政机关工作的,另安排工作。1985 年以来,未按照 1984 年中共中央和国务院通知规定、而选入省级以上党政机关的高校毕业生,凡未经过基层锻炼的,应在近期内安排到基层工作 1 至 2 年。

2.选拔优秀应届大学毕业生进入国家机关应先到基层锻炼后再回来工作

江泽民指出,要使国家富起来,就需要有一批有志气的青年人,到贫困的地

方去,到艰苦的地方去,改变那里的贫困落后面貌。而改变面貌要依靠群众,这就需要青年知识分子到基层去,到群众中去,和群众一道努力。①他要求,大学生要把个人前途和国家的前途结合起来,在建设社会主义强国的事业中锻炼成长。主张大学生毕业之后先到基层去锻炼,增长才干,然后根据实际表现和能力放到适当的工作岗位上去。他强调,一个有志的青年,要想成为有用之才,必须准备走艰苦锻炼之路。当代青年知识分子的自我锻炼必须和国家的、人民的需要结合起来。

1990年4月,国务院下发的《关于做好1990年高等学校毕业生分配工作的通知》指出,要加强对毕业生及在校生的思想教育工作,教育毕业生既要树立远大理想和抱负,又要从我国的国情出发,树立艰苦创业的思想;要正确处理好个人志愿和国家需要的关系,服从分配,自觉到国家需要的地方去工作,到基层去,到艰苦的地方去;要走与实际相结合、与工农相结合的道路,为社会主义现代化建设事业贡献自己的力量。《通知》提出,博士生的分配去向,主要是面向高校、科研机构和国家重点企事业单位。选拔一定数量品学兼优、在制止动乱和平息反革命暴乱中立场坚定的应届毕业生,分配到中央国家机关和各省(自治区、直辖市)机关工作。这些毕业生要先带职到基层锻炼一个时期。

为了保证国家机关干部具有较高的素质和干部队伍合理的结构,落实国务院通知要求,1990年4月,国务院办公厅印发《关于从高等学校选拔部分应届毕业生到国家机关工作的通知》。《通知》指出,国务院决定1990年从高校选拔一定数量政治思想好、品学兼优的应届大学毕业生(包括毕业研究生)进入省级以上机关工作。《通知》从五个方面对选拔工作进行了规定。

一是选拔的应届大学毕业生必须坚持四项基本原则,拥护改革开放方针,

---

①　《江泽民邀请北大学生到中南海座谈时说 青年成才必须走艰苦锻炼之路 要有民族自豪感要有民族自信心要有民族气节》,《人民日报》,1990年3月24日。

特别是在制止动乱、平息反革命暴乱中,立场坚定,旗帜鲜明;能够全心全意为人民服务,遵纪守法,艰苦朴素,作风正派;学习成绩优良,身体健康。对符合上述条件,能联系群众和具有较强组织能力的学生干部,可优先选拔。

二是选拔应届大学毕业生进国家机关的接收计划由人事部下达并组织实施。高等学校要有专人负责,组织选拔、推荐工作。

三是选拔的应届大学毕业生主要充实到省级以上国家机关;各地根据实际情况,也可以适当充实到地、市、县机关。

四是国务院各部委、各直属机构要严格在本部门"三定"方案规定的编制内接收。各地国家机关接收毕业生所需的编制不足时,由省编制委员会根据情况适当增补,并报国家机构编制委员会备案。

五是毕业生分配到省级以上机关的,首先要带职安排到基层锻炼一至二年,户口、工资、档案由原接收单位按在编干部办法管理。各有关单位对到基层锻炼的毕业生要做好思想政治和组织管理工作,并要求他们及时反映基层情况,作为有关部门了解基层的一条渠道。锻炼期满后,回机关工作;如有表现不好,不适宜到机关工作的,可另行安排适当工作。

1990年5月,中央组织部部长吕枫在中央党校的一次讲话中指出,国务院决定,从应届大学毕业生中择优挑选11000人,补充到省级以上党政机关,然后把他们放下去,到基层锻炼一二年。这一措施,对培养锻炼年轻干部,使他们健康成长,是很有好处的。今后,要注意把那些经过几年基层锻炼、表现突出的大学生,有计划地选拔到基层领导岗位上来,也可以从中挑选优秀者充实到党政机关中来。中央国家机关中,省级党政机关中,比较年轻、有培养前途的干部,包括司局级干部,也要有计划、有目的的放到下面去锻炼,使这些干部进一步了解实际,了解群众,经受基层工作、地方工作的锻炼。今后选拔干部,特别是选拔党政一把手,要注重实际锻炼,特别要看是否经过关键性岗位的锻炼。要形成一种政策导向,引导和鼓励广大干部到基层去,到艰苦的地方去,在实际斗争中健康地成长。

根据党中央、国务院领导同志指示,1991 年继续从高校选拔部分品学兼优应届毕业生(含毕业研究生)到省级以上党政机关工作。

从 1984 年改变中央和国家机关直接从应届大专毕业生中吸收干部的办法,到 1989 年省级以上党政机关不直接从高校应届毕业生中吸收干部,再到 1990 年、1991 年从高校选拔应届毕业生到国家机关工作,这些做法都是党和国家从当时的情况出发作出的正确决策,都要求毕业生有到基层锻炼的经历,客观上为后来选调生工作内容的丰富和拓展特别是中央选调生以及定向选调生工作进行了有益探索。

二、坚持选调生工作

1989 年 8 月,《中共中央关于加强党的建设的通知》指出,加强党的建设,关键在于把领导班子建设好。要全面、准确地贯彻执行干部队伍"四化"方针,保持各级领导班子年龄结构的梯次配备。选拔、任用干部,要注重干部的政治立场、思想品质、领导才能和工作实绩,防止和纠正片面强调年龄和文凭的偏向。不能用"生产力标准"取代德才兼备的原则,防止重才轻德。一定要保证领导权牢牢掌握在坚持四项基本原则、坚持改革开放的马克思主义者手中,把各级领导班子建设成为贯彻党的路线、方针、政策的坚强领导核心。

为进一步推动党建理论研究和党建工作的深入开展,1991 年 4 月,中央组织部、中央政策研究室和中央宣传部共同召开全国党建理论讨论会。

中央组织部部长吕枫在会上所作的讲话《全党动手,培养造就千百万社会主义事业的接班人》指出,培养造就社会主义事业的接班人,关系到党和国家的前途命运,各级领导班子和领导干部必须坚持不懈地把这件大事办好。新中国成立前参加革命工作的老干部,绝大多数已经或接近离休,新中国成立初期参加工作的干部,也即将大批退休,年龄在 35 岁以下的青年干部,约占整个干部队伍的半数。10 年、20 年以后,他们将无可替代地成为新一代的接班人。培养造就社会主义事业接班人,必须着眼于整个年轻一代,必须加强理论培训,注重实践锻炼。从前些年选拔到各级领导岗位的干部来看,大多数是经过多年实践锻炼的,工作是胜任的,但也确有少数同志不称职。除了有的是政治上思想上不合格的外,有一部分是没有经过基层领导岗位的实践锻炼或多种岗位的锻炼,一下子就担任较高层次的党政领导职务,工作很不适应。要吸取这一教训,今后必须注重干部的实践锻炼,在实践中培养考察和选拔干部。

吕枫认为,近年来,党采取了不少在实践中培养干部的措施,并取得了较好的成效。有五种方式应当坚持下去,并不断地加以改进和完善。其中排第一的是选调生工作。

应当坚持有计划地选派优秀大学生到基层锻炼。就像当年宋任穷同志那样,吕枫指出,这种做法,早在 60 年代就曾实行过。当时,在全国高等院校挑选了一批政治可靠、学业优秀的毕业生放到基层锻炼。尽管他们的锻炼受到"文化大革命"的影响,但他们中的绝大多数人确已成为各条战线的骨干。1980 年至 1985 年,各地也选派了一批表现较好的应届大学毕业生到基层锻炼。从实践看,这种做法,方向是对的,方法有待改进。①今后要有计划、有组织地从大专院校挑选一批品学兼优的应届毕业生放到基层去锻炼,有针对性地进行培养,使他们在与工农结合、与实践结合的道路上逐步成长为合格的领导骨干和各类专门人才。这是后来的乡镇选调生工作的前身。

---

① 吕枫:《全党动手,培养造就千百万社会主义事业的接班人——在全国党建理论讨论会上的讲话》,《人民日报》,1991 年 4 月 25 日。

有计划地安排在职的青年干部下基层锻炼。中共中央组织部曾于1983年9月印发选派年轻干部到基层或地方锻炼的通知。吕枫指出,近些年来,各级党政机关陆续调进了一批青年人。这对于改善机关干部队伍的年龄、知识、专业结构起了重要作用。但是他们中的大多数人,从家门到校门,从学校进机关,社会经历短,理论功底浅,实践经验少,不利于他们的健康成长。各级机关要有计划地安排他们到基层锻炼,在锻炼中学习提高,弥补不足。这是后来的中央选调生和定向选调生工作的后半部分,即到村任职或基层锻炼。

为了重新启动选调生工作,1992年,《组工通讯》发表题为"甘肃省坚持选调大学生到基层工作锻炼"的文章,总结甘肃省选调生工作的成功经验。文章指出,甘肃省从1980年起,坚持选调大学毕业生到基层工作锻炼,把它作为培养教育青年干部的一项重要措施,并不断改进工作方法,使之逐步走向正规化和制度化。到1992年,共选调了11批625人,建立起了一支门类比较全,政治、文化和业务素质比较好,富有活力、充满朝气的选调生队伍。经过几年基层工作锻炼,选调生中有2名担任了地局级领导职务,75名担任了县级领导职务,334名担任了科级职务。担任科级以上职务的占选调生总人数的65%。有290多人加入了党组织。①

注重选调质量。文章指出,在工作中,他们始终坚持选调标准,把选调质量放在首位。在毕业生自愿报名,所在院校党组织推荐的基础上,省委组织部组织考察组,逐人进行考察、面试,写出考察材料,最后由省委组织部审定。从外省院校中选调,由省人事局和学校推荐,省委组织部考察审定。对选调生的考察,坚持走群众路线,查阅档案,听取各方面意见。着重考察他们在政治思想、道德品质、学业成绩、专业技术能力、身体状况和事业心责任感,以及维护组织纪律、服

① 中共中央组织部:《组工通讯》(1992),中共中央党校出版社,1993年,第175页。

从组织分配的倾向和表现。十多年来,他们坚持按标准选调,宁缺毋滥,所选调的每批毕业生,大都是品学兼优的共产党员、共青团员、优秀学生干部、三好学生。根据基层领导中经济管理干部、女干部、少数民族干部缺额大的实际需要,他们注意选调理工、商经等专业的学生和女性、少数民族学生。

抓好岗前培训。文章指出,为了使选调大学生有充分的心理准备,增强使命感和责任感,他们坚持对选调生进行下派前的集中培训,重点解决三个问题:一是认清形势任务,明确到基层工作的目的和意义,增强使命感和责任感;二是认识党政工作的重要性;三是进行党政工作基础知识和基本方法的训练。培训采取讲座、讨论、自学、参观、专题调查等方式进行。聘请省直部门领导同志讲甘肃的现状、甘肃经济发展前景、讲改革、讲理想、讲大政方针。培训中,他们还聘请部分在基层做出了突出成绩的选调生回来讲课,进行诚挚的谈心和交流,使新选调的大学生吸取前进的力量。

坚持抓好经常性的培养教育工作。文章指出,一是制订培养计划,并狠抓落实。地、县委组织部对分配到本地区的选调生制订了培养计划,并定期检查、考核。二是建立与选调生经常性的联系,与选调生交朋友,工作上严格要求,生活上关心体贴,帮助解决实际困难。三是重视回炉深造。1986年以来,省委组织部在省委党校举办了为期一年、以培训选调生为主的党政干部研究班,培训那些经过两年以上实践锻炼、已担任副科级以上领导职务的选调生。研究班已举办了5期,培训学员240人。还选送了十几名选调生到中央党校培训班学习。地、县两级组织部门也举办培训班。四是定期召开座谈会、讨论会,分析选调生锻炼成长情况。省每两三年对选调生工作进行一次全面总结,各地每年召开一次座谈会,总结交流锻炼成长和培养教育的经验,表彰鼓励先进。

把培养教育和大胆提拔使用结合起来。文章指出,在平时教育培养的基础上,各级党委组织部门有意识地给选调生交任务、压担子,指派他们参与完成重要工作,锻炼他们的才干。若胜任现职工作,不失时机地选拔到各级领导岗位上来。

逐步建立一套有效的管理制度。文章指出,十年来,省委组织部坚持在工作实践中不断摸索和积累经验,改进和完善选调办法,使选调工作制度化、程序化,较好地保证了选调和培养任务的落实。1985 年,省委组织部制订了《甘肃省选调培养应届优秀大学毕业生试行办法》,1992 年 4 月正式下发了《甘肃省选调大学毕业生培养管理办法》,从选调、培训、分配、培养、管理等各方面,作了具体而明确的规定,保证了选调生工作的顺利进行。

经验文章的发表,为恢复选调生工作营造了浓厚的舆论氛围和有利的内部环境。

三、抓紧培养教育青年干部与逐渐恢复选调生工作

1.抓紧培养教育青年干部

党的十三届四中全会以后,青年干部的教育问题越来越引起党中央的高度重视。1991 年 9 月,中共中央印发的《关于抓紧培养教育青年干部的决定》指出,解决好新老干部的交替问题,抓紧培养合格的社会主义事业接班人,既是我们党的一项十分重大的战略任务,也是一项十分紧迫的现实任务。《决定》正确分析了青年干部的现况。这一代青年干部,是在党的教育和社会主义环境中成长起来的,又经过十多年改革开放实践的锻炼,具有较高的科学文化水平和较强的创新精神,是大有作为、大有希望的一代。但他们成长中的一个重要阶段,正是国际敌对势力加紧进行渗透、国内资产阶级自由化思潮泛滥的时期。不可低估这种历史背景对他们的消极影响,不可忽视国内外敌对势力同我们争夺青年一代的尖锐斗争,不可放松对他们的培养教育。《决定》指出,能不能在 90 年代

确保政治和社会稳定,巩固和发展 80 年代取得的成就,进一步促进社会主义两个文明建设,使我国以更加昂扬的姿态进入 21 世纪,实现建设有中国特色的社会主义的宏伟目标,在很大程度上取决于能不能把干部队伍建设好,能不能培养造就出新一代可靠的接班人。《决定》要求,各级党组织必须把培养教育青年干部的工作抓紧抓好,使青年干部成长为党和人民放心的接班人,保证党和国家的领导权始终掌握在真正忠于马克思主义的人手里。

《决定》提出,要组织青年干部到实践中去经受锻炼。对有培养前途的青年干部,特别是 40 岁左右的青年干部,要有目的地选派他们到基层去任职锻炼。对由大专院校毕业直接分配进地(市)以上机关工作的青年干部,应在今后 5 年内补上基层锻炼这一课。中央国家机关和省级党政机关,一般不直接吸收应届大学毕业生。应届大学毕业生尽量分配到基层去工作。直接分配到党政机关的应届大学毕业生,要先到基层进行锻炼。地(市)以上机关提拔处级以上领导干部,必须具有 3 年以上的基层工作经历。

1992 年初,邓小平的南方谈话全面深刻地阐述了党的政治路线、思想路线、组织路线,极大地推动了我国改革开放和现代化建设的进程。邓小平在谈话中强调:"正确的政治路线要靠正确的组织路线来保证。中国的事情能不能办好,社会主义和改革开放能不能坚持,经济能不能快一点发展起来,国家能不能长治久安,从一定意义上说,关键在人。"要注重教育,把人民和青年教育好。要注意培养人,要按照"四化"的标准,选拔德才兼备的人进班子。党的基本路线要管一百年,要长治久安,就要靠这一条。年轻化要从基层做起。要进一步找年轻人进班子,让更多的年轻人成长起来。

为了认真贯彻落实邓小平南方谈话精神,1992 年 9 月,中央政治局会议通过的《中共中央关于加强党的建设,提高党在改革和建设中的战斗力的意见》提出,大力做好培养教育青年干部的工作,造就千百万社会主义事业的可靠接班人。全国35岁以下干部的数量占干部总数的40%以上,要帮助他们着重解决好三个问题:一是坚定地走有中国特色的社会主义道路;二是使党的基本路线在头脑中扎根;三是坚持全心全意为人民服务的宗旨,树立马克思主义的世界观。同时,要组织青年干部努力学习发展社会主义商品经济的本领,提高解决实际问题的能力。

《意见》又强调了青年干部基层锻炼问题,提出组织青年干部到建设和改革第一线去经受锻炼,增长才干。在地(市)以上党和国家机关工作的青年干部,凡是没有经过基层锻炼的,要到基层去工作两三年。每年都要从中央和省级党政机关挑选一批优秀青年干部,放到开放地区或条件较艰苦的地区去工作。

1993年1月,中央组织部部长吕枫在全国青年干部锻炼成长经验交流会上总结概括了青年干部健康成长的主要经验,即听党的话,贯彻执行党的基本路线;到基层去,到群众中去,到艰苦的岗位上去,到改革和建设的第一线去,在实践中提高;努力提高社会主义现代化建设的本领;解放思想,实事求是,开拓创新;廉洁奉公,勤政为民,全心全意为人民服务;增强党的观念,坚持党性原则,做真正的共产党人。

加强培养教育,提供锻炼舞台,是青年干部健康成长的一个重要条件。他希望各级党委要把培养教育青年干部与选拔使用年轻干部放在同等重要的位置。

要进一步抓好后备干部队伍建设,培养接班人,不仅只是培养党政机关领导干部,各行各业、各个层次,都要培养接班人。

选调生与青年干部联系紧密。抓紧培养教育青年干部重大任务的提出,再一次使得选调生工作被提上了议事日程。

2.做好选调生的选拔培养工作

每一次中央关于年轻干部和接班人工作的部署都少不了选调生工作的身影。

《中共中央关于抓紧培养教育青年干部的决定》要求,地(市)以上组织人事部门每年可从应届大学毕业生中挑选一批品学兼优的学生,分配到基层去培养锻炼,并进行跟踪考察,然后从中挑选优秀分子,逐级补充到党和国家机关干部队伍中来。①文件明确了选调生选拔的机关为地(市、州、盟)及其以上的组织部门和人事部门,只讲补充一般干部,未提选拔领导。

这是1986年选调生工作政策调整后,选调生工作第一次出现在中共中央正式文件中,标志着选调生工作逐渐获得恢复。

1991年12月,中央组织部部长吕枫在全国省(自治区、直辖市)党委组织部长会议上提出,各级党委和组织部门要认真贯彻落实中央关于培养教育青年干部的决定,认真制定青年干部培养教育规划,抓好后备干部培养措施的落实,有计划地组织党政领导机关的青年干部到基层锻炼,可选调一批品学兼优的应届大学毕业生到县以下基层单位工作,②力争把培养和造就社会主义事业接班人的工作向前推进一步。这是中央组织部领导对选调生工作的再次强调。

随后中央组织部印发的《关于贯彻落实〈中共中央关于抓紧培养教育青年干部的决定〉的实施意见》提出,要认真做好选调生的选拔培养工作。为了给党政机关培养合格的后续力量,从1992年起,中央和省(自治区、直辖市)两级组织人事部门,可会同有关方面,每年从高等学校应届毕业生中挑选一批品学兼优的毕业生,视实际情况,分配到县(市、区、旗)或农村乡镇或企业工作,经过2年以上的基层锻炼,按照增员指标,经过考试考核,分别补充到地级以上党政机关干部队伍中来。

选调生名单由中央和省(自治区、直辖市)两级组织人事部门内部掌握,选

---

① 《十三大以来重要文献选编》,人民出版社,1993年,第1675页。
② 《全国组织部长会议强调 为十四大作准备 大力加强各级领导班子建设》,《人民日报》,1991年12月10日。

调生的录用工作,由人事部门负责。选调生在基层工作期间,当地组织人事部门(以人事部门为主),应通过适当方式对其进行考察了解,对其中表现优秀的,上级组织人事部门要把情况掌握起来。在工作方法上,要注意不能造成选调生的特殊感和优越感,不要许愿,[1]教育他们树立扎根基层的思想,与干部群众打成一片。

《意见》对选调生工作做了较为具体的规定,具有一定可操作性;明确了只有中央和省(自治区、直辖市)两级组织人事部门才有选调生选拔权限;为避免出现 80 年代选调生工作的弊端,强调不能让选调生有优越感;同时,《意见》还对选调生的工作分配、管理等提出了要求。

中央提出选调生工作为地方开展选调生工作提供了政策依据,有的省(直辖市)开始实际启动选调生工作。

3.采取跟踪考察方式开展选调生工作

从 1992 年起,各地各部门每年从高校应届毕业生中挑选一批优秀学生,分配到县、乡镇或企业工作,进行跟踪考察,经过 2 年以上的基层锻炼,从中挑选优秀分子,再补充到地级以上党政机关。这项工作,取得了新的进展。截止 1993年 7 月,全国又有 4000 余名选调生分配到基层锻炼。[2]

北京市委决定,从 1992 年起,每年从高等学校挑选 200 名品学兼优的应届毕业生放到农村乡镇、工矿企业和其它基层单位锻炼,然后根据本人表现择优充实到党政机关。为此,北京市委组织部和市人事局专门下发文件,对选调生实行规范化管理,加强培养。1993 年,经学校推荐,采取本人和用人单位"双向选择"的方式,一批应届大学毕业生被分配到北京市工业、城建等系统的基层单位

---

① 《国家公务员素质工程全书》编委会:《国家公务员素质工程全书》(下册),中国方正出版社,1998年,第 1707 页。

② 《赢得青年才能赢得未来 全国培养教育青年干部工作取得进展》,《党建》,1994 年第 2 期。

工作。1994 年 3 月,北京市委组织部会同有关部门从中挑选 167 名品学兼优的大学毕业生作为选调生培养对象。[①]这 167 名选调生,是各基层单位根据本人工作期间的表现,择优推荐,并经市委组织部考察确定的。他们中,有中共党员 99 人,女同志 61 人,少数民族 14 人。

1991 年 11 月,山东省委印发的《关于贯彻〈中共中央关于抓紧培养教育青年干部的决定〉的意见》提出,从 1992 年起,每年在应届大学毕业生中挑选 100 名品学兼优者到基层培养锻炼,由市(地)组织、人事部门负责管理,跟踪考察,经过至少两年时间的锻炼后,择优补充到县以上党政机关工作。

根据中央要求,1992 年 3 月,辽宁省委组织部、省委高等教育工作委员会、省人事厅、省计划委员会、省教育委员会印发《关于选调应届优秀大学毕业生到基层锻炼的通知》,决定从 1992 年应届大学毕业生(含毕业研究生)中选调一批品学兼优的学生分配到基层工作。[②]这是作者目前所能找到的唯一一份 20 世纪 90 年代的完整的选调通知。

关于培养目标,《通知》提出,从应届大学毕业生中选调品学兼优的学生到基层去培养锻炼,使他们在社会主义现代化建设和改革开放的实践中,熟悉社会,了解群众,增强群众观点,增长才干。经过一定时间的基层锻炼,择优逐级补充到党和国家机关干部队伍中来。

关于选调生的条件、名额,《通知》要求,政治上要求进步,坚持四项基本原则,拥护改革开放的方针,在国际风云变幻的严峻形势和反和平演变的考验面前,立场坚定,旗帜鲜明;思想品质好,作风正派,关心集体,团结同学,在同学中有较高的威信;有积极进取精神,学习刻苦,能够理论联系实际,学习成绩优良;

---

① 北京市地方志编纂委员会:《北京年鉴 1995》,北京年鉴社,1995 年,第 90 页。

② 中共辽宁省委组织部,等:《党务工作文件选编》(1988.5—1992.5),辽宁人民出版社,1992 年,第 296 页。

组织活动能力较强,具有一定的综合分析能力和语言、文字表达能力;服从分配,自愿到基层工作;身体健康。选调名额为 100 名左右。为保证选调生的质量,主要应从学生干部和学生党员或党外积极分子中选拔那些适合从事党政机关工作或其他方面的管理工作,有培养前途的优秀毕业生。女生和少数民族学生应占一定比例。定向招生、委托培养和自费生不列入选拔对象。

关于选调程序,《通知》提出,各院校的选调工作在党委的领导下,由组织部具体负责。以系为单位搞好动员,在学生自愿报名的基础上,由系党总支提出初选名单;院校党委组织部会同校学生管理部门,对各系提出的初选名单,进行考核和筛选,写出考核材料,按应选调名额的 1:2 确定预选名单;院校党委经讨论,按多于应选名额的 1 至 3 名,确定选调生候选人名单;省委组织部、省委高教工委和省人事厅等单位,派人到有关院校对选调生人选做进一步考察了解后填写《高等学校选调生审批表》。然后由省委组织部审批;选调生名单确定后,各院校根据选调生分配计划和去向,同应届毕业生一起,派遣到有关市人事局。市委组织部和人事局要将他们妥善地安排到基层单位,并将安排情况报省委组织部备案。

关于加强对选调工作的领导,《通知》指出,选调优秀大学毕业生到基层锻炼,是加速培养青年干部的重要途径。各院校党委要提高认识,增强政治责任感,切实加强对选调工作的领导。各院校党委组织部门和学生部门,要认真做好调查摸底工作,并在此基础上制定具体的选调方法和步骤。要向学生讲清选调的目的意义,发扬民主,充分走群众路线,要做耐心细致的思想政治工作,保证选调生的质量。各市有关部门要按照分配计划和要求,选择和落实分配地点,并做好有关工作。

通过分析这份完整的选调通知,可以看出,其选调程序、内容与中央的要求别无二致。选调目的是为上级机关补充工作人员,选调条件突出政治标准,选调程序注重发挥高校党组织作用,选调领导重在思想领导。

四、抓紧培养选拔优秀年轻干部与重点培养选调生

1994 年 9 月,党的十四届四中全会通过对国内外形势和党的状况的深入分析,指出在世界风云变幻的条件下,在中国改革开放和现代化建设的伟大变革中,把党建设成为用建设有中国特色社会主义理论武装起来、全心全意为人民服务、思想上政治上组织上完全巩固、能够经受住各种风险、始终走在时代前列的马克思主义政党,这是新时期新的伟大工程。

全会分析了干部队伍建设特别是党政领导班子建设中存在的两大问题:[①]一是素质不高。面对错综复杂的国际环境、广泛深刻的国内变革和建设有中国特色社会主义的全新事业,特别是面对社会主义市场经济的大潮,不少领导成员的知识水平、专业水平、领导水平特别是政治理论水平不相适应的问题日益突出。广大干部都有一个继续更新知识、重新学习的任务。二是年轻干部偏少,在党政主要负责人中这一问题更加突出。

全会通过的《中共中央关于加强党的建设几个重大问题的决定》指出,高级干部特别是省部以上党政主要领导干部的领导水平,尤其是政治水平如何,关系到党和国家的前途命运。这些干部不仅要努力成为有知识、懂业务、胜任本职工作的内行,而且首先要努力成为忠诚于马克思主义、坚持走有中国特色社会主义道路、会治党治国的政治家。他们应该具有坚定的政治信念,始终保持清醒的头脑,自觉坚持党的基本理论和基本路线,经得起各种风浪的考验;他们应该具有开阔的眼界,熟悉国情,了解世界,解放思想,实事求是,务实创新,开拓前

---

① 中共中央文献研究室:《改革开放三十年重要文献选编》(上册),中央文献出版社,2008 年,第788 页。

进；他们应该具有宽阔的胸襟，讲党性，顾大局，模范执行民主集中制，公道正派，任人唯贤，善于团结同志一道工作；他们应该具有较强的领导能力，讲究领导艺术，审时度势，驾驭全局，善于协调各方面的力量；他们应该具有优良的作风，廉洁勤政，艰苦奋斗，深入实际，调查研究，谦虚谨慎，联系群众，真心诚意为人民谋利益。不仅要按照这样的要求提高现有高级干部的水平，而且要按照这样的要求培养和选拔接班人。

切实加强对县以上领导干部特别是年轻干部的培养教育。《决定》指出，育人是用人的基础，只着眼于用人，忽视育人，是短视的。务必把培养教育干部作为一项事关全局的基础性工作坚持不懈地抓下去。要鼓励、引导和安排年轻干部到基层去、到群众中去、到改革和建设的第一线去，特别是到条件艰苦或情况复杂的环境中去，经受考验。

1.抓紧培养选拔优秀年轻干部

1994 年 11 月 30 日至 12 月 3 日，中共中央召开全国组织工作会议。江泽民到会发表重要讲话，主要讲了三个问题。第一，按照中央关于党的建设的整体部署全面推进新的伟大工程，关键环节是加强县以上领导干部的培养选拔工作，进一步建设好各级领导班子。第二，坚持以邓小平同志关于新时期干部队伍建设的一系列论述为指针，把培养和选拔德才兼备的领导干部、加强领导班子建设工作进一步做好。第三，各级党委要加强领导，全面负责，抓好四中全会和这次会议精神的贯彻落实。

在谈到培养教育干部的工作时，江泽民指出，党委管干部，要全面负责，把发现、培养、选拔、任用、教育、监督这几个环节都管起来，真正管好。要克服重选拔、轻培养，重使用、轻教育的现象。培养党政领导干部的根本着眼点和着力点，在于保证党的基本路线全面正确地贯彻执行。随着我国社会主义现代化事业的迅速发展和改革的不断深化，对外开放的进一步扩大，加上世界经济、政治格局的变化,对各级党政领导干部思想理论素养、经济管理和科技知识,特别是治党治国能力的要求将越来越高。各级、各部门必须按照中央已经作出的安排,抓紧工作,全面培育提高领导干部的素质。干部锻炼成长的基本途径有三条:一是持久地、刻苦地、理论联系实际地学习马克思主义;二是自觉地、严格地按照党章规定参加党内生活;三是在改革开放和现代化建设的实践中加强锻炼。这三条要密切结合,并更多地注重实践锻炼。[①]

胡锦涛作了题为"抓紧培养选拔德才兼备的领导干部,把各级领导班子建设成为贯彻党的基本路线的坚强领导集体"的报告。他指出,十多年来,凡是在各种领导岗位上有所作为、成绩突出的干部,都是注重实践锻炼特别是基层实践锻炼,在丰富生动的实践中成长起来的。这已经成为一种规律性的现象。今后,要有计划地组织中央部委和省级党政机关中没有做过基层工作的处级以上干部到基层去锻炼,努力改变一部分高中级干部经历比较单一,缺乏全面领导经验的状况。对于年轻干部,还要有意识地选派他们到环境比较复杂,条件比较艰苦的地方去工作,或安排到"急、难、险、苦"的岗位上经受锻炼和考验。尤其要舍得把那些年纪比较轻,发展潜力大,但缺乏基层工作经验的干部放下去。

会后,下发了经会议讨论修改的两个文件:《中共中央关于抓紧培养选拔优秀年轻干部的通知》《党政领导干部选拔任用工作暂行条例》。

1995 年 1 月,中共中央《关于抓紧培养选拔优秀年轻干部的通知》在肯定成绩的同时指出了问题:一些领导班子年龄结构不合理、部分领导成员特别是主要负责人年龄偏大的问题又突出起来;一些领导干部的政治素质、知识水平和领导能力跟不上形势发展需要的状况,也明显表现出来。[②]

---

① 《江泽民在全国组织工作会议上强调 抓紧建设好县以上各级领导班子 选拔年轻干部三五年要有新突破》,《人民日报》,1994 年 12 月 3 日。

② 农业部人事劳动司:《农业人事劳动工作文件选编》(第二册),中国农业出版社,2004 年,第670 页。

《通知》指出,大力培养造就能够跨世纪担当重任的合格接班人,大力选拔起用在改革开放和现代化建设中实绩突出、群众信任的优秀年轻干部,是一项十分重要而又紧迫的任务,也是关系党和国家前途命运的一项战略任务。《通知》要求,经过 3 至 5 年的努力,中央、国家机关和地方县级以上党政领导班子,要形成由不同年龄层次的干部组成的梯次结构,年轻干部所占比例要有较大的提高,保证有一批 30 多岁、40 多岁的优秀年轻干部能及时选拔进县以上党政领导班子。

提拔担任党政领导职务的,应当具备一定的基层工作经历和文化程度。1995 年 2 月,中共中央《党政领导干部选拔任用工作暂行条例》规定,提任县处级领导职务的,应具有 5 年以上工龄和 2 年以上基层工作经历;一般应具有大学专科以上文化程度,其中,省部级领导干部一般应具有大学本科以上文化程度。2002 年 7 月,修订后的《党政领导干部选拔任用工作条例》提出,提任厅局级以上领导干部的,一般应具有大学本科以上文化程度。党政领导班子成员一般应当从后备干部中选拔。

1995 年 4 月,胡锦涛在全国培养选拔年轻干部工作经验交流会上阐述了年轻干部培养教育与选拔任用的辩证关系。胡锦涛指出,育人是用人的基础,用人是育人的目的。高水平的领导班子,是由高素质的领导人才组成的,而高素质的领导人才,又是高质量的培养教育工作的结果。必须把培养教育和选拔使用有机地结合起来,使两方面工作相互促进。在谈到加强对年轻干部的培养教育时,胡锦涛强调,为了帮助年轻干部健康成长,造就一大批党和国家的各级领导人才,对他们的培养教育必须坚持高标准、严要求,把党的十四届四中全会决定对高级干部提出的要求、特别是具备政治家素质的要求,作为进行工作的重要指导原则。胡锦涛指出,总结多年的经验,加强和改进培养教育年轻干部的工作,必须把搞好理论学习、注重实践锻炼、严格教育管理这三个基本环节抓住抓好,把解决世界观、人生观这个根本问题贯穿于这三个基本环节之中。[①]要坚持不懈地用党的基本理论和基本路线武装干部,用现代科学技术知识和人类社会创造的一切文明成果提高干部,用党的优良传统和作风教育干部,用严格的制度和纪律管理干部。在工作中,要实行分批培训与实践锻炼并举,以实践锻炼为重点;专业培训与理论培训并举,以理论培训为重点;离岗培训与日常教育管理并举,以日常教育管理为重点。

选调生工作主要是基础性工作。中央对全党干部的一系列要求必然反映到选调生工作上。

2.重点培养选调生

中共中央印发的《关于抓紧培养选拔优秀年轻干部的通知》提出,要鼓励和安排年轻干部到基层、到艰苦地区、到改革和建设的第一线去工作,在实践中积累经验,经受锻炼和考验。要坚持和完善年轻干部下基层锻炼的制度。要教育年轻干部克服到基层去"镀金"的思想,引导他们虚心向基层的同志和群众学习,扎扎实实地做好工作。培养选拔年轻干部,必须着眼于一代人的健康成长。

《通知》提出,各级党委组织部门,要会同教育、人事部门,每年从高等院校应届毕业生中挑选一批品学兼优的毕业生进行重点培养。[②]在1991年文件基础上,加了"重点"二字。选定以后,先组织他们到党校或干部院校培训,对他们进行政治理论、党的基本知识和党的优良传统作风等方面的教育,然后根据每个人的不同情况和培养方向的要求,将他们分配到农村乡镇或企业工作,并进行跟踪考察,从中挑选优秀分子,逐级补充到县级以上党政机关干部队伍中来。选调目的没有发生根本改变。

---

① 《胡锦涛在中组部召开的工作经验交流会上强调 培养选拔大批德才兼备优秀年轻干部 抓住抓好理论学习、实践锻炼、教育管理三个基本环节》,《人民日报》,1995年4月23日。

② 农业部人事劳动司:《农业人事劳动工作文件选编》(第二册),中国农业出版社,2004年,第678页。

在中共中央文件中再一次提出培养选调生,强有力地促进了面上选调生工作的逐渐恢复。在中央的号召下,少数省份开始恢复选调生的选拔工作。

按照中央关于选调生工作的要求,从1992年开始,四川省恢复选调生的选拔工作。

此前,四川省于1983年至1986年共选拔了选调生525人(不含重庆直辖市,下同)。1986年至1992年,由于多方面原因,虽然选调生选拔工作暂时没有开展,但是四川省各级党委组织部门仍坚持按中央和省委要求,认真做好对已选选调生的培养及调整安排工作。

1991年,选调生工作写进了四川省委印发的《关于努力培养造就千百万社会主义事业接班人,加强选拔培养跨世纪领导人才的若干意见》。1992年,四川省开始恢复选调生的选拔工作。在总结了选调生工作成功经验的基础上,四川省提出并坚持"育用结合,以育促用"的工作方针,选调生工作力度不断加大,出台《四川省选调生选拔培养管理办法》,制度措施逐步规范。选调生工作进入了一个新的发展阶段。1992年至1999年8年,四川省共挑选选调生839名,其中男性716名,女性123名,大专173名,本科666名,中共党员756名。各年度具体情况为:1992年挑选选调生160名,其中男性143名,女性17名,大专35名,本科125名,中共党员149名;1993年挑选选调生92名,其中男性80名,女性12名,大专34名,本科58名,中共党员86名;1994年挑选选调生110名,其中男性93名,女性17名,大专36名,本科74名,中共党员99名;1995年挑选选调生149名,其中男性123名,女性26名,大专35名,本科114名,中共党员141名;1996年挑选选调生103名,其中男性95名,女性8名,大专10名,本科93名,中共党员89名;1997年挑选选调生84名,其中男性72名,女性12名,大专11名,本科73名,中共党员70名;1998年挑选选调生85名,其中男性71名,女性14名,大专7名,本科78名,中共党员72名;1999年挑选选调生56

名,其中男性 39 名,女性 17 名,大专 5 名,本科 51 名,中共党员 50 名。[①]8 年期间,四川省平均每年选拔的选调生 100 名多一点,男性选调生远远多于女性选调生,本科选调生远远多于大专选调生,共产党员占绝大多数。

五、选拔优秀应届毕业生到基层公安机关锻炼培养

20 世纪 90 年代初,各级公安机关尤其是县(市)公安机关领导班子文化程度普遍偏低的问题比较突出。1994 年 10 月,中共中央组织部、人事部、公安部联合印发《关于从全国高等学校选拔部分优秀应届毕业生到基层公安机关锻炼培养的通知》,决定从全国高校中选拔 3000 名优秀应届毕业生,分配到县(市)公安局,通过跟踪培养,加强县(市)公安机关领导班子后备干部队伍建设。

《通知》提出,选拔高校应届优秀毕业生到县(市)公安局工作从 1995 年开始,分 3 年实施。选拔条件是拥护党的领导和党的基本路线,作风正派,组织能力强,身体健康等。毕业生生源、专业不限。优先选拔中共党员或获得“三好学生”等荣誉称号的毕业生。

本着“公开、平等、择优、自愿”的原则进行应届优秀毕业生的选拔工作。毕业生就业分配主管部门和高校对优秀毕业生进行严格考核,并积极推荐。对推荐的优秀毕业生,可根据国家公务员有关规定进行考试和考核后,确定人选。

《通知》提出,应届优秀毕业生直接分配到没有或缺少大学本科毕业生的县(市)公安局,由县(市)公安局安排到先进基层所、队锻炼。跟踪考察每年进行一次。锻炼期间,可根据毕业生的实际情况有组织、有计划地进行必要的岗位轮换。锻炼时间一般不少于 3 年。锻炼期满后,进行全面考核并提出使用意见。符

---

① 中共四川省委组织部:《坚实的足迹 闪光的青春 四川省选调生工作概览》,四川人民出版社,1999 年,第 3、4、194、195 页。

合条件者,任命其为县(市)公安局领导干部。一时进不了班子的,可继续挂职锻炼。超过2年仍然进不了班子的,可在本省(自治区、直辖市)内交流调整到有职位空缺的县(市)公安局。

继续选拔优秀高校毕业生到基层公安机关工作。3年计划完成后,1998年5月,中央组织部等部门又印发《关于选拔录用部分优秀高校毕业生到基层公安机关工作的通知》,自1998年起又分3年,从全国高校选拔9000名应届毕业生到基层公安机关工作。以考录国家公务员的形式进行选拔录用工作,未经考试考核或考试考核不合格的,不得录用为公安民警。

2001年,中央组织部、人事部、教育部、公安部再次联合下发《关于"十五"期间继续做好考试录用优秀大学生到基层公安机关工作的通知》,再次选拔优秀大学毕业生到基层公安机关工作。

各省(自治区、直辖市)公安部门按照中央要求,选拔优秀应届毕业生到基层公安机关锻炼培养。

1995年,辽宁省公安厅组织各市公安局在全国20余所高等院校选拔26名优秀毕业生,举办为期1个月的培训班,然后派到公安基层一线锻炼、作为县(自治区、直辖市)公安局后备干部培养。1996年,辽宁省公安厅下发《关于进一步加强对优秀大学生锻炼培养工作的通知》,改革过去由各市局直接考核调入优秀大学生的选拔方法,实行由省厅统一考试、考核、体检、培训、分配的办法,从省内外27所高等院校选拔优秀大学毕业生57名,其中党员40名。截至1997年底,辽宁省公安厅近三年选拔的122名大学毕业生经过基层锻炼培养,其中有35人走上科、所、队领导岗位。是年,辽宁省公安厅又从省内外23所高等院校选拔优秀大学毕业生91名。1999年10月,辽宁省公安厅召开全省公安系统选调优秀大学生培养锻炼工作座谈会,总结交流经验,并表彰了21名优秀大学生先进个人。到2000年底,辽宁省公安厅共选拔优秀大学毕业生349名,分布在全省 44 个县（市）基层公安机关锻炼培养,其中有 47 人立功受奖,39 人担任基层科、所、队领导职务,7 人被提拔到地方党政部门任职。[①]

公安系统选调生是一般选调生工作与公安部门干部工作相结合的产物,是一般选调生工作方法在公安这个具体领域、专业领域和特殊领域的运用。它与在基层工作的一般选调生调入县以上公安机关工作不同,是完完全全由公安部门自主培养、选调生在公安系统内部进行基层锻炼、具有公安特点的选调生工作。

六、选拔高校毕业生到农村基层工作

随着高校毕业生培养规模逐渐增大,其就业日益引起人们重视。《国家公务员暂行条例》颁布后,为建设农村基层,党和国家加强农村基层公务员选拔工作,许多大学毕业生便以公务员身份到农村基层工作。

建立和实行国家公务员制度,并以法律法规形式对公务员的基层工作经历提出要求。在前期试点基础上,1993 年 8 月,国务院印发《国家公务员暂行条例》。《条例》提出,省级以上政府工作部门录用的公务员,应具有 2 年以上基层工作经历。按规定录用、没有基层工作经历的公务员,应安排到基层工作 1 至 2 年。同年 9 月,中共中央转发的《中央组织部关于中国共产党机关参照试行〈国家公务员暂行条例〉的实施意见》提出,在行政机关有计划、有步骤地推行公务员制度的同时,党的机关参照试行《国家公务员暂行条例》。党的机关参照试行《国家公务员暂行条例》与国家行政机关推行国家公务员制度同步进行。党的机关录用工作人员,采用招考与选调两种方式。党的机关工作者的录用考试,参照

---

① 辽宁省公安厅史志编纂委员会:《辽宁省公安志》(1986—2000),辽宁科学技术出版社,2006 年,第 349 页。

国家公务员考试录用的有关规定办理。中央和省级党的机关副处级以上(含副处级)领导职务和非领导职务出现空缺时,地级以下(含地级)党的机关副科级以上(含副科级)领导职务和非领导职务出现空缺时,可从本机关内部晋升,也可从党的机关其他单位或国家机关、人民团体、企事业单位中择优选调符合任职条件者担任。必要时,经主管部门批准,也可采用公开招考的办法择优任用。招考和选调党的机关工作者,须经严格考核,在编制限额内进行,并按照管理权限办理。

1998 年,高校毕业生人数达 106 万名,是新中国成立以来最多的一年。

为做好高校毕业生就业工作,1998 年 5 月,国务院印发《关于做好 1998 年普通高等学校毕业生就业工作的通知》。《通知》提出,要有计划地吸收一部分优秀高校毕业生充实到基层机关和重要岗位。有条件的地方可试行预备公务员制度,录用的毕业生先到基层支教、支农、扶贫或到企业锻炼,两三年后,选拔其中的优秀人员充实到机关。今后,基层机关的领导、企业的主要领导和总会计师以及金融、工商、税务等部门的领导和专业工作岗位,应当由具有大学学历并持专业证书的高文化素质人员担任。国务院办公厅转发的《教育部等部门关于进一步做好 1999 年普通高等学校毕业生就业工作意见》又提出积极储备人才的计划。

1999 年 6 月,中央组织部、人事部、中央机构编制委员会办公室、财政部印发通知,选拔 45000 名高校毕业生到农村基层工作,分三年完成。重点安排毕业生到乡(镇)政府、村委会、乡村中小学、乡村医院、乡镇企业从事支农、支教、支医、扶贫等工作,锻炼时间一般为 2 至 3 年。毕业生的档案、户口和工资由县级人事部门进行管理,享受当地行政机关同类人员工资福利待遇。对毕业生要定期进行考核,考试考核合格的,录用到机关工作,重点充实到乡镇机关。对特别优秀的毕业生,选拔进乡镇领导班子。锻炼过程中,允许毕业生领办、创办经济实体和企业,鼓励毕业生长期投入农业、农村经济工作。

为贯彻落实党中央、国务院决策部署,2002 年 4 月,人事部办公厅印发的《关于做好 2002 年全国普通高等学校毕业生接收工作的通知》指出,各级国家行政机关录用高校毕业生,要严格执行《国家公务员暂行条例》和《国家公务员录用暂行规定》,按照公开、平等、竞争、择优的原则,通过考试考核录用高校毕业生。县、乡机关要通过考试录用应届高校毕业生,进一步改善人员结构。要制定切实可行的措施,安排落实好录用到各级政府机关工作的应届高校毕业生到基层锻炼工作。认真做好选拔高校毕业生到农村基层锻炼工作。及时把在农村基层锻炼期满考试考核合格的高校毕业生,录用充实到县乡公务员队伍。进一步探索完善有关政策,切实做好到农村基层锻炼毕业生的管理培养工作。今后各地还应根据实际情况,完善有关政策,将这项政策长期坚持下去,积极引导和鼓励广大高校毕业生主动投身于农村基层建设。

加强对在农村基层工作的高校毕业生的管理。2002 年 6 月,中央组织部、人事部、中央机构编制委员会办公室、财政部联合印发《关于做好选拔到农村基层工作的高校毕业生管理使用工作有关问题的通知》。《通知》提出,要做好选拔到农村基层锻炼毕业生的考核工作。考核程序可参照公务员考核规定进行。凡考试、考核合格的毕业生,锻炼期满,可直接录用到机关工作。锻炼期间没有达到要求、考核不合格的毕业生,可将其人事档案、组织关系转到人才交流机构,由人才交流机构协助推荐就业。

《通知》提出,在完成 3 年选拔任务之后,各地可根据实际情况,制定政策,将选拔毕业生到农村基层工作继续开展下去。

根据中央组织部等部门的有关要求,为加强后备干部队伍建设,各省(自治区、直辖市)从高等学校选拔部分优秀毕业生,派到基层进行锻炼。

1996 年 7 月,陕西省人民政府选拔 100 名高校应届优秀毕业生作为预备公务员到基层锻炼培养。选拔对象为 1996 年高等学校应届毕业的本科生和研究生。选拔确定的应届优秀毕业生由省教委介绍到省人事厅。由省人事厅分配到各地市人事局,地市人事局组织有关县级人民政府人事部门落实锻炼的基层单位。在基层锻炼的时间为 3 年。第一年安排到乡镇政府锻炼,可作见习副乡镇长;第二年调整安排到县级人民政府机关锻炼,可作县长助理;第三年再调整安排县区的企业单位锻炼,可作厂长助理。省人事厅会同地市人事部门加强对选拔锻炼毕业生的管理和培养,进行跟踪考察,每年进行一次。锻炼期满后,由省人事厅组织地、市人事局对毕业生本人进行全面考核。根据本人表现和工作需要,安排到各级党政机关工作。对有突出表现、拟提拔使用的可向组织部门推荐。1997 年和 1998 年,陕西省又分别按照"自愿报名、平等竞争、双向选择、择优录用"的原则,采取考试与考核相结合等程序从高等学校选拔各 200 名品学兼优的应届毕业生,作为省级机关的工作人员到基层锻炼培养。1999 年 7 月,按照中央组织部等部门《关于选拔高校毕业生到农村基层工作有关问题的通知》要求,国家人事部下达陕西选拔到农村基层工作的毕业生分 3 年完成指标 2028 名。

1998 年 4 月,吉林省委组织部、省人事厅选拔部分高等学校优秀毕业生到基层锻炼,计划名额为 60 名,主要分配至农村乡(镇)和农业产业化骨干企业工作。到农业产业化企业工作的,可任相应领导助理;到农村村级组织工作的,可任村党支部副书记或村民委员会副主任。选拔工作主要面向吉林农业大学、延边大学、吉林工学院、吉林林学院等省属高校。选拔的毕业生,按党政机关后备人才进行管理。吉林省委组织部、省人事厅直接掌握名单,对他们进行跟踪考核和培养,每年定期集训。选拔的毕业生基层锻炼时间为 2 年。锻炼期满,根据毕业生的表现和工作能力,在省、市、县、乡党政机关安排工作。到党政机关工作的,通过考试录用为党的机关工作者和国家公务员。在农村和企业任职期间,户口落在长春市;工资和行政关系落在所属乡(镇)或企业。

1998 年 6 月,北京市统一选调 73 名应届优秀毕业生,充实市级党政机关。[①]毕业生分别来自北京大学、中国人民大学、清华大学等 19 所北京地区重点高校,多数当过学生干部,获得过各种奖励。在基层锻炼一至二年后,他们将被补充到市委组织部、市政府办公厅、市人事局等市级机关。

北京市把选调应届优秀毕业生作为培养选拔年轻干部的一项重要工作来抓。从 1983 年以来,先后选调了 610 名品学兼优的应届毕业生充实到各级党政机关。1994 年,北京市有关部门曾对其中 161 名选调生进行了跟踪调查,多数同志已经成为单位的骨干。其中走上区县局级领导岗位的有 6 人,正处级岗位的 24 人,副处级岗位的 31 人,处级以上干部占被调查者总数的 50.2%。

选拔高校毕业生到农村基层工作,虽然叫法上不称为"选调生工作",但其实质与选调生工作非常接近。由于没有统一的选调生工作制度,各地做法不一,亟待规范。

七、召开全国选调生工作座谈会

江泽民在纪念中国共产党成立 75 周年座谈会上发表了《努力建设高素质的干部队伍》的重要讲话。他指出,不论做什么工作,作为党的干部首先是领导干部,都要具备基本的政治业务素质。第一,要有远大的共产主义理想,坚持正确的政治方向,坚定地走建设有中国特色社会主义道路,坚决贯彻执行党的基本理论、基本路线和各项方针政策;第二,努力实践党的全心全意为人民服务的宗旨,密切联系群众,特别是工农群众,坚决维护人民群众的利益;第三,解放思想,实事求是,一切从实际出发,善于开拓前进,具有唯物辩证的思想方法和工

---

① 《北京市选调应届优秀毕业生进机关》,《行政与人事》,1998 年第 11 期。

作方法;第四,模范遵纪守法,保持清正廉洁,发扬艰苦奋斗精神,自觉拒腐防变,坚决反对消极腐败现象;第五,刻苦学习,勤奋敬业,不断加强知识积累和经验积累,具备做好本职工作的专业知识和能力。[①]

江泽民指出,在看到年轻干部优点和长处的同时,也要清醒地看到年轻干部的不足和弱点,看到这些不足和弱点同年轻干部所处的社会环境及其社会经历有关。年轻干部的主要不足和弱点,是缺乏对马克思主义理论的系统学习,缺乏对党的历史和优良传统的深入了解,大多没有经过严格的党内生活、艰苦环境和基层群众工作的锻炼。[②]年轻干部要全面正确地认识自己,努力提高自身素质特别是思想政治素质。

江泽民指出,在实践中锻炼干部,是我们党培养干部的一条根本途径。要特别提倡到改革和建设的第一线去,到基层去,到艰苦的和困难多的地方去,到党和群众最需要的地方去。

江泽民总书记的重要讲话,为开展新形势下的选调生工作指明了方向。选调生工作有助于从源头上弥补年轻干部身上所存在的部分上述不足和弱点,比如缺乏艰苦环境和基层群众工作的锻炼。这显示其意义。

为学习贯彻江泽民总书记的重要讲话精神,中央组织部部长张全景在《党建研究》1996 年第 9 期上发表了《为建设高素质的干部队伍而努力工作》的文章。

文章认为,1983 年以来,各地从高校选调了一部分优秀应届毕业生到基层工作锻炼。经过培养,选调生中的大部分人已经走上了各级领导岗位。实践证明,这一做法是有成效的。要在总结经验的基础上,把这项工作进一步开展起

---

① 江泽民:《努力建设高素质的干部队伍——在纪念中国共产党成立七十五周年座谈会上的讲话》,《人民日报》,1996 年 6 月 24 日。

② 江泽民:《努力建设高素质的干部队伍——在纪念中国共产党成立七十五周年座谈会上的讲话》,《人民日报》,1996 年 6 月 24 日。

来。①这是自《中共中央关于抓紧培养选拔优秀年轻干部的通知》印发以来,中央又一次对选调生工作的强调。

1997年12月21日至24日,中共中央召开全国组织工作会议。这次会议的任务是:深入学习和贯彻党的十五大精神,实事求是地回顾十四大以来党的建设和组织工作,认真总结经验,研究和部署面向新世纪的组织工作。

江泽民指出,21世纪将是充满机遇和挑战的世纪,要完成跨世纪发展的各项任务,一靠正确的理论和路线的指导,二靠广大人民群众的团结奋斗,三靠党的各级组织坚强有力。这三条中,干部是一个重要的决定因素。

胡锦涛强调,做好培养选拔干部的工作,建设一支高素质的干部队伍,是我们的事业不断取得成功的关键。要全面坚持干部队伍“四化”方针和德才兼备原则,选好用好干部。要实事求是、公道正派地看待每一个干部的德和才,不拘一格选拔人才,特别是大胆起用优秀年轻干部。

中央组织部部长张全景提出,要继续从高校选调部分优秀应届毕业生到基层锻炼。中央组织部将研究制定相关的培养管理办法,加强对这项工作的宏观指导。②

全国组织工作会议的召开,推动了选调生工作进入实际操作环节,选调生工作调研、起草文件等随之展开。

在全国选调生工作座谈会召开之前,不得不提中央另外下发的两个文件。1998年6月,中央办公厅转发的中央组织部《1998—2003年全国党政领导班子建设规划纲要》提出,建立制度,鼓励和推动年轻干部到基层去,到条件艰苦、情况复杂和困难多的地方去,在实践中经受考验和磨炼。1999年3月,中央办公厅

---

① 张全景:《为建设高素质的干部队伍而努力工作》,《党建研究》,1996年第9期。

② 中共中央组织部办公厅:《高举邓小平理论伟大旗帜 努力做好面向新世纪的组织工作——全国组织工作会议文件汇编》,党建读物出版社,1998年,第56页。

转发的《中央组织部关于加强农村基层干部队伍建设的意见》提出，要继续选调优秀大中专毕业生到乡镇工作，表现突出的应及时充实进乡镇领导班子。[1]

这一切为全国选调生工作座谈会的召开准备了条件。

1999 年 10 月，中央组织部全国选调生工作座谈会在四川成都召开。[2]会议总结交流了近 20 年来各地开展选调生工作的做法和经验，分析了存在的问题，研究了进一步加强和改进这项工作的政策措施。会议要求造就大批跨世纪高素质人才，进一步提高对选调生工作的重要性和必要性的认识；突出工作重点，进一步加强和改进选调生工作；明确条件，规范程序，高标准地做好选调工作；突出重点，切实在选调生的培养提高上下功夫；解放思想，大胆选拔使用；加大改革力度，不断探索选调生工作的新路子；加强领导，各方协办，狠抓落实。中央组织部干部调配局负责人在会上作了讲话，并就做好选调生工作作了部署，四川、湖北、湖南、广东、甘肃、新疆等省（直辖市）在会上介绍了做好选调生工作的经验与做法。

到 1999 年 10 月，全国选调生 2.7 万名，担任农村乡镇和基层企事业单位领导职务的有 6504 名，担任县处级以上领导职务的有 3215 名，其中有 204 名选调生进入地厅级领导班子，5 名选调生进入省部级领导班子。[3]其中：四川省从 1983 年到 1998 年共选调 11 批应届优秀大学毕业生到基层锻炼，合计 1308 人（不含重庆市）。其中：男 1099 人，女 209 人；大专 295 人，大学本科 1013 人；中共党员 1192 人。一千余人充实到县以上各级党政机关，成为工作的骨干；一大批选调生走上各级领导岗位：担任区科级职务的 573 人，担任县级领导职务的

---

①　共青团中央组织部：《共青团青年人才工作文件材料汇编》，2004 年，第 152 页。

②　《全国选调生工作（四川）座谈会要求 造就大批跨世纪高素质人才》，《四川日报》，1999 年 10 月 14 日。

③　熊艳：《我国大批选调生成长为具有领导才能的年轻干部》，http://web.peopledaily.com.cn/zdxw/21/19991015/199910152124.html，1999 年 10 月 15 日。

有 229 人,地厅级领导职务的有 6 人。38 人被列为地厅级后备干部,351 人被列为县处级后备干部。①选调生队伍成为四川省各级后备干部队伍的重要来源之一。

全国选调生工作座谈会的成功召开,预示着新的选调生工作文件即将印发。

八、进一步做好选调生工作

改革开放后,1980 年,选调生工作重启。1983 年 8 月,中央组织部曾印发改革开放后的首个选调生工作规范性文件。近 17 年后,中央组织部又出台新的选调生工作规范性文件。

1.中央印发新的选调生工作规范文件

全国选调生工作座谈会召开后不久,2000 年 1 月,中央组织部印发《关于进一步做好选调应届优秀大学毕业生到基层培养锻炼工作的通知》。

《通知》对 1980 年以来的二十年选调生工作进行了全面、深刻、系统总结,并明确指出这项工作取得了显著成绩。一批优秀选调生陆续成长起来,各地积累了有益经验,探索出了一条通过基层实践锻炼培养领导人才的有效途径。

充分认识选调生工作的重要性和必要性。《通知》强调,选调生工作,事关全局、事关长远。把优秀大学毕业生分配到基层工作,有利于改善基层干部队伍结构,增强基层干部队伍的活力。走与工农基本群众相结合的道路,在改革和建设的第一线经受磨炼、增长才干,是青年知识分子健康成长的必由之路。《通知》指出,选调生工作,符合领导人才成长的客观规律,是培养选拔优秀年轻干部、

① 中共四川省委组织部:《坚实的足迹 闪光的青春 四川省选调生工作概览》,四川人民出版社,1999 年,第 4 页。

加强领导班子及其后备干部队伍建设的一项基础性工作,是从源头抓起,培养造就大批适应改革开放和社会主义现代化建设需要的领导人才的一项战略性措施。

鲜明提出新形势下选调生工作的主要目的。《通知》提出,选调生工作,重点是培养党政领导干部后备人选,同时为县级以上党政机关培养高素质的工作人员。[①]必须按照中央提出的党政领导干部的基本素质要求做好选调工作。根据领导班子及其后备干部队伍建设的总体规划,确定选调生的数量和结构。选调人数列入当年干部编制计划。选调生的专业结构要合理。女学生和少数民族学生应占一定比例。

如果说20世纪80年代选调生工作的主要任务是培养领导干部,90年代是培养机关工作人员,那么这次则是两者的结合。当然,领导干部和领导干部后备人选是不一样的。后备人选介于领导干部与一般干部之间,但更靠近领导干部,同时又与80年代相区别。

规范选调程序。一是严格选调条件。《通知》提出,选调的对象应是政治素质好、有志于从事党政工作并有发展潜力的优秀学生。主要选调本科生、研究生中的共产党员、优秀学生干部和三好学生。二是坚持"公开、平等、竞争、择优"的原则。采取本人自愿报名、院校党组织推荐、组织人事部门考试考核相结合的办法进行选调。选调对象必须通过公务员录用考试。高校党组织要做好推荐工作,选调生名单由省(自治区、直辖市)党委组织部确定。选调生分配纳入高校毕业生分配计划,一般应分配选调生到有利于其健康成长的乡镇(街道)或基层企事业单位工作。三是安排选调生合适的工作岗位,明确其相应的工作职责。选调生的工作单位确定后,要按照有关规定办理公务员录用手续,并报省(自治区、直辖

---

① 杨士秋、王京清:《公务员录用》,中国人事出版社,2009年,第207页。

市)党委组织部备案。

《通知》体现了选调生工作的与时俱进。在选调学历上，由之前的大专、本科，转变为本科、研究生；在选调程序上，增加了公务员考试这一必备环节。历史上第一次明确了选调生的公务员身份。

抓好培养教育。《通知》提出，要把选调生工作的着力点放在培养教育上，以缩短成才期、提高成才率。以理论培训和实践锻炼为重点，全面提高选调生的政治和业务素质。一是加强选调生的理论培训。研究制订选调生培训计划，并列入整个干部培训规划。通过岗位培训、脱产轮训等多种形式，组织选调生学习马列主义、毛泽东思想和邓小平理论；学习党的基本路线、基本方针、基本纲领。同时对选调生进行社会主义市场经济知识、现代科技知识、领导科学知识和法律知识的培训。选调生在基层工作期间，至少要脱产培训一次，时间一般不少于 3 个月。二是立足基层，使选调生经受严格的实践锻炼。选调生分到基层后，要创造条件，使他们在实际工作中尽快了解基层情况，熟悉群众，积累实践经验。对选调生适时进行交流轮岗，使他们熟悉多方面的工作。把选调生放到艰苦的环境中经受考验，并有意识地让他们承担一些急、难、险、重的工作任务，从中磨炼意志，增长才干，在使用中加强培养。三是抓好选调生的思想政治教育。指定专人搞好传、帮、带。采取多种形式，引导选调生讲学习、讲政治、讲正气，帮助他们树立正确的世界观、人生观、价值观，使选调生坚定正确的政治方向，牢记党的全心全意为人民服务的宗旨，自觉抵制资本主义腐朽思想、封建主义残余思想以及各种不良风气的侵蚀。教育选调生正确对待名、权、位，克服"镀金"思想，安心基层工作，脚踏实地地锻炼成长。满腔热情地帮助选调生解决工作、生活中的实际困难。

以上是培养选调生的基本方法，也是中央领导同志经常强调的培养干部的有效途径。

　　加强管理使用。《通知》提出，合理划分选调生的管理权限。省级党委组织部门负责选调生工作的宏观管理；地级党委组织部门在选调生的培养管理方面负有直接责任，要有专人负责，加强具体指导；县级党委组织部门是选调生的日常管理部门，要按照干部管理工作的要求和选调生工作的有关规定，做好培养管理工作；选调生所在单位的党组织，要负起责任，真正把选调生培养管理工作落到实处。一是实行选调生动态管理。坚持年度考察，并根据考察情况每年进行一次调整。及时将不适合继续做党政领导干部培养对象的选调生调整到更有利于发挥其作用的其他岗位工作。将政治思想、道德品质、遵纪守法、廉洁自律等方面有问题的；本人不愿意继续在基层工作的；健康状况不好，不能适应繁重工作任务需要以及有其它不良表现的，及时调整出选调生名单。调整选调生，应按照干部管理权限，由县以上党委组织部门提出意见，报省级党委组织部门同意。对已担任县处级以上领导职务的选调生，按照干部管理权限进行管理。省（自治区、直辖市）党委组织部门对担任县处级以上领导职务的选调生，继续掌握名单。二是将选调生的培养和使用结合起来。选调生在基层工作2到3年后，要根据岗位需要，择优选拔任用。适合做乡镇（街道）领导工作的，及时提拔到乡镇（街道）领导岗位。适合从事党政机关工作的，有计划地补充到县以上党政机关。县级以上党政机关补充工作人员，应优先从选调生中挑选。对其中适合做机关领导工作的，应提拔到机关领导岗位。

　　《通知》鲜明提出，要破除"论资排辈""求全责备"等陈腐观念，大胆选拔使用选调生。对那些德才素质好、表现优秀、有发展潜力的选调生，要列入后备干部名单。鼓励和支持选调生参加公开选拔领导干部和竞争上岗等活动，使他们在平等竞争中脱颖而出。

　　以改革的精神做好选调生工作。《通知》提出，各级党委及其组织人事部门要把选调生工作摆上重要议事日程，切实加强对这项工作的领导和指导。要对近 20 年来选调生工作进行一次认真总结,肯定成绩,找出差距,研究提出进一步做好这项工作的办法和措施。

党的十三届四中全会后,我国高校毕业生分配制度继续改革。1989 年,大学生就业开始实行以学校为主转向社会推荐,毕业生和用人单位在一定范围内进行双向选择。1993 年,实行"少数毕业生由国家安排就业,多数学生自主择业"的就业制度。1996 年,实行全体毕业生"供需见面、双向选择为主"。1999 年,大学生就业实行"不包分配、竞争上岗、择优录用"的制度。与此同时,干部人事制度改革的重点——建立国家公务员制度的工作也取得丰硕成果。《通知》提出,要在坚持选调生工作正确方向的同时,对工作中一些不完善、与新的形势要求不适应的方面,进行积极的探索和大胆的改革,并与大学生分配制度改革相配套,与国家公务员制度相衔接。并进一步要求,加强制度建设,从实际出发,对选调生工作的各个环节作出相应规定,使这项工作逐步走上规范化、制度化轨道。

《通知》对选调生工作的各个方面进行了规定,与 1983 年中组部印发的《关于选调应届优秀大学毕业生到基层培养锻炼的通知》比较,既有相同点又有不同点。相同的地方表现在前者继承了后者基本的精神,不同点是前者比后者更为全面、系统、清晰。

全国选调生工作座谈会的召开和新的选调生工作规范文件的印发,标志着选调生工作进入了一个新的发展阶段。它明确了新阶段的选调生工作不再是过去的"指定"选调、"戴帽"选拔,应届优秀大学毕业生作为"重点培养对象"到基层工作锻炼,也不再与提拔必然挂钩。①

此后不久,第一次出现了大学应届毕业生成批量地以选调生身份进入干部队伍和公务员队伍的现象。

---

① 中共中央组织部办公厅:《改革开放 30 年组织工作大事资料摘编》,党建读物出版社,2009 年,第 72 页。

2.进一步发挥选调生工作的作用

新的选调生工作通知印发后,中央组织部进一步发挥选调生工作在组织工作、干部工作、年轻干部远期储备中的作用,加强选调生的培养锻炼。

2000 年 3 月,中央组织部、中央统战部、国家民族事务委员会印发的《2000—2009 年选派西部地区和其他少数民族地区干部到中央、国家机关和经济相对发达地区挂职锻炼工作规划》提出,从 2000 年到 2009 年,每年选派 400—500 名西部地区和其他少数民族地区干部到中央、国家机关和经济相对发达地区进行为期半年的挂职锻炼。通过 10 年的努力,为西部地区和其他少数民族地区培训 4000—5000 名思想政治素质较高、组织领导能力较强、具有改革创新意识、能够团结和带领西部地区和其他少数民族地区干部群众推进改革开放和现代化建设的党政领导干部和科技、经济管理人才。选派对象必须是基本素质好、有发展潜力和培养前途、身体健康的优秀中青年干部。重点选派省、地两级后备干部特别是正职和近期能进班子的后备干部。

《规划》强调,要注意选派担任地、县级领导职务的优秀选调生。①

2000 年 4 月,全国培养选拔年轻干部工作座谈会在北京召开。中共中央政治局候补委员、中央书记处书记、中央组织部部长曾庆红在会上指出,加强后备干部队伍建设,不仅要考虑领导班子近期调整配备的需要,还要考虑领导班子长远建设的需要。

选调生工作成为座谈会交流的内容之一。北京、辽宁、甘肃、内蒙古等省、市、自治区组织部门每年都要选拔一批优秀应届大学毕业生和研究生,到乡镇、街道、企业等基层单位工作,经过一段时间的锻炼考验,其中一些优秀分子逐步选拔到县以上党政领导岗位上来。甘肃省把选调优秀应届大学毕业生到基层锻

---

① 国家税务总局人事司:《人事工作文件汇编 10》(上),中国税务出版社,2003 年,第 393 页。

炼作为培养后备干部的"源头工程",高度重视,持之以恒。20 年来,共选调 18 批 1321 人,这些人当中已有 1 人担任省级领导职务,11 人担任地厅级领导职务,304 人担任县处级领导职务,247 人担任科级领导职务。[①]

几个月后,2000 年 8 月,中央办公厅转发的《中央组织部关于进一步做好培养选拔优秀年轻干部工作的意见》指出,后备干部工作是领导班子建设的一项基础性工作,是培养选拔优秀年轻干部的重要措施。

《意见》在提到加强改进后备干部工作时,要求各省(自治区、直辖市)党委组织部要会同有关部门,每年选调一定数量的应届毕业的优秀大学生和研究生到基层重点培养锻炼,并把这项工作纳入培养选拔优秀年轻干部工作的整体规划。[②]《意见》强调,要对选调生加强培养教育,严格要求,严格管理,使他们健康成长。对德才素质好、有发展潜力的选调生,列入后备干部名单。条件成熟的选调生,及时提拔到基层领导岗位。适合做机关工作的选调生,有计划地补充进县级以上党政机关。

《意见》将选调生工作与后备干部工作、年轻干部工作更紧密地结合在了一起。

2001 年 4 月,中央组织部出台的《关于进一步做好培养选拔女干部、发展女党员工作的意见》提出,从基础抓起,进一步加强基层女干部队伍建设。要积极扩大基层女干部来源。注意从县级以上党政机关,特别是女性比较集中的行业、部门和企事业单位选派优秀年轻女干部到乡镇、街道任职。

《意见》强调,从高等院校选调优秀应届毕业生到基层工作锻炼,要适当增

---

① 《党的事业后继有人——全国培养选拔年轻干部工作综述》,《人民日报》,2000 年 4 月 29 日。

② 农业部人事劳动司:《农业人事劳动工作文件选编》(第二册),中国农业出版社,2004 年,第 728 页。

加女性比例。①

为支持西部地区开发,2002 年 2 月,中共中央办公厅、国务院办公厅印发了《西部地区人才开发十年规划》。《规划》提出,要抓紧培养选拔优秀年轻干部。要进一步加强后备干部队伍建设工作,保持后备干部的数量、质量和活力,使各级领导班子有充足的后备人选。

《规划》还要求继续做好选调优秀大学毕业生到基层锻炼的工作,不断改善干部队伍结构。②

2002 年 5 月,中央办公厅、国务院办公厅印发的《2002—2005 年全国人才队伍建设规划纲要》提出,努力建设高素质的党政机关人才队伍。坚持考试录用制度,完善选调制度,注意选拔年轻干部、高知识层次干部以及具有基层工作经验的干部充实党政机关,积极引进人才。

《纲要》强调,坚持选调应届优秀大学毕业生到基层工作锻炼制度,从高等院校选调应届优秀毕业生到西部地区工作锻炼。③

选调生工作基础性强,应用范围广泛。在西部地区和其他少数民族地区干部、年轻干部、后备干部、女干部、党政机关人才队伍建设等方面,中央均对选调生工作提出了要求。

3.各地认真贯彻中央选调生工作精神

为贯彻中央关于选调生工作的最新要求和全国选调生工作座谈会精神,各省(自治区、直辖市)出台有力措施,推动选调生工作进一步发展。

2000 年,广西壮族自治区正式颁布了《选调生选拔培养管理暂行办法》。同

---

① 中共中央组织部组织局:《党的基层组织工作常用文件选编》(五),党建读物出版社,2003 年,第789 页。

② 共青团中央组织部:《共青团青年人才工作文件材料汇编》,2004 年,第 101~102 页。

③ 《2002—2005 年全国人才队伍建设规划纲要》,《人民日报》,2002 年 6 月 12 日。

年,四川省积极创新,把选拔培养选调生的时间前移,在四川大学、四川农业大学等高校的三年级学生中进行了选调生预选和培养工作的试点。通过推荐预选对象担任学生干部、列为入党积极分子、参加各种社会实践活动等方式,对预选对象进行有意识的培养。到这年底,在2000名预选对象中,择优挑选了200名选调生。①为使他们尽快适应基层工作,四川省探索实行了"基层实践导师制",让县、乡领导干部每人联系1名选调生,进行传、帮、带,使他们早上路、早成才。

2002年,河南省选调150名应届优秀大学生到乡(镇)机关工作。选调工作坚持"公开、平等、竞争、择优"原则,毕业生自愿报名、高校组织推荐、省委组织部、省人事厅统一组织笔试、面试、体检和考察。硕士、博士研究生免于笔试,直接进入面试。②被录用的大学毕业生办理国家公务员录用手续,试用期一年,列入当年干部编制计划,直接分配到经济条件比较好、领导班子团结、有利于选调生健康成长的乡(镇)机关工作。选调生在乡(镇)工作满一年、年度考核为称职以上的,一般要调整担任乡(镇)长助理;具有硕士研究生以上学历的,一般要调整担任乡(镇)党委副职。对那些工作特别优秀的,将破格提拔使用。今后县级以上党政机关每逢补充工作人员,都要结合岗位需要,拿出一定数量直接从基层选调生中挑选。

从2001年开始,山东省滨州市委、市政府连续2年组织召开应届大学毕业生春节茶话会;连续2年组织热烈隆重的欢迎活动和仪式;连续3年抽调专门人员,到省内外高校宣传发动,吸引人才;创办了全国第一家选调生网站——"选调生之家",打通了滨州市与省内外高校交流、沟通的快速通道;经市委常委会研究,山东省滨州市将1992年至2000年仍在基层工作的47名选调生,一次

---

① 中共中央组织部:《组工通讯2001》,党建读物出版社,2002年版,第240页。

② 《走到基层增长才干! 2002年我省将选调150名应届优秀大学生到乡(镇)机关工作》,《河南日报》,2001年12月27日。

性调入市直机关，①开创了滨州干部调动历史之先河；拍摄制作了全省第一部反映选调生工作的记录片《让人才占领高地》，在全省选调生工作会议上播放。

九、举办中央党校选调生培训班

选调生工作不是孤立存在的，它与干部工作大局紧密联系。

党的十五大以来，以江泽民同志为核心的党中央，高举邓小平理论伟大旗帜，按照"三个代表"要求，努力推进干部队伍和领导班子建设。在中央的正确领导下，经过各级党组织的共同努力，干部队伍和领导班子建设取得了巨大成就。2002 年 10 月，《组工通讯》第 1623 期发表文章《十五大以来党的组织工作新成就》。

干部队伍结构有了较大改善。文章指出，在文化结构方面，到 2001 年底，大专以上学历的占 54.4%，比 1996 年上升 12.5 个百分点。在年龄结构方面，到 2001 年底，35 岁以下的占 45.6%；36 至 45 岁的占 30.3%；46 至 54 岁的占 19%；55 岁以上的占 5.1%。②在专业结构方面，到 2001 年底，事业企业单位人员中专业技术人员已达 2847.7 万，占 84.8%；其中高级专业技术人员 180.1 万，比 1996 年增加 25.9 万。1998 年以来，中央机关和省级机关先后进行了机构改革，到 2001 年底，中央机关和省级机关干部总数 56.9 万人，比 1997 年减少 10.1 万人，其中，中央机关减少了 1.2 万人；省级机关减少了 8.9 万人。基层单位和执法执纪及监督部门得到充实加强，干部队伍分布逐步趋于合理。经过换届和调整，各级领导班子的年龄结构和文化结构进一步改善。2001 年，省地县三级党政领导

---

① 《山东省滨州市委常委、组织部长在迎接 2003 届选调会议上的讲话》，山东省滨州市选调生之家网站，2003 年 7 月 17 日。

② 中共中央组织部：《组工通讯 2002》，党建读物出版社，2003 年，第 277 页。

班子成员的平均年龄分别为 54.2 岁、48.8 岁、43.1 岁，均比十五大之前有所下降；大专以上文化程度分别为 97.8%、97.2%、94%，分别比 1997 年上升了 4.3、5.7、10.4 个百分点。①

各级党组织抓住理论培训、实践锻炼和管理监督三个环节，切实加强对年轻干部的培养教育。在理论培训方面，以各级党校为主阵地，对年轻干部进行马克思主义基本理论和经济、科技、文化、法律、管理以及历史知识等方面的培训。"九五"期间，中央党校一年制中青班共培训学员 1000 多人；各省区市委党校中青班共培训 15000 人。在实践锻炼方面，主要通过交流或岗位轮换、调整工作分工、分配急难险重的工作任务、选派到下级机关或基层担任领导职务、选派到上级机关挂职锻炼等方式，使年轻干部得到全面的锻炼和提高。在管理监督方面，强化组织监督和群众监督，对年轻干部进行党性教育和警示教育，促使他们健康成长。

后备干部队伍建设有了新的提高，各地各部门按照"一手抓配备、一手抓后备"的工作思路，扩大视野，拓宽渠道，通过民主推荐和严格的组织考察，把一大批德才素质好、发展潜力大的优秀年轻干部充实进后备干部队伍，建立健全了各级各类后备干部名单，初步建立起了一支素质优良、数量充足、结构合理，能够担当社会主义改革开放和现代化建设重任的、年轻优秀的党政领导班子后备干部队伍，为各级领导班子建设储备了充足的人选。

干部队伍和领导班子建设巨大成就的取得，离不开党在年轻干部和选调生工作方面所付出的艰辛努力。

1.培养选拔年轻干部

江泽民指出，从积累领导经验的角度讲，使用是最好的培养，是提高和识别

---

① 中共中央组织部：《组工通讯 2002》，党建读物出版社，2003 年，第 278 页。

干部的最好方法。①40 岁上下的年轻干部,一般都接受了马克思主义和党的优良传统的教育,但还不够系统、扎实。他们对中国的历史和现状有不少了解,但还不够深入、广泛。他们也经受了一定的党内生活和社会实践的锻炼,但还不够全面、严格。中青年领导干部的健康成长,自身努力是内因,党组织培养是外因,内因与外因要紧密结合。一些好的苗子,如果没有及时发现,并有计划地进行培养锻炼,也可能就自生自灭了。江泽民强调,一名领导干部的思想水平、工作能力和领导才能,需要在领导工作的实践中形成。没有一定的领导岗位这个舞台,领导才能就无法提高,也难以真正考察和识别干部。领导干部必须经受考验。江泽民在庆祝中国共产党成立 80 周年大会上又指出,加强对年轻干部的培养,是保证党和国家长治久安的战略任务。年轻干部要担当起领导重任,必须努力提高马克思主义理论水平和思想修养水平,不断增强为人民服务的本领,善于从政治上正确判断形势和把握大局,善于在复杂条件下开展工作。

胡锦涛对年轻干部工作也非常重视。2000 年 4 月,他在全国培养选拔年轻干部工作座谈会上指出,在培养年轻干部问题上,我们一定要以老一辈无产阶级革命家为榜样,出以公心,倾力以赴。对于领导班子和领导干部来说,做好工作、出成绩和培养干部、出人才,这两个方面紧密联系,都是义不容辞的重要责任。履行好岗位职责、搞好改革和建设是领导者的任务;从长远和战略上看,培养和造就优秀年轻干部、保证党的事业后继有人是更重要的任务。②他指出,做不好工作,是不称职的领导者;带不出好干部,同样是不称职的领导者。每个领导干部都要牢记,中国社会主义事业和现代化建设成败的关键,从一定意义上说,取决于能不能发现人才,能不能用好人才。2001 年 5 月,胡锦涛在同全国干部教育培训工作会议代表座谈时指出,领导干部是干部队伍的骨干力量,中青

---

① 《江泽民文选》(第三卷),人民出版社,2006 年,第 52 页。

② 中共中央文献研究室:《十五大以来重要文献选编》(中),人民出版社,2001 年,第 1224 页。

年干部是党和国家的希望和未来。在加强整个干部队伍教育培训的过程中,必须把领导干部和中青年干部作为重点。这个重点抓住了、抓好了,干部教育培训工作就能取得更加明显的效果。我们党正处在整体性新老交替的重要时期。他强调,培养选拔优秀中青年干部,造就一大批始终坚持"三个代表"要求、能够在 21 世纪担当重任的领导人才,是关系老一辈革命家开创的社会主义事业后继有人,关系我国现代化建设第三步战略目标胜利实现,关系党和国家长治久安的战略大计。培养选拔优秀中青年干部,培养是前提、是基础。这就要求我们把中青年干部教育培训放到重中之重的位置来抓。

为贯彻执行中央领导同志对年轻干部工作的指示精神,中央组织部印发的《党政领导班子后备干部工作暂行规定》明确提出,后备干部一般应具有大学专科以上学历,其中省部级后备干部一般应具有大学本科以上学历;有基层领导工作经历。必须加强后备干部的实践锻炼。重申提拔干部一般要从后备干部中挑选。2001 年 4 月,中央组织部培养选拔年轻干部专题会议提出,要加强年轻干部的党性锻炼和实践锻炼。

在抓好年轻干部、领导班子后备干部等工作时,必然涉及选调生工作。

2.在中央党校举办选调生培训班

党的十五大以来,各地各部门按照中央有关精神,加大了青年干部工作和选调生工作力度,为培养选拔优秀年轻干部,加强领导班子建设及其后备干部队伍建设,造就大批适应改革开放和社会主义现代化建设需要、能够深入基层、了解实际、密切联系群众的领导人才,打下了一个良好的基础。

截至 2001 年,全国共有选调生近 4 万人,①其中,有近 4000 名选调生担任了县处级以上领导职务,300 多名选调生担任地厅级领导职务,9 名选调生担任

---

① 中共中央宣传部宣传教育局:《回顾辉煌成就 展望美好未来 党的十三届四中全会以来改革开放和现代化建设成就系列报告汇编》,学习出版社,2002 年,第 293 页。

省部级领导职务，[①]一大批选调生被列为县处级领导以上后备干部，1.1万名选调生调入县级以上党政机关。

随着选调生人数的增加和职务的提升，急需中央发挥示范带头作用，加强对选调生的教育培训。

1985年和1986年，中央党校曾举办二期三年制培训班，培训班学员主要从选调生中选拔。

2002年2月，中共中央组织部再次在中央党校举办选调生培训班，学制3个月。这是1986年以来的第一次。中央组织部和中央党校对共同办好选调生培训班非常重视。中央组织部部务会对选调生培训班进行了专门研究，具体负责全国选调生工作的中央组织部干部一局等对选调生培训班进行了周密安排，并派专人跟班学习。

中央党校第一期选调生培训班共69名学员，大多数学员是在1980年被组织选拔成为选调生的。在69名选调生中，担任地厅级领导干部的61名，年龄最大的48岁，最小的36岁，平均年龄只有41岁。[②]8名选调生是县处级领导干部。选调生培训班是当年中央党校各班次中平均年龄最小的一个班。

2002年5月，中央政治局候补委员、中央书记处书记、中央组织部部长曾庆红在与中央党校第一期选调生培训班学员座谈时系统总结了改革开放以来的选调生工作经验。他指出，20多年来，选调生工作取得了显著成绩，不仅使一大批优秀选调生经过基层磨炼，走上了各级领导岗位，而且也为探索领导人才的成长规律，更好地培养选拔年轻干部，积累了有益经验。

曾庆红指出，从基层开始经受各种锻炼和考验，是年轻干部健康成长的成功之路。选调优秀大学毕业生到基层培养锻炼，是我们党有计划、有目标地培养

---

① 中共中央组织部：《组工通讯2002》，党建读物出版社，2003年，第160页。

② 中共中央组织部：《组工通讯2002》，党建读物出版社，2003年，第157页。

选拔年轻干部,推动党的干部队伍"四化"建设的一项战略性举措。这不仅符合"实践出真知、实践出人才"的规律,也是在新的历史条件下知识分子走与工农群众相结合道路的具体实践。实践证明,从基层开始培养锻炼年轻干部,有利于他们增强党的感情和党的意识,增强为党的事业奋斗终生的历史使命感和政治责任感;有利于他们了解国情,贴近群众,增强群众观念和群众感情,密切同人民群众的血肉联系;有利于他们在改革和建设的第一线,经风雨、见世面、增长才干,培养求真务实、艰苦创业的优良作风,提高驾驭复杂局面、处理复杂问题的能力,成为德才兼备的领导人才。

曾庆红指出,做好选调生工作,是优化干部队伍和领导班子结构的重要途径。选调生年纪轻,文化程度高,思维敏捷,把他们选拔到基层工作,有利于改善基层干部队伍结构、增强基层干部队伍的活力。通过组织培养和个人的努力,选调生逐步走上了各级领导岗位,有利于改善各级领导班子的年龄和文化知识结构。

曾庆红指出,选调生工作的实践,深化了我们对领导人才培养规律的认识。选调生工作作为培养选拔年轻干部的一种形式,为新时期做好培养选拔年轻干部工作积累了有益经验,也从一个侧面对我们培养选拔领导人才的制度、办法和措施进行了检验。选调生工作启示我们,建设有中国特色社会主义事业的接班人,必须在艰苦环境和各种风浪中锻炼成长。越是有培养前途的年轻干部,越要放到艰苦环境中去磨炼,越要推到重大斗争第一线去考验,越要赋予他们艰巨的任务。

曾庆红强调,选调生工作虽然取得明显成绩,但与党中央的要求和新形势新任务的需要相比,还存在一些问题,[①]主要是:选调生总的数量还不多,全国只

---

① 中共中央组织部:《组工通讯 2002》,党建读物出版社,2003 年,第 160 页。

有近 4 万人;人员结构也不尽合理,尤其是社会主义现代化建设急需的信息、金融、外经外贸、法律等专业人才较少,妇女干部和少数民族干部也偏少;一些地方的领导对选调生工作认识不到位,有的地方重选调、轻培养,培养与使用脱节,导致了选调生成才周期长,成才率偏低等。

选调生中间也存在适应的问题。自 20 世纪 80 年代以来,一大批选调生加入基层干部队伍,他们在某种程度上构成了基层的新气象。但是由于认识、管理和环境的原因,也由于新加入者和原有人员之间存在思维方式、成长经历和话语系统等方面的差异,一些选调生出现了较长时间的水土不服,部分选调生在不太长的时间内主动或被动离开选调生队伍。

针对问题,曾庆红要求,中央组织部作为选调生工作的主管部门,要认真总结经验,查找不足,加强宏观调控和检查指导,切实把选调生工作作为一项事关全局、事关长远的大事,继续抓紧抓好。选调生工作总的要求是坚持、改进、提高。①各级党委及组织人事部门要从确保党的事业兴旺发达和国家长治久安的战略高度,深刻认识做好选调生工作的重要性;以与时俱进、开拓创新的精神研究解决选调生工作中遇到的新情况新问题,进一步完善选调生工作有关制度和办法;把严格教育与严格管理、严格监督结合起来,把培养与使用结合起来,努力把选调生工作提高到一个新水平。

在中央领导同志的重视下,从当年起,中央党校每年都要举办一期选调生培训班。据统计,2002 年至 2006 年,中央组织部、中央党校连续举办了 4 期选调生培训班。

在党校中的最高学府——中央党校举办地厅级领导选调生培训班,得益于中央的重视。专门面向选调生培训的加强,有力促进了选调生政治素质和各方

---

① 中共中央组织部:《组工通讯 2002》,党建读物出版社,2003 年,第 160 页。

面能力的提高,有利于正处于中年的优秀选调生的进一步发展。这些参加中央党校培训的优秀选调生们本身具有丰富的工作经历, 领导经验也日渐成熟,培训之后,他们中的大多数走上了厅局级正职乃至省部级以上领导岗位。

中央党校举办选调生培训班的同时,国家行政学院也在举办青年干部培训班。为建设高素质专业化的国家行政管理干部队伍,培养政府机关的业务骨干和后备力量,1998 年 7 月,国务院办公厅转发《国家行政学院关于青年干部培训班有关问题意见的通知》。《通知》提出,国家行政学院举办青年干部培训班(简称青干班),面向应届优秀大学毕业生和在职公务员中的青年骨干招生,学制为 2 年。

十、最高人民检察院开展选调生工作

对比 1995 年的《中华人民共和国检察官法》,2001 年 6 月修改的《检察官法》对检察官的文化程度和工作年限等提高了要求。新的《检察官法》对检察官的要求变为:高校法律专业本科毕业或高校非法律专业本科毕业具有法律专业知识,从事法律工作满 2 年,其中担任省级以上检察院检察官,应当从事法律工作满 3 年;获得法律专业硕士学位、博士学位或者非法律专业硕士学位、博士学位具有法律专业知识,从事法律工作满 1 年,其中担任省级以上检察院检察官,应当从事法律工作满 2 年。

为适应修改后的《检察官法》对检察官任职条件的要求,有效解决基层检察院法律专门人才不足的问题,扩充基层检察院检察官来源,进一步加强基层检察院后备干部队伍建设,根据中央组织部选调生工作文件精神,2002 年 11 月,最高人民检察院政治部印发《关于做好选调应届优秀大学毕业生到基层检察院培养锻炼工作的通知》。

这是自 1994 年出台全国公安系统选调生工作文件以来, 又一个全国专业系统的选调生工作文件。

选调生工作在解决检察官来源问题上具有独到作用。《通知》指出,修改后的《检察官法》,提高了检察官任职条件,除政治、身体等条件外,还特别规定了担任检察官应当具备大学本科学历和从事法律工作经历的条件,并且必须通过国家统一司法考试。随着检察官任职条件的提高,一方面为提高检察官队伍的素质创造了条件,另一方面给检察机关特别是基层检察院检察官队伍的选任补充增加了较大难度。如何尽快扩充基层检察院的检察官来源问题,加强基层检察院后备干部队伍建设,是各级检察机关需要解决的一个紧迫问题。山东、福建和四川等省检察机关,主动与当地组织(人事)部门协调,通过制定一些优惠政策,把高校优秀应届大学毕业生选调到基层检察院工作,为改善基层检察队伍结构、提高基层干警素质、增强基层队伍建设活力发挥了积极、有效的作用。做好选调生工作,是解决基层高素质人才匮乏的重要途径之一。它有利于改善基层院干部队伍整体结构,提高检察人员的综合素质;有利于选拔培养优秀年轻干部,加强检察机关后备干部队伍建设;有利于逐步解决基层检察院检察官来源不足的问题。

选调生工作的质量取决于选调生的质量。《通知》提出,根据领导班子及其后备干部队伍建设的总体规划,结合编制空额情况,主动争取组织(人事)部门的支持,合理确定选调生的数量和结构,严格条件和程序,切实保证选调生的质量。首先,严格选调条件。选调生必须政治素质好,思想品德端正,学习成绩优异,身体健康,有吃苦奉献精神,志愿到基层工作。法律专业毕业的,要作为选调的重点,各地也可根据实际工作需要选调一些急需的其他专业的毕业生。符合上述条件的本科生、研究生中的共产党员、优秀学生干部和受过表彰奖励的要优先考虑。其次,严格选调程序。选调工作按以下程序进行:商组织部门制定计划;由省级检察院政治部派人到有关院校宣讲动员;本人自愿报名;院校党组织推荐;省级检察院政治部门组织考试和考察;省级检察院党组对录用对象进行审核;省级党委组织部审批确定选调生名单;省级检察院统一组织分配。新录用的选调生一律分配到基层检察院工作,省、地两级检察院不得留用。

选调生的成长进步依赖于党组织的培养管理。《通知》提出,把选调生的培养和管理工作纳入党委组织部门的"大盘子",根据选调生的不同情况,制定切实可行的培养计划和管理办法,指定专人负责。一是加强选调生的理论培训和思想政治教育。选调生工作前,由各省级院组织选调生进行"入门前"集中培训,时间不得少于一个月。组织他们学习政治理论和党的路线方针政策,学习检察业务知识,特别是对他们进行"三个代表"重要思想的教育和检察职业道德教育。选调生在基层工作期间,还要有计划地安排他们参加党校培训。二是注重强化选调生的实践锻炼。基层检察院优先安排选调生在批捕、起诉、反贪和渎职侵权检察等主要业务部门锻炼,让选调生列席基层院中层干部会议、检察委员会。采取压担子、定期轮岗或到乡镇挂职等多种方法有针对性地进行培养,并有意识地让选调生承担一些急、难、险、重工作任务。三是及时大胆地择优任用选调生。省级检察院或受省级检察院委托的分市院,每年对选调生的德才表现进行一次全面的考核, 并建立健全选调生的档案副本。选调生在基层检察院工作2年后,表现突出的,择优选拔到内设机构领导岗位上来;表现特别突出的,工作5年后可选拔担任基层院的院级副职领导。争取用10年左右时间,为基层检察院培养一批优秀的检察长后备人选。①省、地两级检察院需要补充工作人员时,应优先从选调生中选拔。四是建立动态管理机制。在政治思想、道德品质、廉洁自律等方面有问题的选调生,或者本人不愿继续在基层院工作的选调生,或者身体健康状况不好、不能适应工作任务需要的选调生,及时调整出选调生名单。不

---

① 最高人民检察院政治部:《检察政治工作政策法规汇编 1994—2004》(上),中国检察出版社,2010 年,第 777 页。

适应或不适合做检察工作的,商组织(人事)部门调出检察机关。调整或调出选调生,须报省级检察院政治部同意。

除了选调生工作与公安部门干部工作相结合外,选调生工作与检察院干部工作相结合,再次展现了选调生工作的顽强生命力及其与具体党政工作领域干部工作相结合的广阔前景。

第六章　全面建设小康社会和把中国特色社会主义不断推向前进中党的选调生工作

　　当人类社会跨入 21 世纪的时候,我国进入全面建设小康社会、加快推进社会主义现代化建设新的发展阶段。2002 年 11 月,中国共产党召开了第十六次全国代表大会。这是党在 21 世纪首次召开的全国代表大会。大会把"三个代表"重要思想确立为党的指导思想,提出了新世纪新阶段党和国家的奋斗目标和行动纲领。党的十六大报告提出,全面建设小康社会,加快推进社会主义现代化,必须毫不放松地加强和改善党的领导,全面推进党的建设新的伟大工程。按照干部队伍"四化"方针,建设一支能够担当重任、经得起风浪考验的高素质的领导干部队伍,特别是培养造就大批善于治党治国治军的优秀领导人才,是党和国家长治久安的根本大计。加大培养选拔优秀年轻干部的工作力度,着重帮助他们加强党性修养、理论学习和实践锻炼,全面提高自身素质。党的十六大报告强调,必须不断培养和造就中国特色社会主义事业的接班人,确保党和人民的事业后继有人。

　　党的十六大以后,以胡锦涛同志为主要代表的中国共产党人,团结带领全党全国各族人民,在全面建设小康社会进程中推进实践创新、理论创新、制度创新,深刻认识和回答了新形势下实现什么样的发展、怎样发展等重大问题,形成了科学发展观,抓住重要战略机遇期,聚精会神搞建设,一心一意谋发展,强调坚持以人为本、全面协调可持续发展,着力保障和改善民生,促进社会公平正义,推进党的执政能力建设和先进性建设,成功在新形势下坚持和发展了中国特色社会主义。

2007年10月,中国共产党召开第十七次全国代表大会。党的十七大报告指出,必须把党的执政能力建设和先进性建设作为主线,全面推进党的建设新的伟大工程。加大培养选拔优秀年轻干部力度,鼓励年轻干部到基层和艰苦地区锻炼成长,提高年轻干部马克思主义理论素养和政治素质。格外关注长期在条件艰苦、工作困难地方努力工作的干部,注意从基层和生产一线选拔优秀干部充实各级党政领导机关。

在党的十六大、十七大精神指引下,党进一步做好选调生工作,探索定向选调,拓展选调领域,扩大选调规模,强化工作定位,统筹选调生工作与大学生村官工作。

一、贯彻执行《中华人民共和国公务员法》

党的十六大以来,公务员法的制定和后备干部工作规定等文件的相继下发,为选调生工作的科学化、制度化提供了良好的法律法规环境。一方面,选调生工作全面贯彻执行新的中央选调生工作规范性文件,为党和国家培养高素质党政人才;另一方面,按照公务员法的要求,对一些与法律法规不相适应的地方积极探索和大胆改革,努力做到选调生工作与国家公务员制度相衔接,与后备干部制度相适应。

1.在公务员法框架内完善选调生工作制度

2003年10月,中央《关于进一步加强和完善党政机关考试录用工作的通知》提出,要严格坚持考试录用制度,严禁违规进人。各级党政机关必须严格执行《国家公务员暂行条例》等有关规定,凡是补充担任主任科员以下非领导职务的工作人员,一律采取公开考试和严格考核相结合的办法择优录用。对部委所属高校和地方有关高校毕业生也要逐步实行职位竞争考试,取消资格考试。①各级党政机关不得以任何理由开免考"口子"。对具有高学历或高级职称的人员,各地各部门不得自行决定免考或者随意简化考试科目和程序。《通知》强调,要进一步规范干部调任工作,坚决杜绝"考不进来调进来"的现象。

从 2003 年起,省级以下地方各级法院、检察院及公安、司法、安全部门补充工作人员,一律纳入由省委组织部、省人事厅(局)组织的统一招考,并按有关规定将拟录用人员分别报省委组织部、省人事厅(局)审批或备案。其他部门补充工作人员时,也要逐步实行省、市、县、乡四级机关统一考试。

经过一段时间的实践探索,2005 年 4 月,中华人民共和国第十届全国人大常委会第十五次会议通过了《中华人民共和国公务员法》(以下简称《公务员法》),2005 年 4 月 27 日中华人民共和国主席令第三十五号公布,自 2006 年 1月 1 日起施行。同时,之前公布的《国务院关于国家行政机关工作人员的奖惩暂行规定》《国家公务员暂行条例》被废止。2008 年 3 月,随着《国务院机构改革方案》在十一届全国人大一次会议上获得通过,国家决定成立国家公务员局。

《公务员法》对公务员录用提出明确要求。《公务员法》第四章第二十一条至第三十二条,设 12 条对公务员的录用办法、录用主体、录用条件、录用程序以及新录用的公务员试用期等作出法律规定。其中第二十五条、第二十六条对选调生的选拔影响较大。第二十五条对公务员的编制和职位空缺提出了明确要求,第二十六条要求招考公务员的职位名称、名额、报考资格条件等信息要予以公告。

从《公务员法》颁布以来,国家又陆续出台一系列配套法规,在公务员的录

---

① 中共黄石市委组织部:《黄石市干部管理工作文件选编》,2004 年,第 164 页。

用、奖励、培训、处分和调任等领域都实现了有法可依,建立起了以《公务员法》为主干和以配套法规为补充的完善的公务员法体系。

《公务员法》的颁布对选调生工作尤其是选调生的选拔录用工作提出了新的要求。选调生虽然其培养方向或培养初心是领导干部和机关高素质工作人员,但也是按公务员标准招录的,自然是公务员。《国家公务员暂行条例》出台后至《公务员法》颁布前这段时间,有的地方对公务员考试的要求并不严格,对选调生进行类似公务员的考试更不用说。

为了在选调生选拔工作中贯彻执行《公务员法》,2008 年 1 月召开的全国公务员考试录用工作会议提出完善选调生的考试录用问题,要求各地认真总结开展选调生工作的经验,在《公务员法》的框架内,进一步完善选调生工作制度。[①]在总结各地选调生工作的基础上,中组部将出台选调优秀高校毕业生到基层培养锻炼工作的有关规定。各地也要在编制限额内,确定选调数额,统一标准,统一考录,统一组织实施;抓紧建立并完善选调生选拔到上级机关的办法。

按照《公务员法》要求,选调生的选拔工作必须做到在规定的编制限额内开展,并有相应的职位空缺,所有参与选调生选拔的优秀应届大学毕业生必须参加公务员招录考试。选调生从录用、试用、任职、定级到管理,都要与《公务员法》相衔接。

同时,中央部署省级以上党政机关从具有基层工作经历的高校毕业生中考录公务员工作。2005 年 6 月,中央办公厅、国务院办公厅《关于引导和鼓励高校毕业生面向基层就业的意见》提出,逐步实行省级以上党政机关从具有 2 年以上基层工作经历的高校毕业生中考录公务员的办法。从 2006 年开始,省级以上党政机关考录公务员,考录具有 2 年以上基层工作经历的高校毕业生的比例不

[①] 杨士秋、王京清:《公务员录用》,中国人事出版社,2009 年,第 306~307 页。

得低于三分之一,以后逐年提高。对招录到省级以上党政机关、没有基层工作经历的高校毕业生,应有计划地安排到县以下基层单位工作1至2年。今后在选拔县处级以上党政领导干部时,要注意从有基层工作经历的高校毕业生中选拔。

在基层工作的众多大学毕业生中,选调生们是具备比较优势的群体。中央关于省级以上党政机关考录公务员的最新要求,为选调生工作的发展提供了更多政策依据,也为已在基层工作锻炼的选调生提供了更多去往中高级机关工作的机会。

2.选拔使用选调生与后备干部队伍建设相结合

后备干部规范化、制度化建设加速推进。2003年10月,在暂行规定基础上修订的《党政领导班子后备干部工作规定》提出,地厅级以上后备干部一般应具有大学本科以上文化程度,党政领导班子成员一般应从后备干部中选拔。2005年12月,中央组织部《关于加强党政领导班子后备干部培养和管理工作的意见》又提出,从适应未来5至10年或更长时期领导班子建设的需要出发,更加重视和加强对后备干部中优秀年轻干部的培养锻炼,特别要注重了解和掌握一批已经在县、乡级主要领导岗位上工作的优秀年轻干部,对他们早发现、早压担子,通过多种有效途径予以重点培养,保证一批又一批能够胜任重要岗位的优秀年轻干部加快成长。

选调生工作经过近四十年的发展,不同时期的选调生中的优秀分子已经进入不同层次的领导班子后备干部名单。

中央组织部提出,开展选调生工作的目的,重点是培养党政领导干部后备人选,同时为县级以上党政机关培养高素质的工作人员。按照《党政领导班子后备干部工作规定》要求,选调生在基层工作期间,党有计划地培养,为其成长为基层党政领导班子后备干部创造条件,使其由基层党政领导干部后备人选成长为基层党政领导班子后备干部,进而成为基层党政领导班子成员,实现选调生工作与后备干部队伍建设、党政领导班子建设相衔接。

1980 年至 2004 年底，全国已有 6 万名选调生。①2004 年底，据对 20 个省区市选调生的调查统计，选调生中有 6800 余名进入了县处级以上领导班子，有 420 名进入了地厅级以上领导班子。选调生工作与后备干部队伍建设、党政领导班子建设相衔接取得了显著成效。

在招录 2007 年选调生时，河南省提出，本科选调生，工作满 3 年、年度考核均为"称职"以上的，一般应安排副科级职位。硕士选调生直接享受正科级待遇，有条件的应安排乡（镇）党政副职；工作满 3 年后，对表现优秀的，及时提拔担任乡（镇）党政正职。博士选调生的职务安排，按照各省辖市提出的选调意向，直接安排副县级职位。②

3.为县级以上党政机关培养高素质的工作人员

根据中央组织部关于选调生工作的总体要求和有关规定，各地各部门每年都要从在基层工作锻炼满 2 年以上的选调生中推荐、选拔一批优秀选调生，有计划地补充到县以上党政机关工作。

甘肃省首次集中推荐、选拔选调生到省直机关、单位工作。从 1980 年开始，甘肃省每年都有计划地从省内外高等院校选调一批品学兼优的应届大学生到基层工作。截至 2003 年，甘肃省已有 2000 多名选调生在基层锻炼，并陆续走上了各级领导岗位。2004 年 1 月，甘肃省委组织部、省人事厅联合组织选拔选调生到省直单位工作面试会，78 名选调生竞争 23 个厅局的 50 多个岗位，③采取公开竞争、双向选择、组织调控的方法进行人才选拔。

① 《选调生工作——打造中国特色干部后备库》，《人民日报》，2005 年 3 月 20 日。

② 《2007 年我省选调毕业生到基层工作开始 硕士选调生享受正科级》，《河南日报》，2007 年 1 月 10 日。

③ 《宝剑锋从磨砺出 梅花香自苦寒来 我省一批选调生将走进省直机关》，《甘肃日报》，2004 年 1 月 20 日。

贵州省各级机关每年都坚持从基层遴选一定数量的选调生到县级以上党政机关工作。特别是 2010 年，省委组织部组织省直机关拿出 42 个职位，面向基层遴选选调生，共有 39 名优秀选调生遴选到省人大常委会机关、省人民政府办公厅等省直机关工作。

4.不断探索选调生工作实现的新方式和新方法

党的十六大后，选调生工作继续稳步发展。2003 年，山东省面向全国普通高校和海外留学归国应届大学本科以上毕业生计划挑选选调生 1000 名左右，其中滨州市 50 名(不含公、检、法系统)。[①]当年，山东省滨州市实际挑选 79 名选调生，比计划多出 29 名，其中 18 名硕士、博士选调生，来自全国 8 个省(自治区)；61 名大学本科选调生，来自山东省 10 个市。[②]

各省(自治区、直辖市)按照中央的要求，发扬改革创新精神，积极探索选调生工作的新方式、新方法。继续以山东省为例，2003 年，山东省提出了一些新的选调生工作举措，如主要面向重点大学选调，海外留学归国人员也可报名，公布专业重点和工作急需的专业，安排选调生到市、县(自治区、直辖市)直部门或市、县属国有企业和重要工作岗位工作，研究生免予笔试，破格提拔使用等，为选调生工作进行了有益探索。

2003 年，广东省梅州市委与嘉应学院联合培养选调生的党政班在嘉应学院正式开班。[③]梅州市委与嘉应学院成立联合领导培养机构，制定具体的实施方案，确定教育管理培养对象和培训内容，投入培养经费。按照大一大二全面准备

---

① 《中共山东省委组织部关于从高等院校选调应届优秀大学毕业生到基层工作招考简章》，《大众日报》，2003 年 3 月 6 日。

② 《山东省滨州市委常委、组织部长在迎接 2003 届选调生会议上的讲话》，山东省滨州市选调生之家网站，2003 年 7 月 17 日。

③ 《提前两年下"订单" 三年可提副镇长 梅州培养选调生：解基层党政人才之渴》，《南方日报》，2006 年 5 月 26 日。

冲刺、大三成为党政班的培养对象、大四成为选调生的规划,对党政班进行设计。严格标准,坚持高淘汰率,依照程序,把真正适合当党政干部、适合从政且能长期坚持走下去的大学生筛选出来。党政班的培训主要安排在周末和寒暑假进行,有理论培训、基础知识培训、实践锻炼、领导才能模拟训练、外出参观学习和寒暑假挂职锻炼。基础知识培训设《公文写作》《演讲学》《管理学原理》和《领导科学》四门课,指定选修课。在选调生的使用上,突出起步优惠、对第一个台阶进行倾斜,进入乡镇一级领导班子后一视同仁。

在人才双向选择和利益、思想多元化的新形势下,高校毕业生对基层工作、生活顾虑多,一些地方特别是老少边山穷地区,人才流动性大,留住人才难。这些地区沿用传统选调生制度和现行公务员考试制度,难以再从高校挑选高素质人才到党政机关、基层乡镇任职。要求从基层起步的选调生工作难以吸引优秀学生加入,选调生工作面临诸多新问题、新挑战。山东、广东梅州等地的创新做法,让选调生工作在新形势下焕发出新的生机和活力。

二、积极探索定向选调

胡锦涛指出,要把培养造就青年人才作为人才队伍建设的一项重要战略任务,加大工作力度,完善工作制度,采取及早选苗、重点扶持、跟踪培养等特殊措施,使大批青年人才持续不断涌现出来。①

进入 21 世纪,随着知识经济、经济全球化时代的来临,国与国之间综合国力的竞争愈演愈烈,人才资源成为最重要的战略资源,人才越来越具有决定性意义。改革开放以来,我国人才队伍建设加速推进,但与党和人民事业发展的要

---

① 《全国人才工作会议在京举行》,《人民日报》,2010 年 5 月 27 日。

求相比,与世界先进国家相比,还存在较大差距,影响着国家的长远发展。据统计,改革开放以来,我国共有海外留学人员 458 万多人,但截至 2002 年回国工作的仅有 13.5 万人。①这些情况表明,实施人才强国战略,加强人才队伍建设,不仅非常重要,而且非常紧迫。党的十六大后,党把人才工作放在突出战略位置,先后两次召开全国人才工作会议,确立了党管人才原则,部署实施人才强国战略,统筹推进各级各类人才队伍建设,我国人才工作迎来了新局面。

重视青年人才。2003 年 12 月,中共中央、国务院作出的《关于进一步加强人才工作的决定》提出,要加强以爱国主义为核心的民族精神教育,引导青年人才把个人成长与全面建设小康社会的伟大事业紧密结合起来,鼓励他们在艰苦复杂的环境和丰富的社会实践中锻炼成长。

2004 年 4 月,共青团中央出台的《关于进一步加强青年人才工作的意见》提出,配合做好大学生选调工作,举荐优秀高校毕业生在艰苦环境和丰富的社会实践中锻炼成长,努力发现、选拔一批有潜力的大学生进行重点培养。②

突出培养党政人才。党的十六届四中全会通过的《关于加强党的执政能力建设的决定》提出,大力培养选拔优秀年轻干部,特别要培养选拔胜任重要岗位的年轻干部。有计划地组织和安排干部到艰苦地区、复杂环境和基层一线经受锻炼和考验。坚持党政人才、企业经营管理人才和专业技术人才三支队伍一起抓。2009 年 9 月,党的十七届四中全会讨论通过的《关于加强和改进新形势下党的建设若干重大问题的决定》又提出,坚持五湖四海,拓宽视野选拔干部,广辟途径培养干部,把各方面优秀人才集聚到党和国家事业中来。

注重党政人才发展规划。2010 年 6 月,《国家中长期人才发展规划纲要(2010—2020 年)》提出,到 2020 年,具有大学本科及以上学历的干部占党政干

---

① 晨安:《两次全国人才工作会议开创我国人才工作新局面》,《中国人才》,2021 年第 6 期。
② 共青团中央组织部:《共青团青年人才工作文件材料汇编》,2004 年,第 249 页。

部队伍的 85%，①专业化水平明显提高，结构更加合理，总量从严控制。实施后备干部队伍建设"百千万工程"②。

在此背景下，重庆市在全国率先启动开展定向选调生工作。

2008 年 11 月，重庆市委组织部与清华大学签订了人才交流合作框架协议，积极探索市校联合、定向选调清华毕业生到基层工作的新模式。③同年 12 月，重庆市委组织部、市人事局发布的《重庆市定向选调全国"985"重点高校 2009 年应届优秀大学毕业生到基层工作简章》提出，定向选调清华大学、北京理工大学、北京大学、大连理工大学、中国科技大学、北京航空航天大学、南京大学、重庆大学、复旦大学、电子科技大学、上海交通大学、四川大学、西安交通大学、华南理工大学、浙江大学、中山大学、哈尔滨工业大学、兰州大学、南开大学、东北大学、天津大学、西北工业大学、东南大学、同济大学、华中科技大学、北京师范大学、武汉大学、中国人民大学、厦门大学、中国农业大学、山东大学、国防科技大学、湖南大学、中央民族大学、中国海洋大学、西北农林科技大学、中南大学、华东师范大学、吉林大学等 39 所"985"重点高校 2009 年应届优秀大学毕业生到基层工作。

《简章》提出，重点选调有志于从事党政工作的高学历毕业生、中共党员、班级以上学生干部。要求参与选调的毕业生具有中华人民共和国国籍，思想政治素质好，拥护党的路线方针政策；有志于从事党政工作，有较强的吃苦精神和组

①　《国家中长期人才发展规划纲要(2010—2020 年)》，《人民日报》，2010 年 6 月 7 日。

②　后备干部队伍建设"百千万工程"的"百"指省部级单位党政正职后备干部要有 200 名左右，正省部级单位党政副职后备干部、副部级单位和中央金融机构领导班子后备干部要有 900 名左右；"千"指市(地、州、盟)党政正职后备干部要有 1500 名左右，市(地、州、盟)党政副职后备干部要有 5000 名左右；"万"指县(市、区、旗)党政正职后备干部要有 1 万名左右，县(市、区、旗)党政副职后备干部要有 3 万名左右。

③　《陈存根寄语清华大学 2011 年来渝工作选调生　为推动重庆科学发展贡献智慧力量》，《重庆日报》，2011 年 8 月 27 日。

织协调能力,发展潜力较大;学习成绩优良,截至 2009 年 7 月 31 日,须取得毕业证书和学位证书;截至 2009 年 7 月 31 日,大学本科毕业生年龄在 25 周岁以下,硕士研究生年龄 32 周岁以下,博士研究生年龄 35 周岁以下;在校期间未受过纪律处分。选调名额 300 人左右。

《简章》规定,选调程序是报名、笔试、面试、考察和资格复审、体检、公示、签订协议、调剂。报考人员进行网上报名时应填写是否服从调剂。

《简章》提出,选调生由重庆市委组织部进行管理。博士、硕士选调生安排在乡镇(街道)工作,为期 2 年。博士选调生可挂任副乡镇长(街道办副主任),硕士选调生可挂任乡镇长助理(街道办主任助理)。本科选调生关系保留在乡镇(街道),安排到村(社区)工作,为期 2 年。本科选调生可担任村(社区)党组织书记助理或村委会(社区居委会)主任助理。

定向选调生工作的提出和实行,适应了人才发展的新趋势,拓展了选调生工作的广度、深度、高度和精度,开启了选调生工作的新境界,符合干部高素质专业化的方向。

随着时间的推移,定向选调生工作为更多省(自治区、直辖市)所采用,逐渐成为了选调生工作的主流形式。

2009 年,清华大学向重庆市输送选调生 37 名。[①]2011 年,广西壮族自治区首次定向北京大学、清华大学招录 93 名选调生。[②]

根据《甘肃省与清华大学合作框架协议》要求,从 2010 年起,甘肃省每年从清华大学选拔一批定向选调生。2010 年、2011 年两年,甘肃省已选拔清华大学选调生 21 名。为有针对性地做好清华大学选调生培养工作,吸引更多清华大学

---

① 左烜晅:《"仅是培养精英,并不足以称为伟大"——清华大学选调生调查》,《中国教育报》,2016 年 5 月 4 日。

② 桂组宣:《瞄准高端 激活源头——广西面向"985 工程"高校定向选调优秀毕业生》,《中国组织人事报》,2012 年 10 月 29 日。

毕业生投身甘肃,2011年11月,甘肃省委组织部印发了《关于做好清华大学选调生培养工作的通知》。《通知》指出,从清华大学选拔定向选调生到甘肃工作,是甘肃省人才引进工作的一个新领域、新突破。

《通知》对清华大学选调生提出了多项高规格的培养措施,如专门建立选调生档案,分配选调生到党政综合部门工作,直接将选调生纳入省委组织部优秀年轻干部库,制定专人培养计划并要求坚持不懈地加强培养,分配工作3个月内选调生就到乡镇挂任时间不少于2年的乡镇党政副职,安排1名县处级以上领导干部一对一培养选调生等。此外,《通知》对选调生座谈会召开的频率和组织部领导与选调生谈心谈话的次数、选调生培训的次数、选调生参观考察调研的组织、组织部门与选调生保持直接联系、住宿问题、工资待遇、选调生配偶的工作等问题进行了详细规定。

《通知》提出,在基层工作满2年或已有2年以上基层工作经历并经考察、考核合格的,博士选调生可担任副县处级领导职务,硕士选调生可担任乡镇党政正职或正科级领导职务;表现突出的选调生,可破格提拔使用。

破格提拔焦三牛。①焦三牛是清华大学2011届英语系72班学生。该班共有24名学生,其中20名学生选择了在国内名校或出国继续深造,1名学生选择成为了重庆选调生,另有2名学生留京工作。2011年7月,学生焦三牛成为甘肃选调生,分配至武威市清水乡。2011年,甘肃省武威市面向全国公选县处级领导干部,规定"211"大学毕业、在武威市工作2年以上或清华大学毕业、在武威市工作的可直接报考副县级领导职位。焦三牛从报考市外事侨务办公室副主任的12名人选中脱颖而出,以各环节第一名的成绩成为最终被公示任命人选。2012年1月,1989年出生、工作仅半年的清华大学选调生焦三牛,被破格选拔为甘肃省

---

① 姜洁:《三问焦三牛——一个清华毕业生的人生选择》,《人民日报》,2012年2月13日。

武威市外事侨务办公室副主任。后来,焦三牛担任了更高一级领导职务。[①]

20 世纪 90 年代以来,由于是到基层工作,选调生的选拔主要面向普通高校开展,并没有突出高校的类别,所以选调的一般是普通高校的应届优秀大学毕业生,如果有北京大学、清华大学、中国人民大学等重点大学毕业生参与,也是极个别。随着定向选调生工作的开启,重点高校的应届大学毕业生开始源源不断地流向选调生工作领域,选调生的初始工作单位也由农村基层变为县以上机关。

三、选调领域进一步拓展

适应改革发展的新形势和干部队伍建设的新要求,各地各部门采取一系列改革措施,不断改进选调生工作。在选调规模上,逐年增加选调数量,以满足基层需求;在选拔方式上,从 2006 年开始,实施与《公务员法》相衔接的考试制度,确立了面试、笔试相结合的选拔制度;在选调范围上,拓宽选拔视野,广揽优秀人才,打破地域和生源的限制,把选拔的范围扩大到省(直辖市、自治区)外高校、外省籍学生;在选调层次上,加大了高层次人才的选调力度,使一批具有博士、硕士学位的高学历人才进入了选调生队伍;在选调生的专业结构上,加大了理工、经济管理、法律、金融、计算机等专业的比例,使选调生的专业结构更趋合理;在安排渠道上,由向乡镇、街道安排拓宽到向公、检、法以及工商、税务、质监、药监等系统的基层单位安排。

1.安排渠道和选调部门不断拓宽

继续开展法院和检察院选调生工作。党的十六大前,最高人民检察院政治

---

① 2021 年 11 月 21 日,民勤县第十九届人民代表大会第一次会议举行选举大会。经过投票选举,焦三牛当选为甘肃省武威市民勤县人民政府县长。

部曾出台选调生工作规范性文件。2004 年 9 月，最高人民检察院下发的《2004—2008 年全国检察人才队伍建设规划》提出，2004 年至 2008 年，力争每年为每个基层检察院选调 1 名法律专业大学生。2006 年 3 月，中共中央组织部、中央机构编制委员会办公室、最高人民法院、最高人民检察院联合下发了《关于缓解西部及贫困地区基层人民法院、人民检察院法官、检察官短缺问题的意见》。《意见》提出，要进一步做好选调生工作，充实法官、检察官后备人才。各省（自治区、直辖市）党委组织部门要将为基层法院、基层检察院选调法律专业高校优秀毕业生纳入选调生计划，会同各省（自治区、直辖市）高级法院、省级检察院每年有计划地选调一批优秀应届高校法律专业毕业生，安排到基层法院、基层检察院工作。西部各省（自治区、直辖市）每年选调的人数一般不少于 20 名。2011 年 1 月，最高人民法院印发的《关于新形势下进一步加强人民法院基层基础建设的若干意见》又指出，进一步解决案多人少矛盾和法官短缺问题，完善省级统一招录政策，坚持开展选调生工作，努力拓宽法官来源范围渠道。

安排选调生到共青团的机关和基层工作。2003 年，共青团山东省委与山东省委组织部共同推出"选调优秀应届大学毕业生充实共青团干部队伍计划"，选调大学毕业生到基层团组织工作。这些选调生的关系在团县（自治区、直辖市）委或乡镇（街道）团委，但需挂任村（社区）团支部书记 1 至 2 年，挂职结束后回到团县（自治区、直辖市）委或乡镇（街道）团委。重庆市将选调生优先安排到团的机关和基层工作。截至 2006 年，重庆市直辖以来的 2000 多名选调生中安排在团的工作岗位多达 600 余名，[①]为培养高素质团干部开辟了一条新路。

把企业作为选调生成长的重要源头和基地。自 2001 年明确提出把乡镇和企业作为干部成长的重要源头和基地以来，广西壮族自治区党委坚持把大批年

---

① 共青团中央组织部、中国青少年研究中心：《探索与创新——全国基层团建创新理论成果奖论文集》，中国青年出版社，2006 年，第 510 页。

轻干部放到乡镇和企业培养锻炼，并坚持从乡镇和企业选拔高素质的领导干部。为了抓好"两个源头"建设，专门拿出编制指标，将"活水源头"做大。实行带编选派选调生到乡镇或企业锻炼；①乡镇撤并时拿出一定比例的编制用于接纳选调生；把选调生接纳与公务员招聘结合起来，实行并轨。2005 年以来，广西壮族自治区加大选调生工作力度，拓宽选调生的选拔范围，在应届硕士研究生和博士研究生中选拔选调生，并从国有大中型企业具有大学毕业文化程度的优秀员工、国家教育部认可的国（境）外高校毕业生以及服务期满的"三支一扶"大学毕业生、"志愿服务西部计划"大学毕业生、村级组织工作的大学毕业生和农村义务教育阶段教师特设岗位计划大学毕业生中选拔选调生。

加大定向选调生工作力度。经山东省委组织部授权，青岛市于 1994 年开始自主面向全国高校选调应届优秀大学毕业生，作为市选调生管理，选拔突出名牌重点大学、高层次人才和紧缺专业三个重点。②2007 年，根据山东省委组织部要求，青岛市选调生的选拔工作重新纳入全省计划。1980 年至 2007 年底，青岛市共有选调生 2055 名，中共党员占 91.5%，"211"高校毕业生占 63%，其中北京大学、清华大学、浙江大学、中国人民大学、同济大学、复旦大学等国内一流名牌大学毕业生近 800 余人；选调生中有 25 名博士、509 名硕士、83 名双学士。33 名选调生担任市管领导职务，160 名选调生担任县处级职务，717 名选调生担任乡科级职务。

参与选调生选拔使用的单位越来越多，选调生分布越来越广泛，选调生工作覆盖面越来越宽。以副省级城市青岛市为例，青岛选调生在市直机关、党政系统、区（市）分布如下：省委组织部选调生 409 名，市委组织部选调生 1265 名，省

---

① 中共广西壮族自治区委组织部：《围绕建立"六个机制"扎实推进干部人事制度改革》，《人民日报》，2005 年 7 月 1 日。

② 青岛市委组织部、青岛市委党史研究室：《青岛改革开放 30 年纪略》，中央文献出版社，2008 年，第 172~173 页。

法院系统选调生 127 名，省检察院系统选调生 109 名，省公安系统选调生 127名，团省委系统选调生 18 名；735 名选调生分布在 76 个市直机关单位，其中选调生超过 10 名（含 10 名）的市直机关单位有 26 个，包括市公安局 52 名，市中级法院 51 名，市委组织部 43 名，市工商局 36 名，市检察院 33 名，市纪委 27名，市审计局 26 名，市委办公厅 22 名，市财政局 20 名，市委宣传部、市发改委各 19 名，团市委 18 名，市政府外事办公室 17 名，市政府办公厅、市人事局各 16名，市国土资源房管局 15 名，市教育局、市劳动保障局各 14 名，市外经局、市政府国资委、市质监局各 13 名，市科技局 12 名，市建委、市文化局各 11 名，市委政法委、市卫生局各 10 名；12 个城区（县级市）共有选调生 1320 名，其中开发区154 名，城阳区 143 名，李沧区 139 名，崂山区 137 名，四方区 136 名，市南区、市北区各 135 名，胶南市 96 名，胶州市 85 名，即墨市 61 名，平度市 55 名，莱西市44 名。[①]

选调生工作深度融入各地区、各部门、各领域、各层级，深度融入改革发展稳定工作全局和领导班子、干部队伍建设实际，深度融入干部选拔、培养、管理、监督全过程，为经济社会科学发展提供人才和智力支持。

2.选调生培养方式灵活多样

按照中央要求，各地结合实际，实施各具特色的选调生培养方式。

2011 年，北京市面向普通高校北京生源、北京地区普通高校非北京生源和京外"985"高校全日制大学本科以上应届优秀毕业生选拔选调生，对各高校推荐且经过考录和选聘进入北京市乡镇、街道、国有企事业等基层单位工作的应届毕业生，每年从中选拔 300 名左右进行跟踪培养。[②]经过前期报名、资格审查、笔试、面试等程序后，根据综合成绩，各区县、各系统按照公务员、大学生村官

---

① 《1980 年以来青岛市选调情况统计表》，山东青岛市委组织部"青岛选调生之家"网站，2008 年。
② 董金宝：《大学生就业创业工作宝典》，中国农业大学出版社，2016 年，第 66 页。

（社区工作者）、国有企事业单位工作人员三类，北京市2012年共确定选调生328名，对列入选调生名单中的人员，将在政策上适当倾斜，给予更多实践锻炼机会。

浙江省的选调生工作被纳入到公务员招录工作范围，实行先招录后按比例从中确定选调生的制度，具体是从通过省党政机关国家公务员（机关工作人员）统一招考、录用到乡镇（街道）机关工作且试用期满的公务员中按比例择优确定选调生，名额为每年各市招考录用到乡镇（街道）总数的15%左右。①从1996年开始，浙江省每年在试用期满1年的乡镇基层公务员中确定一定数量的选调生。截至2009年，浙江省共确定选调生13批2433人。

北京、浙江等地的做法，其实是一种认为从在组织视野范围内有实际工作经验的往届大学毕业生中挑选，比直接从应届大学毕业生中挑选更为优越的方法，是20世纪80年代以来部分选调生工作的延续。

从2003年起，上海市委组织部、上海市教卫党委和团市委共同组织实施优秀大学生"选苗育苗"工程。2003年3月，上海市委召开培养具有高素质青年党政领导干部工作会议。市委组织部下发《关于做好培养高素质青年党政领导干部工作的意见》，市教卫党委、团市委联合下发《关于做好优秀在校大学生选拔培养工作实施意见》，主要做好在校优秀大学生的源头教育培养和在职优秀年轻干部的教育培养两方面工作。从源头抓起、从优秀的在校大学生抓起，在大学就读期间发现、选拔一批有志于从事党的工作和行政工作、有发展潜力的优秀青年人才。在广泛考察的基础上，通过理论研修学习、暑期挂职锻炼、强化培训班等多种方式，多方位、全过程开展优秀在校大学生培养工作。

"选苗育苗"工程的实施主要分为四个阶段。第一阶段是大学一年级考察培

---

① 肖桂国：《选调生 中国特色干部后备力量》，世界图书出版广东有限公司，2012年，第34页。

养,着重"早播种、早选苗、早培养",重点关注和考察大一新生中的学生党员、高中阶段的入党积极分子、省(自治区、直辖市)级"三好学生"和"优秀学生干部"。第二阶段是大学二年级锻炼培养,形成约2000名具体人选名单,依托各高校党校、人才学院等优秀大学生培养实体,通过主题讲座、专题学习讨论、学习考察、校(院)内挂职、志愿服务、参与大型集体活动等多种形式,对大学生进行全面锻炼培养。第三阶段是大学三年级重点培养,着重实践锻炼,结合大学生人生发展导航行动,对表现突出的大学生,有意识地安排青年党政领导干部担任大学生的导师,进一步从思想上、实践上促进大学生尽快成长成熟。在大学三年级末,从各高校的重点培养名单中推荐约500名优秀大学生赴上海市各委(办、局)和区(县)的基层单位开展为期2个月的优秀在校大学生暑期挂职锻炼。第四阶段是大学四年级强化培养,着重选拔,在汇总各高校挂职锻炼工作情况的基础上,从中遴选约200名优秀大学生,并在大学四年级开展为期2周的集中强化培训,重点提高大学生的政治理论水平和加强党性教育。优秀研究生的培养选拔工作主要在研究生阶段的二、三年级开展。每年学生毕业分配去向明确后,上海市委组织部跟踪考察后,遴选其中比较优秀的100名学生,进行重点培养。

"选苗育苗"工程覆盖上海市本科院校的最优秀学生和先进典型。几年来,上海市已选拔培养推荐100余名优秀大学毕业生进入市各级党政机关。2003年,各高校推荐在校优秀大学生初选对象1955人,重点培养对象101人,优先培养对象521人,选调生122人。①9个委办和区县推荐计划培养的在职优秀青年干部1067人,培养按照青干班、学历深造、一线挂职、中青班、海外进修5条途径有序推进。

湖北省选调生培养主要采取"直接选调、重点培养"和"自然分配、跟踪管

---

① 《上海年鉴》编纂委员会:《上海年鉴2004》,上海年鉴社,2004年,第43页。

理"两种方式进行。①前者由组织部门直接分配工作和培养管理,后者由学校负责派遣,接受单位负责培养管理,组织部门跟踪了解。选调和分配方式不断创新,实现了由原来的直接选调、确定人选到凡进必考、统一参加全省公务员录用考试,由原来的统招统分到定向报名、统一考试、双向选择。

3.明确选调生中的女性、非中共党员比例和选拔少数民族选调生

女干部、少数民族干部、党外干部和年轻干部一样,是干部的重要组成部分。探索选调生工作与女干部、少数民族干部、党外干部培养选拔工作相结合,从源头上进一步发挥选调生工作的作用。

2006 年 8 月,中共中央政治局委员、中央书记处书记、中央组织部部长贺国强在全国培养选拔女干部、发展女党员工作座谈会上指出,要加强基层女干部队伍建设,保证有充足的女干部来源。要坚持政策引导,创造条件,吸引更多的高校女毕业生到基层工作。他强调,在选调优秀高校毕业生到基层锻炼的工作中,各地要结合实际,明确女性的比例,保证一定的数量。②在公务员考试录用中,要坚持男女平等,一视同仁。

少数地方对非中共党员选调生做出要求。2011 年,湖南省委下发的《关于加强党同党外人士合作共事的意见》提出,在党外人士的物色发现方面,明确规定到乡镇任职的选调生和选聘到村任职的高校毕业生中非中共党员的比例。③

2012 年 7 月,国务院办公厅印发的《少数民族事业"十二五"规划》提出,加大选调生工作力度,积极引导优秀高校毕业生到民族地区基层一线锻炼成

① 《为基层输送优秀人才 我省 20 年培养选调生 3000 余人》,《湖北日报》,2003 年 12 月 16 日。
② 中共中央组织部组织局:《党的基层组织工作常用文件选编》(六),党建读物出版社,2007 年,第314 页。
③ 《省委近日出台〈意见〉从制度层面加强党同党外人士合作共事》,《湖南日报》,2011 年 2 月 18 日。

长。①

四、进一步扩大选调生的规模

随着教育体制改革的不断推进,我国高等教育事业有了长足发展,高校毕业生总量已由 1999 年的 100 多万,迅速增长到 2005 年的 338 万。②与此同时,在校大学生中,中共党员的数量不断增多。截至 2011 年 6 月,普通高校在校学生中的中共党员总数为 305.8 万人, 学生中的中共党员占学生总数的比例从 2004 年的 7.1%上升到 2011 年的 13.2%。2007 年至 2010 年,高校学生党员年均增长 23.6 万,年平均增长率约保持在 12.3%,2010 年新发展学生党员已占全国新发展党员的 40%左右。③与 5 年前相比,学生党员占学生总数的比例在整体上已有较大幅度提高。

高校毕业生数量的迅速增加,带来了就业问题。党员身份是选调生选拔的基本条件之一。党员大学生数量的增加,为选调生的选拔提供了更多选择余地,同时,为扩大选调生的招录规模准备了条件。

一方面,高校毕业生就业面临困难和问题;另一方面,广大基层特别是西部地区、艰苦边远地区和艰苦行业人才匮乏。虽然基层已成为吸纳高校毕业生的重要渠道,但到基层的高校毕业生仍然集中在大中型企业、高等院校、科研院所等单位,真正到县以下基层单位就业的人数还是很少。尤其是到西部地区就业的高校毕业生不仅数量少而且学历相对较低,西部地区人才流失比较严重。

---

① 国家民族事务委员会经济发展司、国家统计局国民经济综合统计司:《中国民族统计年鉴 2013》,中国统计出版社,2014 年,第 180 页。

② 《广阔基层 放飞梦想》,《人民日报》,2005 年 6 月 22 日。

③ 《教育部最新公布的调查显示,近八成高校学生有入党愿望——高校党建,创新路上青春扬》,《人民日报》,2012 年 6 月 29 日。

针对此状况，中央《关于引导和鼓励高校毕业生面向基层就业的意见》提出，在坚持市场导向的前提下，加大政府宏观调控力度，把政策激励与思想教育、舆论引导结合起来，把尊重毕业生个人意愿与组织选派结合起来，把高校人才培养与社会需求结合起来，把解决突出问题和形成长效机制结合起来。

加大选调生工作力度。[①]《意见》提出，要进一步扩大选调生规模，各省（自治区、直辖市）每年都要选拔一批应届优秀高校毕业生到基层工作，主要充实到乡镇（街道）等基层单位。各级组织人事部门要加强对选调生的日常管理和培养，在选调生到基层工作2至3年后，从中择优选拔部分选调生任用到乡镇（街道）领导岗位。县级以上党政机关补充公务员，应优先从选调生中选用。

各地贯彻《关于引导和鼓励高校毕业生面向基层就业的意见》精神，进一步扩大选调生的招录规模。

四川省自2007年着手改革选调生考试制度以来，不断放宽选调范围和选调生条件。2009年，参与选调的高校数量已从过去的40多所扩大到500多所；同时选调生在报考时不再受专业限制，无论报考何种岗位，只要符合基本规定条件，都可报名参加。通过扩大选调视野，吸引大批优秀人才进入基层干部队伍。四川省高学历层次的选调生大幅度增加。2009年，硕士以上学历考生数量比2008年增加27%。[②]从1983年到2006年的20多年间，四川省共招收选调生4000多人。而自2007年至2009年，近3年时间就招收了选调生2400多名，从数量上看，超过前20年总和的一半。

2005年以来，广西壮族自治区每年选拔的选调生均在500名以上，其中2007年挑选的选调生最多，达到927人。

---

① 《中共中央办公厅 国务院办公厅印发〈关于引导和鼓励高校毕业生面向基层就业的意见〉的通知》，《内蒙古政报》，2005年第8期。

② 《今年是我省选调生招录人数最多、报到率最高的一年。基层组织认为，选调生队伍素质在不断提高——既能选得出来，又能沉得下去》，《四川日报》，2009年8月16日。

选调生规模的持续扩大，为公务员队伍和干部队伍提供了源源不断的新鲜血液，对改善基层公务员队伍的结构和提高基层干部队伍的素质发挥了重要作用。

五、建立来自基层一线党政领导干部培养选拔链与强化选调生工作定位

胡锦涛指出，源源不断培养造就大批优秀年轻干部，是关系党和人民事业继往开来、薪火相传的根本大计。[1]他要求广大年轻干部要自觉到艰苦地区、复杂环境、关键岗位砥砺品质、锤炼作风、增长才干。

干部在基层成长，干部从基层选拔，干部到基层培养，是党的一贯用人方针。无论是革命、建设时期，还是改革开放时期，党都注意把有潜力的年轻干部派到基层接受锻炼和考验，适时把具有基层领导经验的优秀干部选拔上来。这是党的事业薪火相传、后继有人的重要保证。20世纪90年代以来，党政机关干部来源结构发生了很大变化，通过考试录用公务员是干部队伍建设的一个重大进步，但同时也带来一个突出问题，就是从学校门直接进机关门的干部越来越多，机关中具有基层工作经历的干部逐渐减少，而且机关层次越高，来自基层和生产一线的干部越少。改革开放初，干部队伍结构的突出矛盾是年龄偏大、文化偏低，到2010年，干部队伍年轻化、知识化、专业化问题已经得到较好解决，而"三门"[2]干部多、基层经验少的矛盾日益突出。[3]若这种情况发展下去，就会造成干部队伍来源结构的根本性缺陷，一方面会增加领导机关脱离群众、脱离实际

---

① 《胡锦涛在庆祝中国共产党成立90周年大会上的讲话》，《人民日报》，2011年7月2日。

② "三门"干部，指出家门，进学校门；再出学校门，进机关门，没有经过基层工作锻炼的干部。

③ 李源潮：《领导机关的干部要从基层来要到基层去》，《人民日报》，2010年5月21日。

的危险,一方面机关有不少高学历的年轻人因为缺少实际经验而难负重任。据统计,中央和国家机关厅局级领导干部中,来自高校应届毕业生的比例高达44.6%,而具有县、乡基层领导工作经历的仅占12.5%。①这项工作任重道远。无疑,选调生工作可以在其中发挥作用。

重视从基层一线培养干部。习近平在《组工通讯》2007年第54期《从基层一线培养干部》一文上作出重要批示:鼓励年轻干部到基层和生产一线经受锻炼、丰富阅历、增长才干,这是符合干部成长规律的。要注重从基层选拔大批善于做群众工作、能妥善应对复杂局面、有处理实际问题能力的优秀干部充实各级党政领导机关,这是一项关系党的事业后继有人的重要战略任务。可进一步调研,制定相关政策,切实抓好这项工作,使基层和生产一线真正成为培养干部的基础阵地。2008年2月,习近平在全国组织工作会议上指出,要改变一些地方党政机关干部来源单一、经历单一的状况,建立来自基层和生产一线的党政干部培养选拔机制。②

《人民日报》头版发表的"仲祖文"③文章《在基层一线培养干部》指出,培养干部特别是年轻干部的主阵地在基层一线。文章认为,在基层一线培养干部,就是在社会实践中培养干部,就是在人民群众中培养干部,就是在艰苦环境中培养干部。年轻同志到基层实实在在生活一个时期,踏踏实实做一做基层工作,是个难得的锻炼。实践证明,有过一定基层经历的干部,做群众工作的能力、处理实际问题的能力、应对复杂局面的能力都会得到明显提高。从他们中选调的干部进入党政机关,在制定政策、开展工作的时候,能够更了解实情,更符合实际。

---

① 《坚持"德才兼备、以德为先"的标准 中央启动新一轮年轻干部培养选拔》,《人民日报》,2009年4月7日。

② 中共中央文献研究室:《十七大以来重要文献选编》(上),中央文献出版社,2009年,第216页。

③ "仲祖文"是"中共中央组织部文章"简称的谐音。

同时,干部队伍中具有一大批真正与普通群众摸爬滚打过的同志,对于更好地坚持党的根本宗旨,坚持党的路线、方针、政策,也是至关重要的。这为以后从中选拔政治可靠、能力突出、作风过硬的领导干部打下了坚实基础。

文章要求,各级党委及其组织部门要充分认识在基层一线培养干部的意义,树立战略眼光,更重视从源头上抓好党政人才的培养工作。要制定政策措施,引导和鼓励优秀大学毕业生到基层去。

注重在基层一线的实践中培训锻炼年轻干部。2009 年 3 月,习近平在全国培养选拔年轻干部工作座谈会上指出,干部队伍新老交替与合作是一个永无完结的历史过程,培养选拔年轻干部工作必须常抓不懈。①他强调,在实践中锻炼、考验和提高干部,始终是培养年轻干部的一个基本途径。越是有培养前途的年轻干部,越要放到艰苦环境中去,越要派到改革和发展的第一线去,让他们在实践锻炼中增强党性、改进作风、磨练意志、陶冶情操、提升境界、增长才干。要坚持多岗位培养锻炼年轻干部,尤其要注重在基层一线的实践中培训锻炼年轻干部。

年轻干部工作必须常抓不懈,意味着选调生工作等也必须常抓不懈。

提出"建立来自基层一线党政领导干部培养选拔链"。《中共中央关于加强和改进新形势下党的建设若干重大问题的决定》指出,源源不断培养大批优秀年轻干部是关系党和国家事业的根本大计。加大培养选拔优秀年轻干部力度,重点加强年轻干部党性修养和实践锻炼,使他们切实做到忠诚党的事业、心系人民群众、专心做好工作、不断完善自己。鼓励年轻干部到基层工作,有计划安排年轻干部到艰苦地区、复杂环境、关键岗位砥砺品质、锤炼作风、增长才干。《决定》提出,建立来自基层一线党政领导干部培养选拔链,大力选拔经过艰苦

---

① 《习近平在全国培养选拔年轻干部工作座谈会上强调 以改革创新精神做好培养选拔年轻干部工作》,《人民日报》,2009 年 3 月 31 日。

复杂环境磨练、重大斗争考验、实践证明优秀、有培养前途的年轻干部,扎实抓好后备干部队伍建设。

1.注重从基层和生产一线选拔党政领导机关干部

对从基层和生产一线选拔党政领导机关干部作出明确规定。2009年1月,中央组织部、人力资源和社会保障部印发的《关于注重从基层和生产一线选拔党政领导机关干部的意见》要求市(地)级以上党政领导机关录用公务员,要坚持凡进必考,并明确录用具有2年以上基层工作经历人员的比例。加强党政领导机关干部到基层和生产一线的培养锻炼工作。对缺乏基层领导工作经历的后备干部和优秀机关干部,有计划地选派到基层或生产一线任职、承担急难险重任务,以丰富阅历、增长才干;对缺乏基层工作经历的新录用公务员,及早安排到基层或生产一线工作1至2年,以了解基层情况,增进与人民群众的感情。同年4月,中央组织部印发的《关于加强培养选拔年轻干部工作的意见》提出,县以上机关录用公务员,要逐步加大具有基层工作经历人员的比例,使有基层工作经历人员成为领导机关工作人员的主要来源。到2012年,中央和省级机关录用公务员,除部分特殊职位外,都要从具有2年以上基层工作经历的人员中考录。

对后备干部、机关干部、公务员提出基层工作经历要求,使得基层工作经历不再是选调生的"专利"。

从具有基层和生产一线工作经历的干部中选拔领导干部。中共中央政治局委员、中央书记处书记、中央组织部部长李源潮在中国浦东干部学院的一次讲话中指出,坚持和完善从基层培养选拔领导机关干部的制度,充分调动和激发干部到基层去的内生动力。各级党政机关提拔领导干部,要优先从具有基层和生产一线工作经历的优秀干部和人才中选拔。到2015年,中央机关和省级机关工作部门领导班子成员中,具有基层领导工作经历的,要达到一半以上。他重申,要完善年轻干部到基层锻炼工作制度,有计划地安排缺乏基层工作经历的机关年轻干部到基层锻炼,主要到条件艰苦、工作困难的地方或急难险重岗位上工作。越是发展潜力大、越是工作表现好的骨干,越要舍得放下去。

2010 年 6 月,《国家中长期人才发展规划纲要(2010—2020 年)》提出,注重从基层和生产一线选拔党政人才。逐步提高省级以上党政机关从基层招录公务员的比例。实施公职人员到基层服务和锻炼的派遣和轮调办法。

注重从选调生中培养乡镇领导干部。2010 年 10 月,中央组织部印发的《关于加强乡镇党委书记队伍建设的意见》提出,培养后备力量,要重视乡镇领导班子和乡镇党委书记后备队伍建设。县(自治区、直辖市)党委要结合本地实际,遴选、储备一批乡镇党委书记后备人选,进行重点培养,实行动态管理。有计划地选派省、市、县机关部门有发展潜力的年轻干部到乡镇任职,加大从村党支部书记、大学生村官中考录乡镇公务员、选任乡镇领导干部的力度,注重从选调生中培养乡镇领导干部。注重把选派省市机关年轻干部到乡镇任职和从基层培养选拔干部结合起来,形成年轻干部到基层去、优秀干部从基层来的导向。

2.进一步做好选调生工作和选派高校毕业生到村任职工作

选调生工作符合干部成长规律,切合"建立来自基层一线党政领导干部培养选拔链"要求。

发挥选调生工作对后备干部和年轻干部工作的促进作用。2009 年 2 月,中共中央印发的《2009—2020 年全国党政领导班子后备干部队伍建设规划》提出,要切实抓好后备干部的源头和基础工作。着眼未来 10 年乃至更长时期领导干部的战略储备,进一步做好选调生工作和选派高校毕业生到村(社区)任职工作,[①]注重从基层和生产一线选拔优秀干部充实各级党政领导机关,不断改进和

---

① 国家税务总局人事司:《人事工作文件汇编 12》,中国税务出版社,2011 年,第 210 页。

完善公务员考录制度,大力选拔具有基层工作经历的优秀干部充实各级党政领导机关,努力形成来自基层和生产一线的后备干部选拔培养机制。建立来自基层和生产一线的后备干部选拔培养制度。切实加强后备干部队伍的源头和基础建设。认真做好到村(社区)任职的高校毕业生选聘、培养、管理、使用工作,为到村(社区)任职的高校毕业生经受锻炼、有所作为搭建平台,促进其健康成长。坚持和完善选调生制度,研究制定选调生工作与选聘高校毕业生到村(社区)任职工作相衔接的有关政策。①树立注重基层的导向,加大从基层和生产一线选拔干部力度,努力形成后备干部培养链,为后备干部队伍建设提供源源不断的战略储备。《关于加强培养选拔年轻干部工作的意见》也提出,要加强年轻干部的源头建设。着眼于培养大批基层骨干和党政领导后备力量,大力选聘高校毕业生到村(社区)任职,建立高校毕业生到村(社区)任职下得去、待得住、干得好、流得动的机制。进一步改进和完善选调生制度,做好选调生工作与公务员录用、选聘高校毕业生到村(社区)任职等工作的政策衔接。努力建立来自基层一线的年轻干部培养链。

将选聘高校毕业生到村任职作为改革和完善选调生制度的方向之一。中共中央政治局委员、中央书记处书记、中央组织部部长李源潮指出,要有战略思维和长远眼光,立足未来10年、20年乃至更长时间事业发展对领导人才的需要,制定和实施干部培养规划,改革和完善选调生制度,做好选聘高校毕业生到村任职工作,引导有志从政的大学生到农村、企业、社区经受锻炼和考验,建立来自基层一线党政领导干部培养选拔链。

根据中央《关于加强培养选拔年轻干部工作的意见》等文件精神,2009年甘肃省选调生工作做了较大改进:一是提高了选调层次。增加了硕士以上学历的

---

① 国家税务总局人事司:《人事工作文件汇编12》,中国税务出版社,2011年,第217页。

选调生比例,将以往每年选调 20 名硕士及以上学历的毕业生,调整为选调的硕士以上学历毕业生不少于选调总数的 30%。二是改进了选拔方式。将以往由院校按分配名额推荐、组织部门面试、笔试淘汰的做法,改为符合选调条件的毕业生均可报名,学校党组织推荐,组织部门审核通过后,再参加公务员录用考试,根据考试成绩确定初选人选。三是尝试选调生工作与"三支一扶""高校毕业生到村(社区)"等项工作的政策衔接。拿出一定名额用于选拔有 2 年以上基层工作经历的"三支一扶""西部志愿者"等人员。2010 年以后,每年都要拿出选调生名额的 50%左右用于招考在基层服务满 2 年的"村官""三支一扶""西部志愿者"等人员。①四是改进选调生二次选拔工作。对基层工作锻炼满 2 年以上的选调生,在坚持以往组织推荐、双向选择等有效经验的基础上,进一步改进选拔工作。

3.选调生工作是改革开放以来培养选拔年轻干部的重要经验之一

2009 年 6 月,《人民日报》发表的《为了党的事业兴旺发达和国家长治久安——全国培养选拔年轻干部工作综述》指出,改革开放以来,培养选拔年轻干部工作全面展开,逐步形成了一系列行之有效的做法,归结起来:一是对县以上各级领导班子年龄结构和梯次配备提出明确目标要求,保证有一定数量和比例的年轻干部走上各级领导岗位;二是加强后备干部队伍建设,先后 8 次对后备干部进行全面考察和集中调整;三是挑选应届优秀大学毕业生到乡镇、农村、街道等基层培养锻炼,为培养选拔年轻干部提供重要来源;四是坚持多岗位锻炼年轻干部,及时把年轻干部放到不同岗位尤其是关键岗位上锻炼,鼓励他们到基层、改革和建设一线、环境艰苦和矛盾多的地方去经受考验、增长才干;五是坚持把选拔使用和管理监督结合起来,促进年轻干部健康成长。其中第三条是

---

① 《甘肃省委组织部有关负责人就选调优秀大学生工作答记者问》,《甘肃日报》,2009 年 5 月 28 日。

选调生工作。

在这五条中,选调生工作能够与其他四条并列提出来,说明其地位与重要性;其他四条中的每一条均与选调生工作有密切联系。

选调生工作被总结认定为改革开放以来培养选拔年轻干部工作的重要做法之一,其经验被固定下来,其价值获得了进一步肯定。

六、统筹选调生工作与大学生村官工作

选调生工作是面向未来的人才工作。

在领导班子换届和日常的干部选拔调整中,一些地方、一些部门常常遇到"三个难选"。一是"一把手"难选,二是关键岗位上的干部难选,三是年轻干部、女干部、党外干部难选。出现这些情况,主要原因是长期的、大规模的干部培养工作没有做好,干部工作没有规划,即使有干部工作规划也未能充分落实。一些地方、一些部门虽然在干部培养上做了许多工作,但从眼前和现实需要考虑得多,从事业长远发展和未来需要考虑得少。由于缺乏培养和干部储备,选干部、配班子时总会捉襟见肘,感到"人到用时方恨少"。针对这种现象,2008 年 1 月,《组工通讯》专门刊发《培养干部要有长远眼光》的文章。

文章指出,人才的成长必须经历一个长期的过程。干部培养必须着眼未来。只有从现在开始就做好为未来 10 年、20 年培养干部的工作,到那个时候才不至于乏人可用。这就要求站在保证党和国家长治久安、保证党的事业薪火相传的战略高度,去认识和对待干部培养工作,着眼于全面建设小康社会的战略周期乃至整个社会主义初级阶段去培养干部。这是一个对党和人民事业负责,对历史和未来负责的重大政治问题。是否具有这种眼光,也是对一名领导者政治意识、执政意识的检验。

文章强调,要保持干部培养的充足数量,做到宽基数、广培养。坚持抓源头,抓基础,引导和组织高校毕业生到农村、企业、社区去经受锻炼,组织和安排年轻干部到基层、到生产一线去经受锻炼,建立来自工农一线的党政干部培养链。

1.选拔高校毕业生到西部基层工作

选调生的"第一站"在基层,基层常常是农村、艰苦、欠发达的代名词,因而西部地区比东部地区更青睐高校毕业生,更青睐选调生工作。选调生工作与这一时期实施的大学生村官、"三支一扶"、农村义务教育阶段学校教师特设岗位、大学生志愿服务西部计划等关系密切。

2003 年是中国高校扩招后的第一个毕业高峰年,全国高校应届毕业生从1999 年的 101 万猛增至 201 万人。高等教育实现由精英化教育到大众化教育的转变。

党的十五届四中全会提出"国家要实施西部大开发战略"后,2003 年,中央组织部、人事部、团中央等部门共同组织实施了"选拔高校毕业生到西部基层工作"和"大学生志愿服务西部计划",遴选大学毕业生到西部基层长期工作或从事 1 至 2 年的志愿服务。

选拔高校毕业生到西部基层工作。为落实《西部地区人才开发十年规划》,为西部地区培养干部,2003 年 7 月,中央组织部、人事部、共青团中央、中央编办、教育部等部门联合印发的《关于选拔高校毕业生到西部基层工作的通知》提出,从全国高校特别是西部地区高校中,选拔一批已通过公务员录用考试的应届高校毕业生,到西部地区 12 个省(自治区、直辖市),另加湖北省恩施土家族苗族自治州、湖南省湘西土家族苗族自治州、吉林省延边朝鲜族自治州 3 个自治州的乡镇从事共青团及其它工作。已达到 2003 年中央、国家机关及各省(自治区、直辖市)录用机关工作人员和国家公务员笔试合格分数线的全国高校应届毕业生,可免于笔试,直接进入面试、考核程序。未组织过 2003 年公务员录用考试的省(自治区、直辖市),应单独组织招考。被录用的高校毕业生即为乡镇机关国家工作人员。每个省(自治区、直辖市)接收 50 名左右,共 600 名,实际共有 6475 名符合条件的大学生报名。

继续做好"三支一扶"工作。2003 年 7 月,中央组织部、人事部、教育部等部门下发的《关于按照党管人才要求进一步做好高校毕业生就业工作的通知》指出,高校毕业生是高层次人才队伍的后备力量。要继续做好选拔高校毕业生到农村基层支农、支教、支医、扶贫的工作。

《通知》提出,要进一步完善选调生的有关工作。要有计划地选派一批高校毕业生充实到乡镇、街道、社区等基层单位,如编制不足,可采取先用地方待分配编制或先进后出的办法解决。要进一步拓展高校毕业生到基层的范围。

建立高校毕业生到西部工作机制。党的十六届三中全会通过的《关于完善社会主义市场经济体制若干问题的决定》提出,要加强西部和民族地区人才开发,建立促进优秀人才到西部、基层和艰苦地方工作的机制。2003 年 11 月,中共中央政治局委员、中央书记处书记、中央组织部部长贺国强在高校毕业生到西部基层工作座谈会上指出,鼓励包括高校毕业生在内的广大青年知识分子到实践中去,到现代化建设的第一线去,到基层特别是西部的基层地区去,投身于当地的经济社会发展,经受磨练,健康成长,这是一项事关全局的重要战略部署。当代大学毕业生有到西部基层建功立业的愿望,西部基层也迫切需要大学毕业生去工作。把两个需求结合起来,关键在于畅通和拓宽渠道。

贺国强强调,各级党委政府要发挥宏观调控作用,通过有计划地从高等院校选调应届优秀大学毕业生到西部基层工作锻炼等方式,引导优秀高校毕业生向西部基层流动。

选调生工作作为高校毕业生就业工作的重要一环,又在高校毕业生到西部基层工作的大局中被郑重提了出来。

2.选聘高校毕业生到村任职

从 20 世纪 90 年代中期开始,大学生村官从无到有,快速发展壮大。截至 2004 年底,全国有 10 个省(自治区、直辖市)启动了大学生到村任职计划,这些省份主要集中在东、中部地区。中央《关于引导和鼓励高校毕业生面向基层就业的意见》提出,要大力推广高校毕业生进村、进社区工作。把引导和鼓励高校毕业生面向基层就业同加强基层组织建设结合起来,从 2006 年起,每年有计划地选拔一些高校毕业生到农村和社区就业。到农村就业的,可通过法定程序安排担任村党支部(村民委员会)的相应职务。把这些高校毕业生作为将来补充乡镇(街道)干部的重要来源。对工作 2 年后报考公务员的高校毕业生,采取适当增加分数以及其他优惠政策,优先录用;报考研究生的高校毕业生,应适当给予优惠并在同等条件下优先录取。争取用 3 至 5 年时间基本实现全国每村至少有 1 名高校毕业生的目标。截至 2008 年 2 月底,全国共有 17 个省(自治区、直辖市)启动了村村有大学生村官计划。

(1)深入认识选聘高校毕业生到村任职工作的战略意义

2008 年 12 月,习近平在与大学生村官代表座谈时指出,农村基层是青年学生熟悉社会、了解中国基本国情的最好课堂,也是我们党培养人才、锻炼人才的重要阵地。

习近平指出,农村劳动力向城镇和非农产业大量转移。据统计,截至 2007 年底,全国农村户籍人口 9.4 亿,农村劳动力 4.9 亿,其中进城务工的农村人口 1.3 亿,在当地乡镇企业务工的农村人口八九千万,两者相加 2 亿多人。这就意味着,农村全部劳动力的一半转移出了农业和农村,而且在这部分农村劳动力中,青壮年农民占主体,是农民人口中综合素质较高的群体。

习近平指出,农村党员和基层干部队伍的整体素质存在着不适应、不符合的问题。①据统计,截至 2007 年底,全国 3101.8 万农村党员中,35 岁以下的仅占 18%,56 岁以上的占 41%;大专以上学历的仅占 9.8%, 而初中及以下的占 64.7%。村党支部书记队伍也存在年龄偏大、学历偏低的问题。全国村党支部书记 60 万人,其中 35 岁以下的占 8.45%,56 岁以上的占 16.64%;大专以上学历的占 8.2%,初中及以下的占 44.7%。②

习近平指出,推进新形势下农村改革发展,建设社会主义新农村,必须大力推动和引导城市人才以及资金、技术、项目等发展要素向农村倾斜。

习近平指出,要深入认识选聘高校毕业生到村任职工作的战略意义。引导高校毕业生到村任职,固然有安排大学生就业的考虑,但这是次要的,因为毕竟数量有限。2009 年就有 600 多万大学生要毕业,如果只是把到农村任职作为就业渠道显然是微不足道的。关键在于大学生到村任职有重要的战略意义。第一,这是一项人才培养工程。将来管理社会的骨干人才,很多要通过这样的途径去培养、去锻炼、去发现。第二,为社会主义新农村建设输送生力军。城镇化、工业化是大趋势,农村人口的转移是不可逆的,但我们不能使农村人才空壳化。在人才方面应该逆向流动,向农村输送新鲜血液。对农村的投入、倾斜,应当包括人才方面的投入和倾斜。

习近平还对大学生村官提出四点希望:③第一,要志存高远、坚定信念,在推进农村经济发展、社会进步中实现自己的人生价值;第二,要勤于学习、善于学习,在与农民群众摸爬滚打的交往中吸取营养、增长智慧;第三,要勇于开拓、大胆实践,在建设社会主义新农村的伟大实践中经风雨、长见识、增才干;第四,要尊重农民、心系农民,在服务农民群众中增进同他们的感情,赢得他们的信任、

---

① 中共中央组织部组织局:《大学生"村官"政策指南》,党建读物出版社,2009 年,第 5 页。

② 中共中央组织部组织局:《大学生"村官"政策指南》,党建读物出版社,2009 年,第 6 页。

③ 中共中央组织部组织局:《大学生"村官"政策指南》,党建读物出版社,2009 年,第 9~14 页。

理解和支持。

关于大学生村官工作的意义，中共中央政治局委员、中央书记处书记、中央组织部部长李源潮在选聘高校毕业生到村任职工作座谈会上也指出，选聘高校毕业生到村任职，是党中央作出的一项重大决策，对于深入贯彻落实科学发展观，加快推进社会主义新农村建设，培养造就经过基层实践锻炼、对人民群众有深厚感情的党政干部后备人才，具有重大而深远的战略意义。首先，选聘高校毕业生到村任职，是培养有知识、有文化的新农村建设带头人的战略举措。其次，选聘高校毕业生到村任职，是优化党政干部来源结构、保持党同人民群众血肉联系的长远大计。在新的历史条件下，党政干部队伍的来源结构发生了很大变化，多数是从学校门直接进机关门的干部，从农民、工人中成长起来的越来越少。机关层次越高，来自基层和生产一线的就越少。若这种情况发展下去，就会造成我国干部队伍结构的根本性缺陷，产生官僚化和机关化的危险，疏远干部与人民群众的感情，影响党执政的政治基础。再次，选聘高校毕业生到村任职，是从工农一线培养年轻干部优良传统的继承和发扬。从战争岁月到和平年代，从新中国成立到改革开放时期，我们党都注重在工农群众中培养锻炼干部，推动青年知识分子走与工农群众相结合的成长道路，在革命和建设第一线成长起了大批治党、治国、治军的优秀领导人才。现在的党政领导干部许多都有在农村工作的经历。

中央领导同志的讲话主要从两个方面对大学生村官工作的意义进行了强调，一方面是为将大学生培养成人才，另一方面是为农村输送人才。从这点看，大学生村官工作与选调生工作一脉相承。

（2）启动"选聘高校毕业生到村任职"项目

2007年12月，胡锦涛在中央组织部上报的《关于选聘高校毕业生到村任职的建议》上作出重要批示："此事具有长远战略意义，赞成试行。要制定具体实施办法,明确有关政策,报中央审定。考虑到地区差别,似应由各地确定细则。"①
2008年2月,习近平在全国组织工作会议上指出,用5年时间选聘10万名高校
毕业生到村任职,逐步解决村级组织干部队伍后继乏人问题。党的十七届三中
全会通过的《中共中央关于推进农村改革发展若干重大问题的决定》提出,引导
高校毕业生到村任职,实施一村一名大学生计划。2010年6月,《国家中长期人
才发展规划纲要(2010—2020年)》提出,实施高校毕业生基层培养计划,到
2020年,实现一村一名大学生目标。

2008年4月,中央组织部等部门《关于选聘高校毕业生到村任职工作的意
见(试行)》提出,从2008年开始选聘高校毕业生到村任职,连续5年,每年选聘
2万名,共10万名。在村任职2年后,报考党政机关公务员的毕业生,享受放宽
报名条件、增加分数等优惠政策。

《意见》的印发,标志着选聘高校毕业生到村任职项目的正式启动。

(3)建立选聘高校毕业生到村任职工作长效机制

大学生村官项目是长远战略性工作,自然要追求长效。2009年4月,中央组
织部等部门《关于建立选聘高校毕业生到村任职工作长效机制的意见》提出,各
地要建立定期选聘、岗位培训、配套保障、跟踪培养、正常流动、齐抓共管等制
度。2010年5月,中央组织部等部门《关于做好大学生"村官"有序流动工作的意
见》提出了大学生村官的"五条出路",即留任村干部、考录公务员、自主创业、另
行择业和继续学习,要求进一步完善从大学生村官中选任乡镇领导干部政策。
2010年7月,人力资源与社会保障部、国家公务员局《关于开展从大学生村官等
服务基层项目人员中考试录用公务员工作的通知》提出,从2010年起,开展从
大学生村官等服务基层项目人员中定向考录公务员工作。《通知》强调,从大学

---

① 中共中央组织部组织局:《大学生"村官"政策指南》,党建读物出版社,2009年,第21页。

生村官等服务基层项目人员中考录公务员,应面向服务期满、考核称职(合格)的大学生村官等服务基层项目人员。各省(自治区、直辖市)每年应拿出公务员考录计划的10%至15%,面向大学生村官等服务基层项目人员定向考录。大学生村官等服务基层项目人员较少的地方可适当降低比例,但考录数量不少于当年服务期满人员数的10%。大学生村官等服务基层项目人员报考公务员,不再实行加分等优惠政策。2012年7月,中央组织部等部门印发《关于进一步加强大学生村官工作的意见》。《意见》从明确目标规划、规范岗位管理、改进选聘工作、加强教育关爱等13个方面提出具体措施,在长效机制建立上又向前推进了一步。

(4)大学生村官工作取得显著成效

2012年9月,《光明日报》发表的文章《唱响新时代的青春之歌——全国大学生村官工作综述》指出,2008年以来,中共中央组织部等多个部门就大学生村官工作出台了14个规范性文件。2008年至2011年,全国累计200多万名高校毕业生报名大学生村官,选聘大学生村官30万名,在岗21.2万名,覆盖全国行政村总数的三分之一以上,其中大学本科毕业生占66.1%,中共党员占57%,学生干部占26%。截至2011年底,全国20万名大学生村官服务期满,其中留村任职11.3万名、进入公务员队伍3.1万名、自主创业0.6万名、另行择业3.6万名(含2.3万名进入事业单位)、继续学习深造0.1万名。中央提出的“五条出路”条条畅通,基本形成了有序流动、多元发展的良好局面。

文章指出,大学生村官成为了基层干部队伍的源头活水。全国8.2万名大学生村官进入村“两委”班子,3221名担任村党支部书记,1839名担任村委会主任,3151名走上乡镇(街道)领导岗位,531名被列为县(处)级后备干部。

经过近五年努力,大学生村官工作成绩卓著。

3.选调生主要从大学生村官及其他到基层工作的高校毕业生中招考

习近平指出,要坚持和完善选调生制度,精心挑选优秀大学生到基层艰苦岗位和复杂环境中去锻炼。①

大学生村官等项目实施后,选调生成为其出路之一,参与大学生村官等基层就业项目的往届高校毕业生成为了选调生的重要来源。中共中央政治局委员、中央书记处书记、中央组织部部长李源潮在到村任职高校毕业生代表座谈会上指出,1980 年以来,全国选调了 10 万多优秀大学生到基层培养锻炼,目前担任县处级以上领导职务的已有 5800 多人。②选聘高校毕业生到村任职,与以往选调生不同,不具有公务员身份,带有一定的志愿者的性质。为解决大学生村官的出路问题,2018 年 4 月,中央提出,大学生村官在村任职 2 年以上,具备选调生条件和资格的,经组织推荐,可参加选调生统一招考。③2008 年 12 月,习近平在与大学生村官代表座谈时又提出,选调生应主要从具有基层工作经历的高校毕业生中招考。④2009 年 4 月,中央随之明确选调生主要从具有 2 年以上基层工作经历的大学生村官及其他到基层工作的高校毕业生中招考。⑤报考公务员和选调生的大学生村官,须在聘期内表现优秀、考核称职,并经县级组织、人力资源和社会保障部门推荐同意。之后,中央《关于做好大学生"村官"有序流动工作的意见》对此又进行了强调。

2012 年 7 月,中央正式提出统筹选调生工作与大学生村官工作。经过 1 至 2 年,面向大学生村官录用选调生的比例一般应达到当年选调生录用计划的

① 中共中央文献研究室:《十七大以来重要文献选编(上)》,中央文献出版社,2009 年,第 216 页。
② 中共中央组织部组织局:《大学生"村官"政策指南》,党建读物出版社,2009 年,第 35 页。
③ 中共中央组织部组织局:《大学生"村官"政策指南》,党建读物出版社,2009 年,第 48 页。
④ 中共中央组织部组织局:《大学生"村官"政策指南》,党建读物出版社,2009 年,第 18 页。
⑤ 中共中央组织部组织局:《大学生"村官"政策指南》,党建读物出版社,2009 年,第 80 页。

70%以上,①逐步实现选调生工作与大学生村官工作并轨。

2008年启动的全国大学生村官工作丰富了选调生到基层培养锻炼的内涵。选调生选拔的对象最初是应届优秀大学毕业生,选调生的最低定位为公务员,以往选调生最多下沉到乡镇(街道)一级,尽管乡镇(街道)的选调生也联系行政村(社区)工作,但与真正到村(社区)任职工作内容不一样。中央多次提出大学生村官工作与现有的选调生工作相衔接问题,预示着选调生将到村任职,在村(社区)这个最基层的广阔舞台进行培养锻炼。同时,随着定向选调生工作的迅猛发展,选调生工作面临着加强和改进的问题。

---

①　《关于进一步加强大学生村官工作的意见》,《村委主任》,2012年第13期。

综 述

这一时期党的选调生工作紧跟全党解放思想、改革开放的历史步伐,适应从计划经济体制到社会主义市场经济体制、从封闭半封闭到对外开放的历史性转变,把重点转到服务于"一个中心、两个基本点"的基本路线上来。党紧紧围绕在新的历史时期干部队伍"四化"方针和党管人才原则、人才强国战略,站在选拔培养各级领导班子接班人、推进新老干部的合作与交替、建设后备干部队伍的高度统筹谋划选调生工作,大力加强选调生队伍建设。在推进党的建设新的伟大工程、服务中国特色社会主义伟大事业中,选调生工作取得了显著成就。

选调生工作适应伟大历史转折的新要求,在拨乱反正、改革开放中开启了蓬勃发展的新时期。以邓小平同志为主要代表的中国共产党人,在开辟中国特色社会主义道路的伟大实践中创立邓小平理论, 开创党的建设新的伟大工程。"文化大革命"结束后的两年间,由于"左"的指导思想没有得到根本纠正,选调生工作恢复的时机尚未成熟。党的十一届三中全会重新确立马克思主义的思想路线、政治路线和组织路线。党用邓小平理论指导选调生工作,坚持以思想解放引领选调生工作的拨乱反正和改革创新,继续采用20世纪60年代选调生工作的办法,作为培养领导人才的途径之一;将选调生工作提高到实现领导班子"四化"的一项重大战略措施和建设第三梯队的重要组成部分的高度,用选调生工作推动干部队伍"四化"进程,在中央党校举办以选调生为主要培养对象的三年制培训班;选调生被列为战略后备队伍,被选拔进县级以上领导班子;印发《关于选调应届优秀大学毕业生到基层培养锻炼的通知》,将选调生工作推向全国,等等。

选调生工作坚持围绕中心、服务大局,在经受各种风浪考验、推动社会主义市场经济发展中开创改革创新、全面进步的新局面。以江泽民同志为主要代表的中国共产党人,创立"三个代表"重要思想,把中国特色社会主义伟大事业和党的建设新的伟大工程成功推向21世纪。党的选调生工作坚持以"三个代表"重要思想为指导,主动适应建立社会主义市场经济体制的改革目标和加强党的建设的新形势,不断解放思想、改革创新,取得了重大进展。着力解决机关干部队伍中"三门"干部的素质难以较快适应领导机关工作的问题,提出选拔优秀应届大学毕业生进入国家机关工作,应先到基层锻炼后再回来工作的要求;提出应坚持选调生工作的方式,培养造就千百万社会主义事业接班人;抓紧培养教育青年干部,逐渐恢复选调生工作;抓紧培养选拔优秀年轻干部,重点培养选调生;召开全国选调生工作座谈会,总结近20年来选调生工作的做法和经验;印发《关于进一步做好选调应届优秀大学毕业生到基层培养锻炼工作的通知》,明确21世纪选调生工作的重点;进一步发挥选调生工作在各地、各部门组织工作大局中的重要作用;加强选调生的中远期培养,举办中央党校选调生培训班。

选调生工作紧紧围绕党的执政能力建设和先进性建设这条主线,在不断改革创新、推动科学发展中迈向新的高度。以胡锦涛同志为主要代表的中国共产党人提出科学发展观,强调继往开来、与时俱进,在全面建设小康社会实践中把党的建设新的伟大工程继续推向前进。党的选调生工作坚持以科学发展观为指导,着力转变不适应不符合科学发展观的思想观念,着力解决影响和制约科学发展的突出问题,着力为科学发展选拔选调生、聚集优秀大学生人才、夯实基层建设所需的干部队伍;贯彻执行《中华人民共和国公务员法》《党政领导班子后备干部工作规定》《关于进一步做好选调应届优秀大学毕业生到基层培养锻炼工作的通知》,做到选调生工作与时代需要相匹配,与国家公务员制度相衔接,与后备干部工作制度相适应;贯彻执行党管人才原则和人才强国战略,提高选调生的选拔标准,探索定向选调生工作;适应改革发展的新形势和干部队伍建设的新要求,进一步拓展选调生工作的领域;加大选调生工作力度,进一步扩大选调生的规模,引导和鼓励高校毕业生面向基层就业;适应建立来自基层一线党政领导干部培养选拔链要求,强化选调生工作定位,统筹选调生工作与大学生村官工作。

1986年中央召开的选调生工作会议充分肯定了1980年以来的选调生工作。然而随着这一工作在实施过程中出现的一些问题,特别是"预定人选"的办法已经不能适应新的情况,由此带来的一些消极影响,我们党不得不对这一工作进行新的改变和调整。同时,由于在这期间高校招生和工作分配制度的不断变革,社会对这一政策存在一定的质疑,加上需要到基层锻炼的毕业生逐年增多,更多的知识分子在实践中不断成长起来,使党和国家在吸收干部中可选择的机会也越来越多,从而改变了以往干部青黄不接的现状,"可以不再由组织部门继续出面从高校直接公开选调毕业生",这就使选调生工作在政策上做出了很大的转变。这种转变在一定程度上消解了社会疑问,使干部选拔任用更加透明化、公开化,为选调生工作的进一步发展奠定了基础。虽然选调生的培养工作未暂停,应届大学毕业生通过其他渠道到基层工作锻炼的途径没有改变,但是选调生的挑选工作开启了暂停模式。培养造就千百万社会主义事业的接班人,需要源源不断地挑选优秀应届大学毕业生到基层培养锻炼。

1991年9月,中共中央在《关于抓紧培养教育青年干部的决定》中提出"地(市)以上组织人事部门每年可从应届大学毕业生中挑选一批品学兼优的学生,分配到基层去培养锻炼",标志着选调生的挑选工作重新开始启动。从1992年开始,一些地方挑选了部分选调生。这个启动期比较长,直到2000年1月中央组织部印发《关于进一步做好选调应届优秀大学毕业生到基层培养锻炼工作的通知》，才得以全面启动完成。年轻干部工作客观上缺少了选调生工作这一重要助力，而且1992年至1999年间，特别是这段时间中前几年挑选的选调生，由于主要是自然分配、跟踪管理，又受市场经济大潮的影响，培养锻炼效果不佳。实践证明，这种选拔和培养方式背离了开展选调生工作的初衷。

回顾总结这一时期党的选调生工作的生动实践，坚持解放思想、实事求是，改革创新、与时俱进，是其突出特点和重要经验。一是始终在培养党的干部及领导干部这个总目标的统帅下进行。选调生工作先后提出过加强省部级领导班子建设，培养党和国家机关干部队伍、地级以上党政机关干部队伍、县级以上党政机关干部队伍，重点是培养党政领导干部后备人选，同时为县级以上党政机关培养高素质的工作人员，从在基层工作的选调生中择优选拔任用乡镇（街道）领导干部，从选调生中选用县级以上党政机关工作人员等目标，然后根据目标来开展选调生的选拔、培养等各项工作，做到永远不偏离培养党的干部及领导干部这个轨道。二是注重发挥作用。这一时期不同时间段的选调生工作具有不同的作用。20世纪80年代选调生工作的作用是建设好"第三梯队"，培养年轻又有大学文化程度的党政领导干部，改善各级领导班子的结构，实现领导班子"四化"。20世纪90年代至21世纪初，选调生工作的作用是改善基层干部队伍的结构，增强基层干部队伍的活力，为培养选拔优秀年轻干部、加强领导班子及其后备干部队伍建设、培养造就适应改革开放和社会主义现代化建设需要的领导人才服务。三是着眼长远战略考虑。在中央党校举办以选调生为主体的三年制培训班，是为培养战略后备队伍。提出选调生工作"事关全局、事关长远"的重要论述。加强选调生中远期的跟踪培养，在中央党校举办地厅级领导干部选调生培训班。四是坚持高标准。严格选调条件，要求选调生政治素质好、学历高，具备共产党员、优秀学生干部和三好学生等条件，探索定向重点高校选调。参加中央党校三年制培训班的选调生必须是有培养前途的年轻优秀党员干部或县处级干部,参加中央党校选调生培训班的选调生必须是年轻的地厅级领导干部或优秀县处级领导干部。五是选调生的规模要能满足党中央的要求和新形势新任务的需要。先后提出大省每年200名左右、小省50名左右,进一步扩大选调生规模等要求。选调生的招录规模与高等教育、干部队伍等的规模挂钩,与经济社会发展相适应,并从专业、妇女干部、少数民族干部等方面优化人员结构。六是基层锻炼培养和教育培养并重。选拔优秀应届大学毕业生进入国家机关工作,应先到基层锻炼后再回来工作。引导和鼓励高校毕业生面向基层就业,统筹选调生工作与大学生村官工作,建立来自基层一线党政领导干部培养选拔链。强化选调生的教育培训,列入干部培训总体规划。中央带头培训选调生,地方及时跟进。采取岗前培训与脱产轮训等多种形式,理论培训与实践锻炼相结合。

第四篇

中国特色社会主义新时代
党的选调生工作

第七章　采取一系列战略性举措

党的十八大以来,中国特色社会主义进入新时代。党面临的主要任务是,实现第一个百年奋斗目标,开启实现第二个百年奋斗目标新征程,朝着实现中华民族伟大复兴的宏伟目标继续前进。

以习近平同志为核心的党中央统筹把握中华民族伟大复兴战略全局和世界百年未有之大变局,强调中国特色社会主义新时代是承前启后、继往开来、在新的历史条件下继续夺取中国特色社会主义伟大胜利的时代,是决胜全面建成小康社会,进而全面建设社会主义现代化强国的时代,是全国各族人民团结奋斗、不断创造美好生活、逐步实现全体人民共同富裕的时代,是全体中华儿女勠力同心、奋力实现中华民族伟大复兴中国梦的时代,是我国不断为人类作出更大贡献的时代。中国特色社会主义新时代是我国发展新的历史方位。

以习近平同志为主要代表的中国共产党人,坚持把马克思主义基本原理同中国具体实际相结合、同中华优秀传统文化相结合,坚持毛泽东思想、邓小平理论、"三个代表"重要思想、科学发展观,深刻总结并充分运用党成立以来的历史经验,从新的实际出发,创立了习近平新时代中国特色社会主义思想。

习近平总书记对关系新时代党和国家事业发展的一系列重大理论和实践问题进行了深邃思考和科学判断,就新时代坚持和发展什么样的中国特色社会主义、怎样坚持和发展中国特色社会主义,建设什么样的社会主义现代化强国、怎样建设社会主义现代化强国,建设什么样的长期执政的马克思主义政党、怎样建设长期执政的马克思主义政党等重大时代课题,提出一系列原创性的治国理政新理念新思想新战略,是习近平新时代中国特色社会主义思想的主要创立者。习近平新时代中国特色社会主义思想是当代中国马克思主义、二十一世纪马克思主义,是中华文化和中国精神的时代精华,实现了马克思主义中国化新的飞跃。党确立习近平同志党中央的核心、全党的核心地位,确立习近平新时代中国特色社会主义思想的指导地位,反映了全党全军全国各族人民共同心愿,对新时代党和国家事业发展、对推进中华民族伟大复兴历史进程具有决定性意义。

改革开放以后,党和国家事业取得重大成就,为新时代发展中国特色社会主义事业奠定了坚实基础、创造了有利条件。同时,党清醒认识到,外部环境变化带来许多新的风险挑战,国内改革发展稳定面临不少长期没有解决的深层次矛盾和问题以及新出现的一些矛盾和问题,管党治党一度宽松软带来党内消极腐败现象蔓延、政治生态出现严重问题,党群干群关系受到损害,党的创造力、凝聚力、战斗力受到削弱,党治国理政面临重大考验。

以习近平同志为核心的党中央,以伟大的历史主动精神、巨大的政治勇气、强烈的责任担当,统筹国内国际两个大局,贯彻党的基本理论、基本路线、基本方略,统揽伟大斗争、伟大工程、伟大事业、伟大梦想,坚持稳中求进工作总基调,出台一系列重大方针政策,推出一系列重大举措,推进一系列重大工作,战胜一系列重大风险挑战,解决了许多长期想解决而没有解决的难题,办成了许多过去想办而没有办成的大事,推动党和国家事业取得历史性成就、发生历史性变革。

党的十八大以来,以习近平同志为核心的党中央领导全党全军全国各族人民砥砺前行,全面建成小康社会目标如期实现,彰显了中国特色社会主义的强大生机活力,党心军心民心空前凝聚振奋,为实现中华民族伟大复兴提供了更为完善的制度保证、更为坚实的物质基础、更为主动的精神力量。中国共产党和中国人民以英勇顽强的奋斗向世界庄严宣告,中华民族迎来了从站起来、富起来到强起来的伟大飞跃。

2012年11月,中国共产党召开第十八次全国代表大会。大会确立了科学发展观的历史地位,提出了我们党团结带领全国各族人民夺取中国特色社会主义新胜利的奋斗目标和行动纲领。2017年10月,中国共产党召开第十九次全国代表大会。大会把习近平新时代中国特色社会主义思想确立为全党必须长期坚持的指导思想,提出了新时代坚持和发展中国特色社会主义的基本方略,描绘了决胜全面建成小康社会、夺取新时代中国特色社会主义伟大胜利的宏伟蓝图,进一步指明了党和国家事业的前进方向。2022年10月,中国共产党召开第二十次全国代表大会。这是在全党全国各族人民迈上全面建设社会主义现代化国家新征程、向第二个百年奋斗目标进军的关键时刻召开的一次十分重要的大会,是一次高举旗帜、凝聚力量、团结奋进的大会。大会高举中国特色社会主义伟大旗帜,全面贯彻习近平新时代中国特色社会主义思想,分析了国际国内形势,回顾总结了过去五年的工作和新时代十年的伟大变革,阐述了开辟马克思主义中国化时代化新境界、中国式现代化的中国特色和本质要求等重大问题,擘画了全面建成社会主义现代化强国、以中国式现代化全面推进中华民族伟大复兴的宏伟蓝图和实践路径,对统筹推进"五位一体"总体布局、协调推进"四个全面"战略布局作出了全面部署。

党的十八大以来,不断加强后继有人工作。党强化党组织的领导把关,突出政治素质要求,从德才标准、公正用人、事业为上、用人视野、干部积极性等方面建设高素质干部队伍。党着眼党和国家事业、干部队伍长远建设,突出长远规划、及时发现和储备,健全责任制,从政策制度、来源、结构、人选产生方式、从严管理等方面加强年轻干部工作,注重基层艰苦地区和斗争一线锻炼。党实行发展党员总量调控,加强从青年、共青团员中发展党员。党确立人才引领发展定位,深化人才体制机制改革,面向党内外、国内外培养造就优秀人才,加强专业化、国际视野等训练。后继有人工作为党和人民事业发展注入新的生机和活力,为打赢脱贫攻坚战、实施乡村振兴战略等党和人民各项事业提供了坚强组织保证。

注重年轻干部的选拔任用。党的十八大报告提出,加大培养选拔优秀年轻干部力度,鼓励年轻干部到基层和艰苦地区锻炼成长。党的十九大报告提出,大力发现储备年轻干部,注重在基层一线和困难艰苦的地方培养锻炼年轻干部,源源不断选拔使用经过实践考验的优秀年轻干部。中央先后印发《关于加强和改进优秀年轻干部培养选拔工作的意见》和《关于适应新时代要求大力发现培养选拔优秀年轻干部的意见》。2018年6月,中央提出健全完善年轻干部选拔、培育、管理、使用环环相扣又统筹推进的全链条机制,形成优秀年轻干部不断涌现的生动局面。2018年7月,习近平总书记提出新时代党的组织路线,即全面贯彻新时代中国特色社会主义思想,以组织体系建设为重点,着力培养忠诚干净担当的高素质干部,着力集聚爱国奉献的各方面优秀人才,坚持德才兼备、以德为先、任人唯贤,为坚持和加强党的全面领导、坚持和发展中国特色社会主义提供坚强组织保证。此后,党以新时代党的组织路线指导年轻干部工作。党的十九届六中全会深刻总结党百年奋斗经验,提出了"党和人民事业发展需要一代代中国共产党人接续奋斗,必须抓好后继有人这个根本大计"这一重大战略任务,对优秀年轻干部、优秀青年党员、优秀人才工作进行部署。习近平总书记先后六次出席中央党校(国家行政学院)中青年干部培训班开班仪式并发表重要讲话。他强调要"建设一支忠实贯彻新时代中国特色社会主义思想、符合新时期好干部标准、忠诚干净担当、数量充足、充满活力的高素质专业化年轻干部队伍","培养选拔优秀年轻干部是一件大事,关乎党的命运、国家的命运、民族的命运、人民的福祉,是百年大计"。

　　党的二十大对与选调生工作关系密切的教育人才、干部培养、青年工作作出新的全面部署。教育人才方面，党的二十大报告指出，"教育、科技、人才是全面建设社会主义现代化国家的基础性、战略性支撑"，"培养造就大批德才兼备的高素质人才，是国家和民族长远发展大计"，提出要"实施科教兴国战略，强化现代化建设人才支撑"，"深入实施人才强国战略"。干部培养方面，党的二十大报告提出，要"建设堪当民族复兴重任的高素质干部队伍"，"加强实践锻炼、专业训练，注重在重大斗争中磨砺干部"，"抓好后继有人这个根本大计，健全培养选拔优秀年轻干部常态化工作机制，把到基层和艰苦地区锻炼成长作为年轻干部培养的重要途径"。青年工作方面，党的二十大报告提出，"全党要把青年工作作为战略性工作来抓"。党的二十大还将党章中有关接班人的表述修改为"培养和造就大批堪当时代重任的社会主义事业接班人"，突出接班人的胜任力。

　　2023 年 6 月召开的全国组织工作会议，用"十三个坚持"集中概括了习近平总书记关于党的建设的重要思想，其中第七个坚持是"坚持造就忠诚干净担当的高素质干部队伍"。中共中央政治局常委、中央书记处书记蔡奇在会上指出，新时代党的建设和组织工作要经常同习近平总书记关于党的建设的重要思想对标对表，确保沿着正确方向前进。要抓好后继有人这个根本大计。树立战略眼光，坚持把基层一线作为培养锻炼干部的基础阵地，健全培养选拔优秀年轻干部常态化工作机制，把年轻干部放到基层和艰苦地区多"墩墩苗"，把基础搞扎实。对于那些搞"自我设计"、走歪门邪道的人，决不能任用。要加强对年轻干部的教育管理监督，引导年轻干部对党忠诚老实、坚定理想信念、时刻自重自省、严守纪律规矩，扣好廉洁从政的第一粒扣子，防止出现年轻干部"前脚刚踏上仕途，后脚就步入歧途"现象。中共中央政治局委员、中央书记处书记、中央组织部部长李干杰在会议总结讲话中，突出强调了培养选拔优秀年轻干部工作。他指出，这是事关党的事业薪火相传、后继有人的根本大计。要树立战略眼光，强化责任意识,完善日常发现、跟踪培养、适时使用、从严管理的常态化工作机制,源源不断培养造就堪当民族复兴重任的优秀年轻干部。要坚持越是重点选拔的越要重点管理、越是有培养潜力的越要严格要求,引导年轻干部对党忠诚老实,坚定理想信念,牢记初心使命,严守纪律规矩,做到心有所畏、言有所戒、行有所止。

上述论述和部署对选调生工作提出了更高要求。

一、中央和地方定向选调生工作全面展开

习近平总书记指出,我们要锚定 2035 年跻身创新型国家前列、建成人才强国的远景目标,下大气力全方位培养、引进、用好人才。①

把人才工作摆在突出位置。党的十八届三中全会提出,要建立集聚人才体制机制,择天下英才而用之。2016 年 12 月,中央办公厅、国务院办公厅印发的《关于进一步引导和鼓励高校毕业生到基层工作的意见》提出,加大招录国家重点高校优秀毕业生到乡镇一线和其他基层单位工作的力度,为基层干部队伍建设提供源头活水。②2017 年 4 月,中共中央、国务院印发的《中长期青年发展规划(2016–2025 年)》又提出,要坚持自主培养开发与海外引进并举,用好国内优秀人才,吸引海外高层次青年人才和急需紧缺青年专门人才。③党的十九大报告部署了人才工作,鼓励引导人才向边远贫困地区、边疆民族地区、革命老区和基层一线流动。2021 年 9 月,习近平总书记在中央人才工作会议上指出,我国拥有世界上规模最大的高等教育体系,有各项事业发展的广阔舞台,完全能够源源不

① 习近平:《深入实施新时代人才强国战略 加快建设世界重要人才中心和创新高地》,《求是》,2021 年第 24 期。

② 《中办国办印发〈意见〉进一步引导和鼓励高校毕业生到基层工作》,《人民日报》,2017 年 1 月 25 日。

③ 《中共中央国务院印发〈中长期青年发展规划(2016—2025 年)〉》,《广西日报》,2017 年 4 月 14 日。

断培养造就大批优秀人才,完全能够培养出大师。他强调,对待急需紧缺的特殊人才,要有特殊政策,不要求全责备,不要论资排辈,不要都用一把尺子衡量,让有真才实学的人才英雄有用武之地。

习近平总书记的重要论述和中央的要求无疑为选调生工作特别是定向选调生工作的开展提供了理论指导和行动指南。

党的十八大以来,截至 2017 年 9 月,全国考试录用公务员 97.4 万人,选调优秀高校毕业生 5 万多人。①选调生工作涉及范围之广,前所未有。除西藏自治区外,中央机关、30 个省(自治区、直辖市)和新疆生产建设兵团均开展了选调生工作。

定向选调生工作贯彻落实党中央的改革要求,主动对接党政机关、高校和基层,主动服务国家发展战略,重点引进高层次人才和急需紧缺专业人才,把更多的国(境)内外优秀大学毕业生吸纳到干部队伍中来。

1.定向国内高校选调

2014 年,中央组织部、国家公务员局开展中央机关选调应届优秀大学毕业生试点。中央选调生招考考务工作与中央机关及其直属机构当年度考试录用公务员工作同步实施。从此至今,中央机关每年都要从有关高校选调应届优秀大学毕业生到机关工作,然后派到基层挂职锻炼。

2015 年,上海市试点面向北京大学、清华大学、中国人民大学、中国科学技术大学、南京大学、浙江大学、复旦大学、同济大学、上海交通大学、华东师范大学、华东理工大学、东华大学、上海外国语大学、上海财经大学和上海大学等 15 所重点高校以及上海市优秀大学生"选苗育苗工程",选调 100 名品学兼优、综合素质较高、有志于从事党政管理工作的全日制本科以上应届大学毕业生,充实到市级机关和区级机关。《上海市面向部分重点高校开展选调生工作试行办

---

① 《建设一支宏大的高素质干部队伍》,《人民日报》,2017 年 9 月 15 日。

法》明确,选调生直接招录为公务员,由市编办统一核定人员编制控制数,挂靠市公务员局,并负责做好日常人事管理工作;选调生最低服务年限为 5 年,先期安排到基层单位进行为期 2 年的实践锻炼,期满后正式转任各市级机关和区级机关。截至 2017 年,已招录 2015 级选调生 89 人、2016 级选调生 92 人、2017 级选调生 96 人。[①]

吉林省面向国内重点高校 2018 年应届毕业博士、硕士研究生和往届毕业留校的教职工定向招录选调生。录用为省直、市直机关公务员,试用期 1 年,试用期内安排挂职担任乡镇党政副职。录用后,由省委组织部跟踪管理,重点培养,纳入相应层级后备干部。博士:试用期满后,具有 2 年以上工作经历的任职定级为副调研员,安排挂职或担任县(自治区、直辖市)政府副职;不足 2 年工作经历的定为主任科员,在原挂职乡镇继续锻炼 1 年,锻炼期满后任副调研员,然后安排挂职或担任县(自治区、直辖市)政府副职。安排跟所在单位主要领导跟班学习半年以上。硕士:试用期满后,具有 2 年以上工作经历的任主任科员;不足 2 年工作经历的任副主任科员,任职满 1 年后晋升为主任科员。根据本人意愿,可安排担任乡镇党政副职或县直部门副职,也可回省直、市直机关工作。到乡镇和县直部门工作的,安排跟所在单位主要领导跟班学习半年以上。

自 2014 年"名校英才入冀"开始实施至 2018 年,河北省连续 5 年从全国各重点院校定向招录选调生 1789 名,其中硕士 1254 人,博士 63 人。5 年来共招录北京大学、清华大学定向选调生 400 名,[②]自 2016 年起年度招录数量连续 3 年全国第一。

定向国内高校选调并不局限于"双一流"高校,有的地方定向"双非"高校选

---

① 《上海年鉴》编纂委员会:《上海年鉴 2017》,上海年鉴社,2017 年,第 69 页。

② 《"名校英才入冀"实施 5 年来 我省面向全国重点院校定向招录选调生 1789 名 其中北大清华定向选调生 400 名,年度招录数量连续三年全国第一》,《河北日报》,2018 年 8 月 13 日。

调,如贵州省 2024 年度定向遵义医科大学、贵州中医药大学和贵州理工学院等省属高校选调,江西省 2024 年度从江西中医药大学、景德镇陶瓷大学等高校选调应届优秀大学毕业生。

同时,福建、湖北等少数省创新开展引进生工作。这项工作与选调生工作类似,专门引进国内少数大学特定专业的研究生。

2.定向国(境)外高校选调

从 2013 年启动面向国内外部分知名高校定向选调急需紧缺专业优秀毕业生工作以来,截至 2017 年,四川省已选调四批次共 1417 人。[1]

2014 年 10 月,四川省发布 2015 年度面向国(境)外知名高校选调优秀大学毕业生公告。2017 年度的定向选调,共有 25 名哈佛大学、剑桥大学等国(境)外名校毕业生通过报名审核,2018 年度的定向选调,共吸引剑桥大学等名校城市规划与建设专业硕士、博士研究生 36 名。[2]2023 年 10 月,四川省继续面向国(境)外部分知名高校选调急需紧缺专业应届优秀大学毕业生,哈佛大学等 54 所国(境)外高校全日制硕士研究生及以上学历学位毕业生,或者 54 所外的国(境)外其他高校全日制博士研究生且全日制硕士研究生在 54 所国(境)外知名高校就读的可报考,两者均要求全日制本科须有"双一流"建设高校或本次选调范围内高校就读经历并取得相应学历学位、2023 年 8 月 1 日至 2024 年 7 月 31 日毕业且取得教育部学历认证。[3]54 所国(境)外高校名单根据截至 2023 年 9 月 25 日的 US News、QS、Times、ARWU 世界大学最新综合排名确定,其中在四项世

① 《清华大学选调生和青年校友座谈会在蓉召开 今年 26 名急需紧缺专业毕业生选调来川》,《四川日报》,2018 年 4 月 9 日。

② 《打通源头活水,让更多优秀年轻干部走出来 1898 名 2018 届选调生产生的背后》,《四川日报》,2018 年 10 月 24 日。

③ 《四川省面向国(境)外部分知名高校选调 2024 届优秀大学毕业生公告》,四川省人力资源和社会保障厅官网。

界大学综合排名中均列前 50 的高校不限专业，其他高校须符合四川省急需紧缺专业范围。

除四川外，定向国（境）外高校选调的还有上海、云南、北京、山东、辽宁、重庆等地。

上海市 2024 年度选调生工作试点招录国（境）外高水平大学优秀应届毕业生，[①]高校范围参照上海市留学回国人员可直接办理落户的国（境）外高校名单。国（境）外高水平大学优秀应届毕业生由市委组织部会同招录单位进行择优审核。对国（境）外高水平大学优秀应届毕业生，增加全球视野方面的考察内容。同时，对试点招录国（境）外高水平大学优秀应届毕业生的职位单独划定分数线。

云南省 2024 年度试点面向 98 所国（境）外大学硕士研究生及以上学历层次毕业生招录 10 名定向选调生，[②]要求最高学历学制 1 年及以上，专业不限，大学本科阶段就读高校属国内 154 所指定大学范围，须开展心理素质测查和政审。

北京市 2024 年度从 2023 年软科世界大学学术排名前 100 名的国（境）外高校毕业生中招录选调生，非北京常住户口留学人员应符合《北京市促进留学人员来京创业和工作暂行办法》规定的条件要求。[③]

山东省 2024 年度选调生招录将 96 所国（境）外高校与部分国内高校一起放在第二批，面向国内外部分高校及相关专业毕业生实施定向选调，面向国内高校及国（境）外高校毕业生实施常规选调。

辽宁省将 2024 年度定向国（境）外高校选调与定向国内高校选调绑定在一起，实施联动。选调国（境）外高校硕士及以上研究生，要求其本科或研究生毕业

---

① 《上海市 2024 年度选调应届优秀大学毕业生公告》，北京大学学生就业指导服务中心官网。
② 《云南省面向部分国（境）外大学招录 2024 年定向选调生公告》，云南省人力资源和社会保障网。
③ 《北京市 2024 年度定向选调和"优培计划"招聘应届优秀大学毕业生公告》，北京市人力资源和社会保障局网站。

于国内定向选调高校,经国内定向选调高校就业部门推荐和审核盖章。[①]

重庆市定向选调 2024 届急需紧缺专业应届优秀大学毕业生,国(境)外高校应届优秀博士毕业生和 QS 世界大学排名前 100 位的国(境)外高校硕士及以上应届优秀大学毕业生可报考。

定向选调生工作的出现是为了追求选调生质量的优秀。如果严格定义定向选调生工作和区分定向与非定向选调生工作,那么定向选调生又可以作进一步分类。高校、专业、学历是常用到的分类标准。按高校分类,定向选调生工作分为四种:定向某一类大学选调、定向某一所大学选调、定向指定的大学选调和三种定向选调的结合。

随着一届又一届大学生不断毕业,一届接着一届的选调生也不断产生。定向选调生选拔工作经过十几年的发展,始终未成型,仍然处在不断变动中。

二、"双一流"建设高校大力加强选调生工作

"双一流"建设高校是选调生工作高校的主力军、第一梯队。以 2019 年为例,清华大学、北京大学等 26 所一流大学建设高校共有 6075 名[②]毕业生录用为各省(自治区、直辖市)选调生,其中兰州大学 504 人,四川大学 490 人,山东大学 430 人,北京大学 429 人,浙江大学 363 人,重庆大学 283 人,西北农林科技大学 278 人,清华大学 269 人,华中科技大学 262 人,中南大学 258 人,天津大学 234 人,南京大学 232 人,中国农业大学 228 人,南开大学 222 人,吉林大学 200 人,上海交通大学 169 人,华南理工大学 169 人,湖南大学 165 人,电子科技大学 155 人,同济大学 152 人,东南大学 143 人,中国海洋大学 136 人,哈尔滨

---

① 《辽宁省 2024 年度面向四川大学选调应届优秀大学毕业生公告》,四川大学就业指导中心官网。
② 数据由 26 所一流大学的《2019 年毕业生就业质量报告》汇总而成。

工业大学 121 人,中国科学技术大学 80 人,北京理工大学 57 人,华东师范大学 46 人。

中共中央组织部和各省(自治区、直辖市)党委组织部专门面向"双一流"建设高校应届优秀大学毕业生招考选调生,实现所有国家重点大学全覆盖,这在党的选调生工作历史上是第一次。

清华大学自 2009 年开始定向选调工作,成效显著。[①]截至 2014 年,广西、四川、贵州、甘肃、重庆、新疆、河北等 17 个省(自治区、直辖市)与清华大学开展定向选调合作,近 200 名毕业生赴基层公共部门工作,是 2005 年同类型就业人数的 15 倍。学校支持有志于赴基层工作的学生成立基层公共部门发展研究会,举办"基层校友沙龙""基层校友成长之路"等活动,组织同学赴全国各地开展实践,为学生搭建基层锻炼、学习和交流的平台。持续关注毕业生成长,形成了"扶上马送一程、关心一生"的工作理念。2014 年暑假,校领导及相关部门负责人专程前往贵州、四川、宁夏、甘肃、福建、河北、广西等地看望毕业生,为毕业生职业生涯持续发展提供支持。设立就业奖励,鼓励、支持毕业生扎根基层,建功立业。2016 年,220 余名毕业生通过"定向选调"的方式到基层公共部门就业,奔赴全国 22 个省(自治区、直辖市)。2020 年,与 30 个省(自治区、直辖市)开展定向选调合作,278 名毕业生通过定向选调的渠道到基层公共部门就业。四川、河北、河南三省选调生人数超过 20 人,上海、福建、重庆、山东、浙江、北京、天津等省份选调生人数超过 10 人。近 100 人选调到西部、东北地区工作。

北京大学截至 2019 年的选调生总体规模接近 2000 人。[②]2019 年初,学校启动深入基层"薪火计划",精心选拔聘请 105 名"选调生校友导师",返校举办 50 余场"我在祖国基层"报告会,从朋辈视角讲述真实的青春奋斗故事。提出"鼓励

---

① 《清华大学 2014 年(2016 年、2019 年、2020 年)毕业生就业质量报告》,清华大学官方网站。
② 《北京大学 2019 年毕业生就业质量年度报告》,北京大学官方网站。

选调生上讲台、进课堂,通过让有理想的人讲理想、有信仰的人讲信仰,充分发挥朋辈教育的示范作用"。多门校级思想政治课邀请多位选调生登上讲台,以切身的经验和鲜活的经历影响和激励在校学生。330名学生参加"知行计划"地方党政机关暑期见习期间对话选调生活动。为2019届选调生组织系列专题培训,帮助学生尽早适应工作环境和岗位要求,正式上线网站和微信服务号,为全国各地的选调生建立电子档案,长期关注和精准支持选调生成长,首次邀请西部地区12个省(自治区、直辖市)72名北京大学选调生组成"薪火班"一期,返校培训一周。开展"基层北大人"主题宣传,推出"建功新时代"选调生自述,拍摄选调生专题纪录片《初心和使命》,采访报道30位选调生典型人物,并辑录成书。各地选调生签约人数较多的院系为软件与微电子学院、深圳研究生院、法学院、政府管理学院等。截至2021年,北京大学选调生总人数超过3000人。①

上海交通大学截至2015年与广西、四川、青海、上海等14个省(自治区、直辖市)开展选调合作。②这年,选调生人数达43人。学校推进选调生训练营建设,将训练营学员作为选调生的蓄水池,重点做好选调生推荐和学生基层就业求职指导工作。2019年,选调生人数达169人。2021年,校本部有222人被27个省(自治区、直辖市)录用为定向选调生,比2020年增加16人。其中选调生录取人数较多的省(自治区、直辖市)有上海、江苏、浙江、江西、广西、山东、四川、重庆等;10人入选中央国家机关选调生。2022年,校本部又有230名应届毕业生被25个省(自治区、直辖市)录用为定向选调生,比2021年增加8人。其中19人入选中央国家机关选调生;选调生录取人数最多的五个省(自治区、直辖市)是上海(43人)、四川(33人)、山东(21人)、浙江(17人)和江苏(11人)。2018年至

---

① 《北京大学举办选调生返校培训,强化基层就业引导——"薪火班"助学生在基层圆梦初心》,《中国教育报》,2022年6月11日。

② 《上海交通大学2015年(2019年、2021年、2022年)就业质量报告》,上海交通大学官方网站。

2022年,校本部毕业生被录取为各地定向选调生人员总数930人,其中博士生153人,硕士生656人,本科生121人。

　　复旦大学2019届、2020届、2021届毕业生中分别有超过1400人次、2360人次、3760人次报名参加28个省(自治区、直辖市)的选调生及党政储备人才项目招录,分别有201人、233人、263人完成签约派遣。①学校坚持端口前移,面向在校生实施"基层就业引领计划",持续开展选调生政策宣讲团"进院系、进支部、进班级",2020年、2021年分别举办选调生政策宣讲近40场、60场,覆盖学生各2000余人次。组织"新羽计划"选调生特训营,加强国情教育、政策解读和行政能力的培养。

　　浙江大学于2017年成立基层就业服务协会,为有志于从事党政管理工作的毕业生服务。②学校进一步开拓定向选调生合作地区,在与各地签署有关战略合作协议中,将面向学校招收选调生列为必要条件。到校定向选调的省(自治区、直辖市),由2016届的8个增长到2017届的22个,213名2017届毕业生被录取为选调生。2018届毕业生中又有302人进入选调生队伍,其中浙江81名,四川25名,江苏24名,广西21名,湖南19名,贵州、吉林各18名,安徽16名,山西、陕西各14名,江西13名,湖北、上海各6名,宁夏、山东、新疆、福建各4名,广东、河北、河南各2名,北京、青海、重庆、云南各1名。2019年,当年选调生录取人数达363人。2020年,升至386人。

　　西安交通大学大力配合做好各地各级公务员、选调生的选拔工作。③2017年,31名毕业生被中央组织部、陕西省、甘肃省等录取为选调生。2019年,学校

---

　　① 《2019年度(2020年度、2021年度)复旦大学毕业生就业质量报告》,复旦大学官方网站。

　　② 《浙江大学2017届(2018届、2019届、2020届)毕业生就业质量报告》,浙江大学官方网站。

　　③ 《西安交通大学2016年(2017年、2019年、2020年、2021年)毕业生就业质量报告》,西安交通大学官方网站。

重点做好选调生的宣传推荐和招录工作,为天津、广西等8个省(自治区、直辖市)举办政策宣讲会,为江苏、宁夏等5个省(自治区、直辖市)安排选调生招考笔试、面试、考察等工作。2019年、2020年、2021年分别有139名、161名、191名毕业生被部分中央机关以及陕西等省(自治区、直辖市)录取为选调生或公务员。2021年被录取的毕业生中,陕西32名,浙江24名,江苏21名,山西21名,河南10名,河北、江西、四川各9名,重庆7名,贵州6名,内蒙古5名,甘肃、宁夏、上海各4名,安徽、北京、广东、广西、湖南各3名,黑龙江、天津各2名,福建、湖北、吉林、辽宁、山东、新疆、云南各1名。

华中科技大学2018年有65名本科毕业生加入选调生行列,签约人数最多的依次是贵州(17人)、安徽(8人)、湖北(8人)。①2019年、2020年,到校定向选调的省(自治区、直辖市)分别为18个、27个,选调本科人数分别为59人、39人。本科选调生人数逐年减少,而选调的研究生增多趋势明显,2015年15名,2016年25名,2017年50名,2018年135名,2019年203人,2020年158人。在2020年研究生选调生中,人文社科类占44.18%,理工类占55.82%,具体表现为:人文社科34.88%,经管9.3%,工科40.12%,医学9.88%,理科5.81%。从2018年起,学校通过研究生社团——选调生发展研究会,成立选调生政策宣讲团,依靠"院系+"模式,为学生详细解读选调生政策,答疑解惑。开展"醴泉访谈",让即将到基层工作的准选调生代表"现身说法",使学生更加了解选调生的学习与成长历程。

武汉大学于2018年9月召开选调生工作推进会。会议传达中央组织部、教育部党组关于进一步做好选调生工作的指示精神,总结学校2006年至2018年选调生工作的基本情况和主要做法,提出改进选调生工作的意见和建议。2006

---

① 《华中科技大学2018年(2019年、2020年)本科毕业生就业质量报告》《华中科技大学2018年(2019年、2020年)研究生就业质量报告》,华中科技大学官方网站。

年至 2018 年,学校共有 41 个培养单位的 1153 名毕业生成为 24 个省(自治区、直辖市)的选调生,[①]其中本科 312 人、硕士 781 人、博士 60 人。会议明确四项重点工作:一是广泛宣传教育,把职业规划、理想信念、人生观价值观以及到基层服务就业的宣传教育融入人才培养全过程,同时重点培养推送有理想、有情怀的优秀学生,做好"两个结合",即将研究生挂职锻炼和选调生工作结合起来,将"青年马克思主义者培养工程"培训班学员的选拔培养和选调生结合起来。二是系统开设相关就业指导课,扩大覆盖面和影响力;充分发挥用足选调生发展研究会的作用,通过多种途径面向有志于加入选调生队伍的学生服务。三是探索定向选调生的工作机制,实现招录时间和招录环节"两个前移";完善推荐机制,把好政治关和质量关,强化责任意识,突出政治标准;进一步健全理顺推荐工作机制,既要有数量上的提升,也要保证选调生的质量。四是贯彻落实"扶上马,送一程,关爱一生"的工作理念,通过开设选调生岗前培训班、校领导赴地方看望选调生等助推并持续跟踪服务选调生校友的后续发展与其他诉求,让选调生校友感受学校的关爱与支持,助推他们成长成才。截至 2023 年 10 月,学校被 30个省(自治区、直辖市)列入选调高校名单,累计向全国各地输送选调生超过3000 人。[②]

选调生工作涵盖各级党委组织部、用人单位、基层锻炼单位和高校以及选调生,其中高校是选调生的来源,是选调生选调前的教育培养者,在整个选调生工作链条中,其作用无可替代。省级以上党委组织部通过指定高校、指定职位的方式,将部分选调生名额集中分配给指定的部分高校,并将一些合适的用人单位职位分配给这些高校已经选调上的毕业生,且在用人单位内部安排这些毕业

---

① 《我校选调生工作有序推进》,武汉大学新闻网,2018 年 9 月 22 日,https://news.whu.edu.cn/info/1002/52069.htm。

② 《武汉大学举办首期基层选调生校友返校培训"求是班"》,武汉大学新闻网,2023 年 10 月 24 日,https://news.whu.edu.cn/info/1002/444677.htm。

生以合适的岗位。此举充分调动了指定高校及其选调毕业生的积极性,提高了各级党委组织部和用人单位选调生工作、选调生两者的质量,为着力建设堪当民族复兴重任的高素质公务员队伍作出了突出贡献。

虽然定向选调生选拔与非定向选调生选拔两者均强调个人自愿与学校推荐相结合,但前者比后者选调规模更大、教育培养管理更为规范、组织化程度更高、动员能力更强和有较为完善的管理制度,因而对学生更具吸引力,选调生也有多种渠道,更容易获得高校组织更多支持和资源。

三、培养树立典型

党的十八大以来,党的各级组织、基层组织通过党校培训、挂职任职、领导传帮带等方式,不断加强对选调生的培养锻炼。广大选调生服从组织需要,不辜负领导期待,自觉加强党性修养,素质能力得到全面增强。

选调生工作为打赢脱贫攻坚战、实施乡村振兴战略提供坚强组织保证。大量选调生在广大农村和基层一线工作,为全面建成小康社会贡献青春力量。黄文秀同志是其中的优秀代表。

黄文秀,女,壮族,广西田阳人,中共党员,1989 年 4 月出生,生前系广西壮族自治区百色市委宣传部理论科副科长、百色市乐业县新化镇百坭村党支部第一书记。2016 年 7 月北京师范大学法学硕士毕业,同年同月成为广西定向选调生,被分配到百色市委宣传部工作。

2017 年 9 月至 2018 年 3 月,在党组织的精心安排下,黄文秀同志挂任百色市田阳县那满镇党委副书记,开始到基层培养锻炼;2018 年 3 月起又到村任职,担任百色市乐业县新化镇百坭村党支部第一书记,继续接受组织培养锻炼。2019 年 6 月 16 日,黄文秀同志利用周末回田阳县看望病重手术不久的父亲后,因暴雨心系所驻村群众的生命财产安全,连夜开车返回工作岗位,途中遭遇山洪暴发不幸遇难,年仅 30 岁。

黄文秀求学时认真学习习近平总书记系列重要讲话和党的基本理论,挂任贫困村党组织第一书记后自觉用习近平新时代中国特色社会主义思想指导实践。她硕士毕业时放弃大城市工作机会,毅然回到家乡工作,并到贫困村担任驻村第一书记,全身心扑在扶贫工作上。

2019 年 6 月 26 日,习近平总书记对黄文秀同志的先进事迹作出重要指示。同年 7 月,中共中央宣传部追授黄文秀同志为"时代楷模"。同年 10 月,中共中央作出《关于追授黄文秀同志"全国优秀共产党员"称号的决定》,号召广大党员干部和青年同志都要向黄文秀同志学习。2021 年 2 月,黄文秀同志被授予"全国脱贫攻坚楷模"称号。同年 6 月,党中央决定授予黄文秀同志"七一勋章"。

黄文秀同志是新时代选调生中的优秀代表,她逝世后,全国各地广大选调生积极学习黄文秀同志的先进事迹,以实际行动践行选调初心。

四、推进选调生与大学生村官工作衔接

党的十八大以来,中央组织部将大学生村官工作作为干部队伍建设和人才队伍建设的一项经常性工作,抓实抓细抓好,指导全国各地积极开展大学生村官工作,不断从规划、政策、体制、机制等方面完善大学生村官工作,努力推动大学生村官工作与选调生工作相衔接。2014 年 5 月,中央政治局委员、中央书记处书记、中央组织部部长赵乐际在全国大学生村官工作座谈会上强调,要把选调生工作与大学生村官工作衔接起来,①完善相关政策,规范操作办法,形成良性

---

① 《赵乐际在全国大学生村官工作座谈会上强调 促进大学生村官成长成才服务农村》,《人民日报》,2014 年 5 月 31 日。

互动机制。同年9月，中央组织部、人力资源社会保障部、国家公务员局下发的《关于做好艰苦边远地区基层公务员考试录用工作的意见》提出，要加大从大学生村官等服务基层项目人员中考录基层公务员的力度，经过3至5年，定向考录比例一般应达到当年乡镇公务员录用计划的30%以上。

2018年4月，中央组织部《关于进一步加强和改进选调生工作的意见》提出推进选调生与大学生村官工作衔接、选调生到村任职、履行大学生村官有关职责、按照大学生村官管理的任务。2019年4月，《中共中央、国务院关于建立健全城乡融合发展体制机制和政策体系的意见》再次强调，推进大学生村官与选调生工作衔接，①鼓励引导高校毕业生到村任职、扎根基层、发挥作用。同年6月，中央办公厅印发的《关于鼓励引导人才向艰苦边远地区和基层一线流动的意见》指出，艰苦边远地区和基层一线人才匮乏问题仍很突出，②难以适应促进区域协调发展、打赢脱贫攻坚战、决胜全面建成小康社会、基本实现社会主义现代化的目标要求。要鼓励引导更多优秀人才到艰苦边远地区和基层一线贡献才智、建功立业。为此，打赢脱贫攻坚战、全面建成小康社会后，为接续推动乡村振兴，2021年2月，中央办公厅、国务院办公厅印发的《关于加快推进乡村人才振兴的意见》接着提出，实施"一村一名大学生"培育计划。进一步加强选调生到村任职、③履行大学生村官有关职责、按照大学生村官管理工作。

按照中央组织部的部署要求，各地积极推进选调生与大学生村官工作衔接工作。

---

① 《中共中央国务院关于建立健全城乡融合发展体制机制和政策体系的意见》，《人民日报》，2019年5月6日。

② 《中办印发〈关于鼓励引导人才向艰苦边远地区和基层一线流动的意见〉》，《人民日报》，2019年6月20日。

③ 《中共中央办公厅国务院办公厅印发〈关于加快推进乡村人才振兴的意见〉》，《人民日报》，2021年2月24日。

从 2013 年起,山东省按照选调生的标准条件和程序,选调高校毕业生到村任职。县级组织部门与这些毕业生签订选调合同。选调的毕业生为"村级组织特设岗位"人员,系非公务员,按大学生村官进行管理。在村任职满 2 年后,经考核考察,合格的毕业生,录用为选调生;不合格的毕业生,解除选调合同。录用为选调生的毕业生,在村任职的 2 年算为工龄,作为基层工作经历,但参加工作的时间从录用为选调生之日起计算。不再直接面向应届毕业生开展选调生的挑选工作。[①]

湖南省提出,从 2015 年起,将选调生工作与大学生村官工作并轨,新录用的选调生安排到村工作 2 年,在村期间按照大学生村官进行管理,履行大学生村官有关工作职责,不再单独面向高校毕业生选聘大学生村官。

浙江省 2015 年招考 200 名选调生村官。选调生村官在所报考县(自治区、直辖市)范围内统一调配,分配到乡镇、街道工作。录用为乡镇(街道)公务员后,下派到村担任大学生村官 3 年,[②]其间不得借用到乡镇及以上机关工作。试用 1 年期满后,按照公务员管理有关规定任职定级。选调生村官担任大学生村官满 3 年后,回所在乡镇(街道)工作,保留选调生身份。能力素质好,群众公认度高,适合做基层领导工作,经考核表现优秀的,按照公务员职务晋升有关规定,及时提拔到乡科级领导岗位。浙江省要求,各地各单位要有计划地对工作满 3 年的选调生村官进行多岗位交流锻炼,既可安排从事党务工作,也可安排从事经济和社会管理等工作。担任乡科级职务的选调生村官,根据工作需要进行跨县(自治区、直辖市)交流。

云南省出台的《大学生村官管理办法(试行)》和《大学生村官考核评价办法

---

① 《山东省 2013 年选调优秀高校毕业生到村任职公告》,《大众日报》,2013 年 1 月 25 日。
② 《2015 年浙江省选调生村官招考情况预告》,浙江组织工作网,2014 年 11 月 27 日,http://zzgz.zjol.com.cn/system/2014/11/27/020382950.shtml。

（试行）》提出，2017 年以后招录的大学生村官，属从新录用的普通公务员、选调生中选派至村（社区）工作的人员，实行任期管理，其中，从高校毕业生中招录的，任期为 3 年，期满后返回招录单位；从 2016 年以前选聘的大学生村官中定向招录的，录用后到招录单位所在县（自治区、直辖市）驻村工作，满 2 年后返回招录单位。2017 年以后招录的具有普通公务员身份的大学生村官任期考核为称职及以上等次的，任期届满后纳入选调生队伍培养。

2016 年 11 月，北京市委组织部等部门联合下发的《关于实施大学生村官和选调生工作并轨的通知》提出，从 2017 年开始，实施大学生村官和选调生工作并轨，每年选调 400 名左右应届优秀高校毕业生到村任职。大学生村官（选调生）与乡镇签订劳动合同，合同期 3 年，党团关系转至所在基层组织。大学生村官（选调生）列入北京市"三支一扶"计划，纳入干部教育培训规划，参加公务员初任培训。在村任职期间，按公务员考核标准和大学生村官工作考核要求，实行工作实绩和群众满意度量化积分考核，考核结果与任职定级、奖惩、选拔使用等挂钩。大学生村官（选调生）在村任职期间，执行公务员工资福利和社会保障等政策，办理重大疾病、人身意外伤害保险。大学生村官（选调生）合同期满且考核合格，办理公务员录用手续，主要安排到街道（乡镇）机关工作，在村工作年限按规定计入工龄，视同乡镇公务员工作经历。合同期满进入机关工作的，公务员试用期满按规定任职定级，单独核定职数。鼓励和引导大学生村官（选调生）参选村"两委"班子成员，选拔表现优异的进入乡镇领导班子。

宁夏回族自治区从 2017 年起，将大学生村官选聘与非定向选调生招考有序并轨，组织开展选调生（村官）招考工作。2017 年宁夏选调生（村官）招考笔试与 2017 年宁夏全区公务员招考笔试合并进行，[①]使用同一试卷，单独划线录取。

---

① 《宁夏大学生村官与选调生招考并轨》，《大学生村官报》，2017 年 3 月 31 日。

正式录用的选调生(村官)根据考试成绩排名,自主选择由宁夏区党委组织部提供的乡镇(街道)岗位。办理乡镇(街道)公务员录用手续后,试用期1年,并下派到村担任大学生村官2年,原则上要下派到建档立卡贫困村或软弱涣散村工作。严禁乡镇(街道)、县(自治区、直辖市)直属及以上部门违反规定截留、借用选调生(村官)。对违反规定的,对截留、借用单位给予通报批评,追究单位主要负责人责任;对选调生(村官),延长其在村服务时间1年。

贵州实行选聘大学毕业生到村任职与选调高校优秀毕业生到基层工作并轨。新录用选调生在乡镇机关最低服务年限为5年(含试用期,录用前在乡镇、村、社区的工作经历可合并计算)。选调生在分配单位2年内,一律不得调动或借调到其他单位,在分配单位工作满2年但不满5年的,可在乡镇之间调动。①选调生安排到基层乡镇(办事处)的村(社区)工作的,同时明确为同步小康驻村大学生村官,是党员的可担任村党支部书记助理,不是党员的可担任村主任助理,在村(社区)工作时间至少1年。

2019年,四川省委组织部严格落实选调生基层服务年限要求,②对新录用的选调生一般安排到县乡两级工作,录用后适时选派到村任职2年;对安排到省直机关、市直机关的选调生,要选派到县乡进行基层锻炼2年,其中到村任职不少于1年;对2018年以后新录用的选调生,原则上在5年内实现基层锻炼全覆盖。

"三农"工作任务繁重,不论是脱贫攻坚,还是巩固拓展脱贫攻坚成果同乡村振兴有效衔接,选调生到村任职不仅是工作必要,而且是锻炼需要。

---

① 《贵州省2018年选调生工作启动 全省计划选调757人,其中基层党政机关666人、基层法院91人》,《贵州日报》,2018年3月8日。

② 《我省出台选调生基层锻炼六条措施 上好基层锻炼这堂"必修课"》,《四川日报》,2019年12月11日。

五、在公开遴选公务员中设置专门面向选调生职位

2011 年,中央组织部、人力资源和社会保障部和国家公务员局首度联合在中央机关试水从基层公开遴选公务员。2013 年 1 月,中央组织部、人力资源社会保障部印发《公务员公开遴选办法(试行)》。从 2015 年起,中央机关面向基层机关选拔公务员,将主要通过公开遴选的方式,中央机关的公务员录用考试不再面向在职公务员、参照公务员法管理机关(单位)工作人员。①《关于进一步引导和鼓励高校毕业生到基层工作的意见》提出,市地级以上机关应拿出一定数量职位面向具有基层工作经历的公务员进行公开遴选。

经过多年实践,公开遴选工作已实现常态化,制度化、规范化水平不断提高,畅通了基层公务员和选调生向上流动的渠道,一大批基层公务员和选调生进入市(地)级以上机关工作,优化了其公务员队伍来源结构、经历结构。党的十八大以来,截至 2017 年 9 月,全国公开遴选公务员 2.1 万人,其中中央机关公开遴选基层公务员 1300 余人。②

全国选调生数量已达到一定规模。如从 1980 年开始,截至 2014 年底,湖南省共选调 30 批 7323 名选调生到基层工作,其中男性 4279 人,女性 3044 人,省级党政机关近 300 人,地市党政机关 600 余人,县市区党政机关 1200 余人,乡镇(街道)5000 余人,因考研、离职等原因调整出队 150 余人。③

由于选调生的招录持续不断,特别是始于 2009 年的定向选调生选拔工作

---

① 《中央机关公开遴选和选调 400 名公务员》,《人民日报》,2015 年 5 月 28 日。

② 《党的十八大以来,干部队伍建设迈上新台阶 建设一支宏大的高素质干部队伍》,《人民日报》,2017 年 9 月 15 日。

③ 杨彦:《选调生看选调生 十八年后"十八变"》,《人民日报》,2015 年 10 月 23 日。

逐步展开,每年都有一批"新鲜血液"和重点高校优秀应届大学毕业生进入选调生队伍,使得选调生队伍源源不断地更新。同时,选调生经过各级党组织的培养和基层锻炼,质量也有了保证。这就为各级机关面向选调生公开遴选公务员创造了条件。

中央机关首次专门面向选调生公开遴选公务员。①正是有了定向选调生工作作为基石,中央机关在开展定向选调生选拔工作的同时,也面向全国在职在编选调生遴选工作人员。与宏观选调生招录分为面向所有符合条件的高校应届毕业生和专门面向符合条件的部分高校应届毕业生两类类似,2014 年中央机关公开遴选公务员的职位分为两类,一是面向所有符合条件的公务员,二是专门面向符合条件的选调生。这是中央机关首次专门面向符合条件的选调生开展公开遴选工作。中央办公厅、中央宣传部、中央网信办、中央党校、中国外文局、全国人大机关、全国政协办公厅、最高人民检察院、民进中央、农工党中央、致公党中央、全国总工会、全国妇联、中国科协、中国贸促会、欧美同学会、中华职业教育社、外交部、文化部、审计署、国家新闻出版广电总局、保监会、国家中医药管理局等 23 个中央机关专门面向符合条件的选调生公开遴选 43 个职位。除选调生外,由下级机关转任到本级机关的,须在本级机关工作 2 年以上。报考专门面向选调生职位,乡科级副职年龄在 32 周岁以下,科员年龄在 29 周岁以下。专门面向选调生的遴选职位,省(区、市)党委组织部统一组织推荐报名,不接受个人报名。早期,有的地方通过在省内组织报名的选调生进行推荐笔试,按照推荐笔试成绩从高到低确定推荐人选。遴选笔试主要测试政策理论水平、分析和解决实际问题的能力、文字表达能力等综合素质,科目为案例分析一科(C 类)。自此,中央机关每年都要专门面向选调生公开遴选公务员。

---

① 《2014 年中央机关公开遴选和公开选调公务员公告》,《人民日报》,2014 年 6 月 6 日。

2015 年,中央办公厅、中央档案馆(国家档案局)、中央宣传部等 19 个中央机关专门面向选调生公开遴选 32 个职位共 40 名公务员。[①]2016 年是 13 个中央机关公开遴选 37 个职位 40 名公务员。[②]2017 年是 8 个中央机关公开遴选 17 个职位 19 名公务员。[③]2019 年是 4 个中央机关公开遴选 13 个职位。[④]2020 年是 7 个中央机关公开遴选 15 个职位 17 名公务员。[⑤]2021 年是 7 个中央机关公开遴选 51 名公务员。[⑥]2022 年是 8 个中央机关公开遴选 58 名公务员。[⑦]2023 年是 6 个中央机关公开遴选 36 个职位,占职位遴选总数的 11%。[⑧]2024 年,外交部公开遴选人数占总数的近 80%。[⑨]

专门面向选调生公开遴选公务员,为中央机关补充了一批具有基层工作经历和较高专业素养的急需人才,进一步扩大了选人用人视野,畅通了下级机关优秀选调生进入中央机关的渠道,在培养使用选调生方面发挥了示范作用。

根据中央的要求,各省(自治区、直辖市)省直(区直、市直)机关、地直(市直、州直、盟直)机关两级也设置公务员职位,专门面向选调生开展公开遴选。

2015 年,浙江省省直单位面向基层公开遴选优秀公务员时,划出一定比例,专门面向工作满 3 年的选调生村官。市、县党政机关部门公开遴选工作人员,优先从工作满 3 年的选调生村官中选用。

2017 年,广西壮族自治区组织自治区直属机关、设区市直属机关(含参照公

---

①　《2015 年度中央机关公开遴选公务员职位表》,国家公务员局官方网站。
②　《2016 年度中央机关公开遴选公务员职位表》,国家公务员局官方网站。
③　《2017 年度中央机关公开遴选公务员职位表》,国家公务员局官方网站。
④　《2019 年度中央机关公开遴选公务员职位表》,国家公务员局官方网站。
⑤　《2020 年度中央机关公开遴选公务员职位表》,国家公务员局官方网站。
⑥　《2021 年度中央机关公开遴选公务员职位表》,国家公务员局官方网站。
⑦　《2022 年度中央机关公开遴选公务员职位表》,国家公务员局官方网站。
⑧　《2023 年度中央机关公开遴选公务员职位表》,国家公务员局官方网站。
⑨　《2024 年度中央机关公开遴选公务员职位表》,国家公务员局官方网站。

务员法管理单位)开展公开遴选公务员工作,其中自治区党委宣传部、南宁市委办公厅、南宁市发展和改革委员会、南宁市民政局、南宁市住房保障和房产管理局、南宁市交通运输局、梧州市发展和改革委员会、玉林市纪律检查委员会、玉林市发展和改革委员会、玉林市水利局、百色市委组织部专门面向符合条件的选调生共公开遴选 12 个职位 15 名公务员。

2020 年,北京市公务员局决定继续开展市级机关公开遴选公务员工作,部分职位专门面向符合条件的选调生。专门面向选调生的遴选职位,由区委组织部统一组织推荐报名。

从 2021 年开始,江西省给予 2 年基层锻炼期满的选调生"二次选岗"的机会,并对主动选择留在乡镇(街道)工作的选调生予以妥善安排。

一般选调生在大学毕业时,先在基层参加工作;工作一段时间后,通过公开遴选等方式,调到县以上机关;等到条件成熟时,选调生再下基层担任领导职务。定向选调生与此刚好相反。即一般选调生是"先下后上,将来再下",定向选调生是"先上再下,将来再上"。在这种"上下结合"的培养锻炼模式中,专门面向选调生公开遴选的公务员制度设计无疑扮演了十分重要的角色。

第八章　加强改进选调生工作

2018 年是选调生工作极具历史意义的一年。从改革开放算起，至 2018 年，选调生工作已有 30 多年历史。从 2000 年新的选调生工作规范性文件算起，选调生工作也有 18 年历史。从 2008 年重庆市开定向选调先河算起，定向选调生工作也有 10 年时间。

在习近平新时代中国特色社会主义思想特别是习近平总书记关于党的建设的重要思想指引下，选调生工作形成较为完整的制度体系。定向选调生工作做法，以中央文件形式予以确定。适当扩大选调生的招录规模，为党和人民事业更大发展储备所需人才；分级分类精准选调，确保各级机关各个单位找到合适的人才，同时吸引更多政治素质强、学校信誉好、文化程度高、专业需求旺的优秀应届大学毕业生加入干部队伍；实施选调生到村任职工程，为乡村振兴提供人才保障，在公开遴选公务员中专门设置面向选调生的职位，确保选调生下得去、上得来。

一、大力发现培养选拔优秀年轻干部和加强改进选调生工作战略任务的提出

2000 年，《中共中央组织部关于进一步做好选调应届优秀大学毕业生到基层培养锻炼工作的通知》印发，特别是党的十八大以来，我们党的建设工作、组

织工作、干部工作、年轻干部工作，以及国家的政治、经济、社会发展等各个方面情况都发生了重大变化。为适应新时代要求，党的选调生工作面临加强改进的新任务。

习近平总书记对加强改进选调生工作作出重要指示。这是选调生工作诞生以来的第一次。

中央印发《关于进一步加强和改进选调生工作的意见》《关于适应新时代要求大力发现培养选拔优秀年轻干部的意见》并召开加强改进选调生工作座谈会。

经党中央批准，2018年5月，中央组织部召开新时代激励干部新担当新作为暨加强改进选调生工作座谈会，传达贯彻习近平总书记的重要指示。中央政治局委员、中央书记处书记、中央组织部部长陈希在会上强调，要深入学习贯彻习近平新时代中国特色社会主义思想，深入贯彻落实习近平总书记的重要指示，进一步激励广大干部新时代新担当新作为，加强改进选调生工作，努力建设高素质专业化干部队伍，为实现"两个一百年"奋斗目标、实现中华民族伟大复兴的中国梦提供坚强组织保证。陈希强调，要着眼干部队伍长远建设，加强改进选调生工作，突出政治标准，适当扩大规模，分级分类精准选调，严格教育管理，使选调生在基层墩好苗、起好步。①

虽然新时代激励干部新担当新作为暨加强改进选调生工作座谈会有两大主题，但在选调生工作历史上，它是一次高规格、非常重要的会议。这是1999年以来的第一次。

会议之前，中央印发了《关于进一步加强和改进选调生工作的意见》。这也是2000年以来的第一次。中央文件肯定了定向选调生工作。发端于重庆的定向选调生工作，获得中央认可，开始在全国推广。

---

① 《努力建设高素质专业化干部队伍》，《人民日报》，2018年5月22日。

选调生工作是年轻干部工作的重要组成部分。加强改进选调生工作座谈会召开后不久,2018 年 6 月, 习近平总书记主持召开中共中央政治局会议, 审议《关于适应新时代要求大力发现培养选拔优秀年轻干部的意见》。会议提出,要着眼"两个一百年"奋斗目标,着眼推进国家治理体系和治理能力现代化,着眼党的事业后继有人、兴旺发达,努力建设一支忠实贯彻习近平新时代中国特色社会主义思想、全心全意为人民服务,适应新使命新任务新要求、经得起风浪考验,数量充足、充满活力的高素质专业化年轻干部队伍。①随后,中央印发了《关于适应新时代要求大力发现培养选拔优秀年轻干部的意见》。

习近平总书记对加强改进选调生工作作出的重要指示、选调生工作新的规范性文件与新的年轻干部工作文件的印发和选调生工作座谈会的召开,为新时代选调生工作指引了正确前进方向。选调生工作阔步向前,迎来高质量发展的新机遇。

为贯彻落实《关于进一步加强和改进选调生工作的意见》等文件精神,规范新时代选调生工作,提升优化选调生队伍整体素质结构,建立健全选拔、培养、使用选调生工作机制,天津、新疆、河北等地结合实际,制定本省(自治区、直辖市)的选调生工作制度、实施细则、选调办法或作出安排部署、提出要求。

2018 年 10 月,天津市出台的《天津市选调生工作管理办法》②,对加强改进选调生工作作了系统、全面的规定,因此可作为一个案例研究。

《办法》如下:

1.选调范围和选调条件

重点面向教育部公布的部分世界一流大学建设高校,定向选调有志于在天

---

① 《中共中央政治局召开会议 审议〈关于适应新时代要求大力发现培养选拔优秀年轻干部的意见〉 中共中央总书记习近平主持会议》,《人民日报》,2018 年 6 月 30 日。

② 《天津市选调生工作管理办法重点政策摘要》,《求贤》,2018 年第 10 期。

津从事党政机关工作的应届优秀大学毕业生。

具有服务基层项目工作经历的大学毕业生(天津市"三支一扶"大学生和天津市选派的"大学生志愿服务西部计划"志愿者),以及天津市青年马克思主义者培养工程入选者,符合选调条件的,可报考一次选调生。

选调对象必须有正确的政治立场和政治态度,深入学习习近平新时代中国特色社会主义思想,牢固树立"四个意识"和"四个自信",在思想上政治上行动上同以习近平同志为核心的党中央保持高度一致,自觉践行社会主义核心价值观,爱党爱国,有理想抱负和家国情怀,甘于为国家和人民服务奉献;学习成绩优良,作风朴实,诚实守信,吃苦耐劳,身心健康,有较好的人际沟通和语言文字表达能力。

选调对象除应达到公务员招考基本条件外,还应至少满足以下三个条件之一:即中共党员(含预备党员)、学生干部(团组织、学生会、班委会担任副职及以上职务)、获得校级及以上荣誉称号(三好学生、优秀学生干部、优秀团干部等)。

参军入伍经历被追加为选调条件之一。2018年7月,退役军人事务部、中央组织部等部门联合出台的《关于促进新时代退役军人就业创业工作的意见》提出,各级党政机关在组织开展选调生工作时,注意选调有服役经历的优秀大学生。各地贯彻落实《意见》,如2021年12月,四川省委办公厅等部门印发的《关于进一步激励大学生和高原地区适龄青年应征入伍的工作措施》对《意见》进行了细化,即在组织开展选调生考录工作时,参军入伍经历可作为报考条件之一,优先考虑有参军入伍经历的优秀大学生,年龄可相应放宽2岁。天津市也是如此。

一般选调对象年龄要求为本科毕业生25周岁及其以下、硕士研究毕业生28周岁及其以下、博士研究毕业生32周岁及其以下。

可见,天津市对选调高校有所限定,选调生的报考条件非常高。

2.选调工作

一般每年组织一次,按照制定选调计划、印发实施方案、报名、考试、体检、考察、公示、审批、签约和录用等程序进行。

市委组织部负责每年制定印发《选调工作实施方案》,发布公告(简章)和有关消息,会同各选调单位、考务部门、有关高校组织实施招录工作。

选调生考试分笔试和面试,由市委组织部统一组织,考务工作由市委组织部委托相关资质单位具体承担。选调生考试注重对综合素质和发展潜能进行考察测评,不规定复习范围,不指定复习用书,并结合岗位特点,探索创新考试方法。

依据《实施方案》确定笔试科目,按照笔试成绩由高到低依次确定进入面试人选。每个职位进入面试人数与选调计划数比例不小于2:1。笔试成绩不合格者不能进入面试。

依据《实施方案》确定面试形式,面试由市委组织部统一部署,各选调单位组织实施。面试考官由市委组织部选派。面试成绩不合格者不能录用。专业性较强的岗位,各选调单位可根据工作需要,单独组织专业测试。

同一职位按照总成绩由高到低依次确定体检人选。总成绩相同,以面试成绩高者确定为体检人选。

选调单位应选派熟悉组织人事工作的业务骨干组成考察组。考察组要按照德才兼备、以德为先、任人唯贤的原则,采取查阅档案、个别谈话、召开座谈会等多种形式,全面了解考生的政治思想、道德品质、能力素质、遵纪守法、学习和工作表现等情况,做到全面、客观、公正。

各选调单位根据考试、体检和考察情况,按照公布的选调计划和报名条件,研究提出拟录用人员名单报市委组织部审批。经公示后,市委组织部办理选调生审批手续,向选调单位印发《批复意见》,统一印制《选调生通知书》。各选调单位收到市委组织部的《批复意见》后,一般应于 15 个工作日内,与拟录用人员签订就业协议,明确双方权利义务和违约责任。

选调生须按时取得相应毕业证书和学位证书,逾期未取得的,选调生资格自动取消。选调生正式毕业后,一般应于当年 7 月 31 日前到岗工作。

市委组织部负责对各选调单位和考试机构的工作进行监督检查,适时邀请纪检监察部门、人大代表、政协委员、有关新闻媒体等参与选调有关环节监督工作,增强公开性,提高透明性,确保选调工作在阳光下运行。

可见,天津市新选调生的选拔,从选调计划的制定到就业协议的签订以及监督,整个过程的要求都非常严格。

3.培养使用

各选调单位根据公布的选调计划,结合选调生个人意愿和专业特点分配岗位。要为选调生制定"一人一策"的培养方案,选派思想好、作风正、经验丰富的带教领导作为帮带的责任人。将选调生纳入市、区两级干部调训计划,各选调单位负责搞好岗位培训和日常培训,确保选调生每人每年参加培训时间不少于 90 学时。

市委组织部每年举办选调生示范培训班,重点学习习近平新时代中国特色社会主义思想,开展理论学习、政治讨论、政策法规、廉洁自律和道德品行教育,有针对性地进行专业化能力培训,提高政治素养和履职能力。

坚持将选调生选调后即安排到基层一线培养锻炼,并做好与大学生村官工作有效衔接。选调生在基层一线培养锻炼时间不少于 2 年。

试用期满考核合格的选调生,按照有关规定任职定级。博士研究生一般确定为二级主任科员职级,硕士研究生一般确定为四级主任科员职级,本科生一般确定为一级科员职级。

各选调单位应加强选调生的教育管理,坚持严管和厚爱相结合、激励和约束并重。要坚持严格管理，严格监督，一视同仁，不搞待遇特殊化，不设成长路线图，保证基层锻炼时间和效果。

市委组织部可统一调配使用全市选调生。工作业绩突出、表现优异的选调生，市委组织部根据实际情况，可统筹安排交流任职，加强培养。各区党委组织部负责统筹本区选调生的交流轮岗、调任使用等工作。全市各级党委（党组）及其组织人事部门要重点掌握一批优秀选调生名单，加强跟踪培养，对于表现优异、有发展潜力、各方面条件比较成熟的选调生要及时列入优秀年轻干部名单，并适时大胆使用。

选调生的成长受内因和外因影响，起决定作用的是内因，但党组织能否为选调生的成长创造一个良好的环境也很重要。天津市在这方面，从选调生的分配、培养方案的制定、帮带的责任人、培训、基层锻炼、任职定级、教育管理、调配使用等，都作了详细规定，做到了选调生工作有章可循。

4.组织领导

市委组织部负责全市选调生工作。统筹做好选调生录用相关工作；研究制定选调生培养、使用相关政策并推动落实，组织建立并维护全市选调生信息库。各选调单位按照职责权限，负责选调生日常管理、任职定级、教育培养、考核评价等工作。

选调工作中，坚决杜绝弄虚作假、徇私舞弊等现象，严禁以权谋私、违规安排子女亲属等。选调生的选调录用、岗位安排、基层锻炼、试用转正、任职定级、培养使用等纳入选人用人监督检查工作，发现违纪违法行为的，对有关单位和责任人依纪依法严肃处理。

选调生工作容易受到质疑，天津市列出这项规定，针对性强。

为贯彻中央精神，2018年6月，新疆维吾尔自治区新时代激励干部新担当新作为暨加强改进选调生工作会议要求，要充分认识做好选调生工作的重要性和紧迫性,紧紧围绕新疆工作总目标,着眼干部队伍长远发展,加强改进选调生工作。要坚持政治标准,从严把好"入口";坚持扩大规模,提升选调质量;坚持基层历练,优化成长路径;坚持教育管理,真情关心关爱。要延伸工作链条,抓好在校期间培养,[①]为党和人民事业发展培养输送更多合格人才。

同年 8 月,河北省召开全省选调生工作座谈会,河北省委书记对会议的召开作出了批示。批示提出,要深入贯彻习近平总书记的重要指示,认真落实全国组织工作会议精神,把加强和改进选调生工作纳入培养选拔优秀年轻干部工作全局,与新时代全面建设经济强省、美丽河北的需要紧密结合起来,统筹考虑,科学规划,着力完善选调生政策措施,形成选调生工作常态长效机制。要突出政治标准,坚持党管干部原则,从源头上把好选人用人质量关。要突出选调生的实践磨炼,使选调生在基层一线墩好苗、起好步,在艰苦复杂环境中经风雨、长才干。要突出从严管理,注意加强选调生的教育和监督,促其扬长补短、健康成长。要突出优胜劣汰,完善选调生考核评价机制和动态管理制度,对工作实绩突出的选调生大胆提拔重用,激励广大选调生在新时代展现新担当新作为。

座谈会指出,当前和今后一段时间,河北省选调生工作的总体思路是深入贯彻习近平新时代中国特色社会主义思想,全面落实新时代党的组织路线,遵循干部成长规律,统筹抓好选调生选育管用等关键环节,打造忠诚干净担当、数量充足、充满活力的高素质选调生队伍。[②]会议强调,要从保证党和国家事业薪火相传、后继有人的高度,突出政治标准,强化政治引领,培育选调生过硬的政治素质;要立足提升综合素质,提高培训实效,引导选调生在急难险重任务中丰富阅历、接受锻炼、增长才干;要遵循干部成长规律,辩证把握好选调生成长

① 《自治区新时代激励干部新担当新作为暨加强改进选调生工作会议召开 紧紧围绕总目标勇于担当善于作为》,《新疆日报》,2018 年 6 月 8 日。

② 《全省选调生工作座谈会强调 牢牢把握选育管用等关键环节 以务实举措用心用情做好选调生工作》,《河北日报》,2018 年 8 月 2 日。

"快"与"慢"的关系，统筹抓好选调生的选拔使用，合理确定选调生提拔使用的时机和数量，对优秀选调生及时发现、大胆使用。要进一步加强组织领导，严肃组织人事纪律，严格选调生的日常管理，坚持公正公平公开，用心用情服务，着力提高选调生工作的水平。

天津、新疆、河北等地对选调生工作制度的要求都把政治标准放在首位，突出实践锻炼，注重管理监督，强调选拔使用，最终目标是培养出一大批优秀选调生。

中央提出加强和改进选调生工作的战略任务，及时适应了新时代的要求。选调生工作将以全新的形象在党和人民事业中发挥更大作用。

二、着眼干部队伍长远建设

习近平总书记指出，培养选拔年轻干部，事关党的事业薪火相传，事关国家长治久安。

早在 2013 年召开的全国组织工作会议上，习近平总书记就强调，要加强和改进后备干部工作，着眼党和国家事业 5 到 10 年乃至更长远的发展，完善政策制度，拓宽来源、优化结构，改进人选产生方式。并指出，这是我们肩上的一个重大政治责任。[①]在 2018 年召开的全国组织工作会议上，习近平总书记指出，实现中华民族伟大复兴，坚持和发展中国特色社会主义，关键在党，关键在人，归根到底在培养造就一代又一代可靠接班人。这是党和国家事业发展的百年大计。[②]并再次强调，干部成长规律决定了干部培养要有足够时间，不仅着眼未来 5 年、

---

① 《十八大以来重要文献选编》（上），中央文献出版社，2014 年，第 349 页。
② 《十九大以来重要文献选编》（上），中央文献出版社，2019 年，第 568 页。

10 年,更要着眼未来 15 年、20 年乃至更长时间。①

我们党历来重视干部队伍长远建设。党的十八大以来,中央出台了《2014—2018 年全国党政领导班子建设规划纲要》《2019—2023 年全国党政领导班子建设规划纲要》和《2018—2022 年全国干部教育培训规划》《全国干部教育培训规划(2023—2027 年)》。

各个不同类别的干部均涉及长远建设的问题。2015 年 10 月,中央召开的培养选拔年轻干部和女干部、少数民族干部、党外干部工作座谈会提出要坚持长期系统培养。

中央政治局委员、中央书记处书记、中央组织部部长陈希在全国组织工作会议上的总结讲话中指出,在工作任务上,要由满足近期需要向重视战略发现培养转变。②年轻干部工作,不能只盯着近期可进班子的人选,还要加强长远规划和培养。

为加强领导班子和领导干部队伍建设规划,加强新时代年轻干部队伍建设,2018 年 7 月,中央组织部成立了干部队伍建设规划办公室,明确其为选调生工作主管部门。

这一时期中央出台的其他重要文件和制度也对干部队伍长远建设提出了要求。《中国共产党组织工作条例》有"着眼党和国家事业长远发展需要"条款。

《中共中央关于党的百年奋斗重大成就和历史经验的决议》提出"必须抓好后继有人这个根本大计"③,培养造就大批堪当时代重任的接班人。这是以习近平同志为核心的党中央从干部队伍长远建设角度提出的重大战略任务。

注重干部队伍长远建设,把当前干部工作需要和干部队伍长远建设结合起

---

① 《十九大以来重要文献选编》(上),中央文献出版社,2019 年,第 571 页。
② 陈希:《在全国组织工作会议上的总结讲话》,《党建研究》,2018 年第 9 期。
③ 《中共中央关于党的百年奋斗重大成就和历史经验的决议》,《人民日报》,2021 年 11 月 17 日。

来，从干部队伍长远建设角度出发考虑选调生工作也是党的优良传统。

加强干部队伍建设，不仅要考虑干部队伍近期的需要，还要考虑干部队伍长远建设的需要。从长远来看，有一个接班人的问题。选调生工作正是从干部队伍长远建设需要提出的，要用长远的、发展的观点来看待选调生的选拔培养问题。

选调生工作是加强干部队伍长远建设的一项重要举措。它不是单纯为了解决高校毕业生的就业，而是为了干部队伍的长远建设。

着眼干部队伍长远建设，新时代选调生工作的主要目的在于为各级党政机关储备后备力量，补充高素质人才。从干部"入口"、源头上严格标准条件，提升干部基本素质和学历层次，吸引储备优秀人才，改善干部队伍来源结构，优化干部成长路径，充实加强基层力量。选调生长远怎么样？对整体来说，选调生中间肯定会出一批人才；对个人来说，选拔时还说不定，看各自努力等情况。

各省（自治区、直辖市）着眼干部队伍长远建设，纷纷出台选调生工作的意见或规划，如陕西省出台《2022—2026 年陕西省进一步加强选调生工作的实施意见》，黑龙江省印发《黑龙江省干部储备培养和使用工作规划（2022—2026年）》，其中涉及选调生工作。

三、突出政治标准

选调生是干部的组成部分之一，选调生工作突出政治标准源于习近平总书记和党中央对干部政治素质的要求。

以什么样的标准选人，选什么样的人，历来是干部工作的首要问题。

习近平总书记深刻指出，我们党对干部的要求，首先是政治上的要求。选拔任用干部,首先要看干部政治上清醒不清醒、坚定不坚定。①

党的十八大以来,习近平总书记和党中央对干部的政治素质提出了一系列要求。

明确提出新时期好干部标准。2013年6月,习近平总书记指出,好干部要做到信念坚定、为民服务、勤政务实、敢于担当、清正廉洁。②好干部标准含有鲜明的政治要求。2014年7月,全国优秀年轻干部培养选拔工作座谈会提出,培养优秀年轻干部,坚定理想信念是第一位要求。

强调对党忠诚。2016年7月,习近平总书记在庆祝中国共产党成立95周年大会上指出,每一名党员干部都要坚守"三严三实"③,拧紧世界观、人生观、价值观这个"总开关",做到心中有党、心中有民、心中有责、心中有戒,把为党和人民事业无私奉献作为人生的最高追求。党的十九大报告提出,要坚持正确选人用人导向,匡正选人用人风气,突出政治标准,提拔重用牢固树立"四个意识"和"四个自信"、坚决维护党中央权威、全面贯彻执行党的理论和路线方针政策、忠诚干净担当的干部,选优配强各级领导班子。2018年11月,习近平总书记又指出,选人用人必须把好政治关,把是否忠诚于党和人民,是否具有坚定理想信念,是否增强"四个意识"、坚定"四个自信",是否坚决维护党中央权威和集中统一领导,是否全面贯彻执行党的理论和路线方针政策,作为衡量干部的第一标准。2019年3月,习近平总书记强调,衡量干部是否有理想信念,关键看是否对党忠诚。领导干部要忠诚干净担当,忠诚始终是第一位的。

《中共中央关于加强党的政治建设的意见》《党政领导干部选拔任用工作条例》《中华人民共和国公务员法》《关于贯彻实施公务员法建设高素质专业化公

---

① 习近平:《努力造就一支忠诚干净担当的高素质干部队伍》,《求是》,2019年第2期。
② 《十八大以来重要文献选编》(上),中央文献出版社,2014年,第337页。
③ "三严三实"是指严以修身、严以用权、严以律己;谋事要实、创业要实、做人要实。

务员队伍的意见》等文件均明确要求在选人用人中进一步突出政治标准，强化政治把关。

选调生更接近于年轻干部，对年轻干部政治上的要求同样适用于选调生。

关于年轻干部的政治标准，习近平总书记指出，我们挑选优秀年轻干部，千条万条，第一条就是看是否对党忠诚；我们培养优秀年轻干部，千条万条，第一条就是教育他们对党忠诚，坚决防止政治上的两面人。这一点，从一开始就要把握好，确保选的苗子政治上过硬。如果坯子选不好，辛辛苦苦培养一场，最终还是会出问题。[1]

年轻干部要加强政治历练、提高政治能力。党的十九届四中全会对干部"思想淬炼""政治历练"提出要求。[2]2020年10月，习近平总书记指出，在干部干好工作所需的各种能力中，政治能力是第一位的。对于如何提高政治能力，习近平总书记强调，首先要把握正确政治方向，坚持中国共产党领导和我国社会主义制度。[3]要自觉加强政治历练，接受严格的党内政治生活淬炼，不断提高政治判断力、政治领悟力、政治执行力，使自己的政治能力同担任的工作职责相匹配。[4]2021年11月，中央政治局委员、中央书记处书记、中央组织部部长陈希发表在《人民日报》的文章《必须抓好后继有人这个根本大计》指出，年轻干部要加强政治历练。培养选拔年轻干部，首要一条是确保他们对党忠诚。要把理论武装作为管根本、保方向的基础工作来抓，把党性教育作为必修课。

中央对选调生政治素质的要求，选调前后不一样。上述要求主要针对的是

①　习近平：《在全国组织工作会议上的讲话（2018年7月3日）》，人民出版社，2018年，第28页。

②　《中共中央关于坚持和完善中国特色社会主义制度推进国家治理体系和治理能力现代化若干重大问题的决定》，《人民日报》，2019年11月6日。

③　《习近平在中央党校（国家行政学院）中青年干部培训班开班式上发表重要讲话强调 年轻干部要提高解决实际问题能力　想干事能干事干成事》，《人民日报》，2020年10月11日。

④　《习近平在中央党校（国家行政学院）中青年干部培训班开班式上发表重要讲话强调 立志做党光荣传统和优良作风的忠实传人 在新时代新征程中奋勇争先建功立业》，《人民日报》，2021年3月2日。

选调后。选调前或选调时,主要还是对应届大学毕业生在校期间的要求。

突出政治标准是新选调生选拔工作历来倡导并始终一贯坚持践行的根本指导原则。按照习近平总书记和中央的要求,各级各地党组织严格按照德才兼备的原则,坚持把政治标准放在首位,真正把那些思想政治素质好、组织领导能力较强、具备培养潜力、大家公认的优秀大学生选拔进来。

突出政治标准反映到选调条件上,就是各地设置政治素质表现的正面、负面清单。正面清单上有入党、担任学生干部、获得奖励荣誉,必修课不能有不及格记录,参加"青年马克思主义者培养工程",出现助人为乐、见义勇为等行为,志愿到农村基层工作,服从组织安排,留学生具有中华人民共和国国籍户籍且无国(境)外永久居留权等正向评价信息,负面清单上有政治立场、政治态度、道德品行、社会责任感、为民服务意识上的不当言论,违法、违纪、违规受刑罚、处分;因犯罪被单处罚金或者犯罪情节轻微,人民检察院依法作出不起诉决定或者人民法院依法免予刑事处罚;学术不端,道德品行较差,被依法列为失信联合惩戒对象,报考时隐瞒情况、冒名顶替、弄虚作假、违反考试纪律,被开除中国共产党党籍、公职、中国共产主义青年团团籍,预备党员由于个人原因延长预备期等负面信息。有的地方将重要档案材料不全、个人经历不明、历史状况不清而无法进行有效考察,达不到选调生应当具备的条件或者不符合报考职位要求的,也列入负面清单。

新疆维吾尔自治区突出政治标准建强选调生队伍。[1]把政治坚定作为选拔选调生的首要标准。坚持党性比能力、分数更重要,切实发挥高校党组织把关作用。加强与公安、安全、教育等部门的沟通协作,全面掌握选调生人选在拥护党的领导、维护祖国统一、反对民族分裂等大是大非问题上的一贯表现。

---

① 《新疆突出政治标准建强选调生队伍》,《党建文汇》(上半月),2018 年第 10 期。

　　甘肃省要求选调生报考者必须是中共党员并经过组织推荐。①要求选调生必须有自觉与以习近平同志为核心的党中央保持高度一致的政治意识，必须有遵纪守法、维护社会公德、积极倡导正能量的思想品德，必须有不畏艰苦、甘于奉献的家国情怀。在选调条件的设置上突出政治标准，要求必须是中共党员，思想政治素质好，学习成绩优异并经过组织推荐。

四、适当扩大规模

　　习近平总书记指出，优秀年轻干部既要数量充足，又要质量优良。各地区各部门要着眼近期需求和长远战略需要，培养选拔一定数量规模的优秀年轻干部，其中女干部、少数民族干部、党外干部都要有一定数量。②

　　2014 年 6 月，中央办公厅印发的《关于加强和改进优秀年轻干部培养选拔工作的意见》提出，要"进一步改进选调生工作，适当扩大规模"。2018 年 4 月，中央组织部出台的《关于进一步加强和改进选调生工作的意见》对选调生招录数量提出了具体指标要求。同年 5 月，中央组织部新时代激励干部新担当新作为暨加强改进选调生工作座谈会重申，要适当扩大新选调生的招录规模。2021 年 2 月，中央办公厅、国务院办公厅下发的《关于加快推进乡村人才振兴的意见》在此前具体数量指标的基础上，提出落实的任务，即要落实选调生一般应占本年度公务员考录计划 10% 左右的规模要求。③

　　适当扩大新选调生的招录规模，有着深刻的时代背景。

---

　　① 《公开平等竞争择优　严格标准　提高质量——省委组织部有关处室介绍 2017 年选调生招录工作政策》，《甘肃日报》，2017 年 5 月 12 日。

　　② 习近平：《在全国组织工作会议上的讲话（2018 年 7 月 3 日）》，人民出版社，2018 年，第 30 页。

　　③ 《中共中央办公厅国务院办公厅印发〈关于加快推进乡村人才振兴的意见〉》，《人民日报》，2021 年 2 月 24 日。

　　培养造就大批高素质专业化干部的需要。选调生与应届优秀大学毕业生、高素质专业化干部、高素质公务员的关系密切。高校应届优秀大学毕业生是同时代的佼佼者，也是选调生的来源，还是高素质专业化干部的后备力量。公务员是干部队伍的重要组成部分，而选调生具备高素质公务员的基本条件。适当扩大选调生的规模，表面上扩大的是应届优秀大学毕业生的选调规模，其实质扩大的是高素质专业化干部、高素质公务员队伍的建设规模，这正是适当扩大新选调生招录规模的目的所在。

　　高学历、年轻化是高素质专业化干部、高素质公务员的重要外在特征。选调生年纪轻、学历高，适当扩大他们的规模，使得加入公务员、干部队伍的选调生越来越多，从而直接促进高素质专业化干部、高素质公务员队伍的建设。与 2006 年相比，2017 年具有大学本科以上学历人员占公务员总数的比例由 43% 提高到 71.9%；35 岁以下的比例由 25.6% 提高到 27.8%。[1]党的十九大以来，各级机关每年录用约 20 万名各方面优秀人才进入公务员队伍，其中相当一部分是选调生。截至 2021 年底，全国公务员队伍中 35 岁及以下的占比 30.1%，具有大学本科以上学历的占比 78.8%，分别比 2017 年提高 2.3 个百分点、6.9 个百分点。[2]

　　开展大规模农村基层建设的需要。党的十八大以来，中央对农村基层建设提出了脱贫攻坚、乡村振兴等"三农"工作重大任务。这些任务工作量大，涉及面广，又有时间、目标要求，没有大量干部去承担是无法完成的。新选调生作为新生力量，无疑是一个重要选择。按选调生工作制度要求，新招录的选调生不管是招录的县以上机关选调生还是乡镇选调生，都必须到农村基层培养锻炼一段时

---

[1] 《中国公务员制度的重大改革和完善——中共中央组织部负责人就修订公务员法答记者问》，《人民日报》，2018 年 12 月 30 日。

[2] 《建设高素质人民公仆队伍 锻造新时代治国理政中坚力量——党的十九大以来公务员队伍建设工作综述》，《人民日报》，2022 年 8 月 30 日。

间,而这适应了农村基层建设对干部的需要。适当扩大新选调生的招录规模,也就扩大了农村基层干部队伍建设力量,为大规模农村基层建设作了干部准备。

高校培养造就优秀应届大学毕业生数量规模的扩大。新选调生来源于高校应届大学毕业生。党的十八大以后,应届大学毕业生特别是其中的优秀分子达到相当规模。截至 2016 年 6 月,全国高校在校大学生党员总数逾 211 万人,占全国高校学生总数的 7.7%。①优秀应届大学毕业生一多,新选调生就有了适当扩大招录规模的基础,自然就容易水涨船高。同时,新时代优秀应届大学毕业生越来越有主见,其就业选择日益多元化。选调生工作作为专门面向优秀应届大学毕业生的新干部、公务员招录方式,怎么吸引他们的注意并自愿进来? 怎么多给他们一些机会? 怎么从中多集聚一些优秀人才? 对他们适当扩大招录规模是一个不错的办法。

各省(自治区、直辖市)按照习近平总书记和中央的要求,适应形势的需要,适当扩大选调生招录规模。

河北省 2019 年常规招录选调生 1174 人,②2020 年招录选调生 2068 名。③截至 2021 年 6 月,招录重点院校定向选调生 3261 人。④

2019 年起,甘肃省委组织部改善选调结构,扩大选调规模,每年拿出 1000 个名额,面向国内重点院校,定向选调引进优秀大学毕业生。当年定向选调 644 名。2020 年定向选调 754 名。⑤

广东省 2020 年度面向北京大学等 36 所国内高校应届毕业生和美国哈佛

---

① 《大学生党员要有"先锋范儿"》,《人民日报》,2017 年 3 月 30 日。
② 《忠诚诠释初心 实干践行使命——2019 年全省组织工作综述》,《河北日报》,2020 年 2 月 29 日。
③ 《以忠诚担当践行初心使命——2020 年全省组织工作综述》,《河北日报》,2021 年 2 月 6 日。
④ 《我省深入实施人才强冀战略 服务高质量发展》,《河北日报》,2021 年 10 月 30 日。
⑤ 《源源不断为高质量发展吸引和培养高素质年轻干部——我省持续加强和改进选调生工作综述》,《甘肃日报》,2020 年 10 月 31 日。

大学等 60 所国(境)外高校留学回国人员考录选调生 1338 名。2022 年度,计划选调应届优秀大学毕业生 1993 名。2023 年度,这一数量达到 2446 名。

2021 年,四川省突出后继有人加强年轻干部源头储备,招录省直、市直机关急需紧缺专业选调生 2000 余名、县乡机关选调生 1000 余名。2023 年度,计划招录的省市机关、县乡机关选调生人数分别为 2320 名、1016 名。

北京市 2021 年度定向选调和"优培计划"招聘应届优秀大学毕业生工作一起开展,当年度选调 318 人。[①]以后逐年增加,2022 年度选调 348 人,2023 年度、2024 年度计划分别选调 400 人、460 人。

2015 年至 2021 年,上海市共招录 1143 名选调生。[②]从 2020 年起,扩规模保质量,拓宽来源渠道,选调高校范围从 15 所逐步扩大至 100 所,招录规模从每年 100 人增加到 400 人左右。

五、分级分类精准选调

党的十八大以来,中央和地方不断总结选调生工作经验,形成分级分类精准选调的办法。根据选调生工作单位的层级,选调生的选拔工作分为为基层选调和为市级以上机关选调;根据选调是否限定高校、专业、学历等,分为定向选调和非定向选调。但是这些分类并不是非常严格。

不论是为基层选调还是为市级以上机关选调,新录用的选调生都要到基层工作、到村任职一段时间。选调生到基层去,其下派途径、锻炼方式和培养的具体目标呈现多样化的状况。为基层选调的毕业生,由组织部门统一分配或安排至基层培养锻炼,"工作"的性质更多一些。为市级以上机关选调的毕业生,有的

① 《500 余机关企事业岗选调招聘大学生》,《北京日报》,2020 年 10 月 20 日。
② 《"北清干部"在基层》,《解放日报》,2022 年 3 月 18 日。

是一选调就到基层培养锻炼，一段时间后再回机关工作；有的是先选调到机关工作，再适机安排到基层培养锻炼，"锻炼"的性质更强一些。

具体到一个省（自治区、直辖市），为基层选调和为市级以上机关选调、定向选调和非定向选调常常是结合在一起的。如甘肃省 2015 年招录数量为 280 名，①其中从清华大学、北京大学、复旦大学、天津大学四所高校定向选调应届毕业生17 名；从国内全日制公办普通高校选调应届毕业博士、硕士研究生 83 名，从省外"211"工程院校和省内公办普通本科院校选调应届毕业本科生 80 名；从在基层服务期满 2 年及以上的甘肃省选聘到村任职的高校毕业生中选调 100 名。

1.为基层选调与面向符合条件的所有高校选调人才

为基层选调是为乡镇（街道）党委政府人大政协机关招录新选调生，这些选调生属乡镇（街道）公务员，其编制、人事、工资等关系均在乡镇（街道），工资福利由县级联同乡镇（街道）统筹统发。为基层选调的"基层"包括县级部门。

基层是选调生工作永恒不变的方向，这是党对选调生工作的要求和由我国国情决定的。

为基层选调满足基层对高素质专业化干部和高素质公务员的需要。基层工作看似简单，但要做好与中高层一样不容易，对人才的需求与中高层一样，怀有深深的渴望。2014 年 9 月，中央组织部、人力资源社会保障部、国家公务员局下发的《关于做好艰苦边远地区基层公务员考试录用工作的意见》提出，各地要加强招考政策宣传，到高校进行宣讲，吸引应届高校毕业生报考，提高基层机关录用高校毕业生比例。选调生工作是其渠道之一。中央要求，不管是定向选调生还是非定向选调生，所有的选调生都要有一颗到农村基层工作一段时间的心，选调生到村任职成了组织考验选调生的一块试金石。各地也纷纷出台政策，鼓励

---

① 《进一步完善工作程序 不断提升规范化水平——省委组织部负责人介绍今年选调生招录工作》，《甘肃日报》，2015 年 4 月 24 日。

定向选调生自愿分配到乡镇(街道)。

为基层选调突出软性条件。选调条件分为软性条件和硬性条件。软性条件一般指内在的、看不见的要求,如政治立场、政治态度、道德、修养、意志、情感、理想、兴趣、爱好、性格、能力、心理素质等,硬性条件一般指外在的、看得见的要求,如政治面貌、就读学校、所学专业、学历学位、学习经历、工作经历、参军入伍经历、学习成绩、身体素质、学生干部及其任职年限、国籍、年龄、奖励、荣誉等。选调机关层级与硬性条件成正比。从中央到乡镇,越往下,越往艰苦边远地区,选调的硬性综合条件就越宽。《中共中央关于全面深化改革若干重大问题的决定》提出,完善基层公务员录用制度,在艰苦边远地区适当降低进入门槛。2014年2月,中央办公厅印发的《关于加强乡镇干部队伍建设的若干意见》又提出,改进乡镇公务员考录工作,一般应纳入省市县乡"四级联考",也可以面向社会单独组织,对招人难、留人难的艰苦边远乡镇,可适当降低进入门槛。如降低考生在学校、专业、学历等方面的条件。降低门槛不是无条件的,新录用乡镇公务员在乡镇机关最低服务年限为5年。①新录用的乡镇选调生虽是乡镇公务员,但由于选调生一般比同类型的乡镇公务员优秀,一些地方仅要求其在乡镇机关最低服务年限为2到3年。从某种意义说,为基层选调是一种面向应届优秀大学毕业生单独组织的公务员考试录用工作。为基层选调,不是不在乎硬性条件,而是在硬性条件维持一定水准的情况下,更强调软性条件,例如在考试中增加对考生在对人民群众是否有感情、吃苦耐劳、作风朴实、甘于奉献、为民服务,是否具有投身基层、扎根基层的远大志向和能在艰苦边远地区履职的心理素质等方面的考核份量,以期发挥选调生软性条件的作用,适应基层恶劣环境和满足基层工作的需要。

---

① 《中共中央办公厅印发〈关于加强乡镇干部队伍建设的若干意见〉》,《人民日报》,2014年9月26日。

为基层选调一般面向所有高校,但此"所有"仍然有范围,范围就是"优秀"。虽然选调的是应届大学毕业生,但并不是所有的应届大学毕业生都能报考选调生。即使是基层选调生,也要具备一定的优秀条件才能报考。定向选调更是如此。论招考面,选调生要比公务员窄,即选调生对应届大学毕业生的优秀程度要求比公务员深和广,这本身就含有"定向"的性质,即定向应届大学毕业生中的"优秀分子"进行选调。定向选调生选拔工作追求的是在"定向'优秀'"的基础上对"优秀分子"的学校、专业、学历等"进一步定向",也可以说是"优秀"的精细化、深化与拓展,使选拔的选调生更优秀。这是选调生工作不断追求卓越的体现,也是与公务员考录不同的地方。为此,所有省(自治区、直辖市)均不同程度地将以下情况不列入选调对象范围:定向培养、委托培养、在职培养、自学考试、函授教育、专升本(专插本)、第二学位(第二学士学位、辅修学位)和网络学院、成人教育学院、远程教育学院、独立学院、民办高校,以及按全日制教育方式培养、但毕业证书明确为"非全日制"的应届毕业生等。

党的十八大以来,为基层选调是各地一直采用的选调生选拔工作方式。

2017年,湖南省从大学生村官等服务基层的四类群体中选拔100名选调生,安排到乡镇机关工作。

2018年,四川省新录用选调生1898名,其中1201名选调生充实到基层一线和困难艰苦地方,特别是阿坝州、甘孜州和凉山州等民族地区、贫困地区和革命老区。到基层工作选调生名额大幅度、超常规向贫困县倾斜,共为贫困县选调878人,是2017年的2.8倍。[1]为阿坝州、甘孜州、凉山州基层选调446人,其中凉山州178人,规模和名额占比均创历史之最。

重庆市选调400名2021届应届优秀大学毕业生到基层工作。选调生报到

---

[1]　《今年我省新录用选调生1898名1201人将充实到基层》,《四川日报》,2018年10月20日。

后,其工作由区、县(自治县)党委组织部门在乡镇或街道统筹分配。

随着定向选调生工作的发展,为基层选调的数量在每年新选调生招录总量中的比重逐步降低。

2.为市级以上机关选调与定向重点高校选调急需紧缺专业人才

习近平总书记反复强调,要努力造就高素质专业化干部队伍。2018年7月,他在全国组织工作会议上指出,要注意培养有专业背景的复合型领导干部。[①]11月,他又在十九届中央政治局第十次集体学习时提出,要注重从各个方面选拔专业化人才,优化领导班子和干部队伍知识结构、能力结构、专业结构。中央政治局委员、中央书记处书记、中央组织部部长陈希对加强改进选调生工作、建设高素质专业化干部队伍提出具体要求。[②]

为市级以上机关选调适应习近平总书记和中央对建设高素质专业化干部队伍的要求,突出强调优秀应届大学毕业生的综合素质和专业能力,外在表现为国(境)内外名校、急需紧缺专业、高学历与中共党员、优秀学生干部、校级以上奖励荣誉等的结合。

党的选调生工作制度赋予省级以上选调组织管理单位为市级以上机关选调自主权。他们可以充分发挥想象力和积极性,合理设定选调条件和选调程序,择优选拔,遴选优质考生,为市级以上机关选调高素质专业化干部和高素质公务员后备专业人才。

为市级以上机关选调中的"机关",有的地方发布选调公告时公开;有的地方不公开,没有具体机关名称,而是以省直机关、市直机关代称,等到进入面试等程序后才公开。有的地方只公开参与选调的省直机关名称,不公开市直机关名称。有的地方给考生设置填报志愿的选调程序,有的地方等全部选调程序结

---

① 《十九大以来重要文献选编》(上),中央文献出版社,2019年,第571页。
② 《努力建设高素质专业化干部队伍》,《人民日报》,2018年5月22日。

束后,通过考生表达想去某地和某个、某级、某类机关工作的个人意愿,选岗、分配、双向选择等方式,落实选调生的工作单位。

根据选调机关层级与硬性条件成正比的规律,从市级机关到中央机关,越往上,选调的硬性综合条件就越严。

选调高校条件严格。为平衡各高校,定向选调对象范围一般是"双一流"建设高校或者国(境)外知名高校,北京大学、清华大学肯定列为中央和各地首选,且不限学历、不限专业。由于"双一流"建设高校数量众多,有的地方根据校地关系,结合本地经济社会发展和干部队伍建设需要等实际情况,从中选择或指定一部分高校作为重点定向选调高校。定向选调名额分配到校,考生只在校内竞争,从而调动学校和学生两方面积极性,确保地方完成当年度选调指标任务。

选调学历条件严格。选调应届大学毕业生中的"应届"对应最高学历。有的地方除要求最高学历在定向选调高校就读外,整个高等教育期间的学历都要在定向选调高校范围内完成。学生干部经历、校级以上奖励荣誉等条件,与此类似。

选调专业条件严格。有的地方要求学生所学专业在预先指定的急需紧缺专业目录或者一流学科及其所属专业范围内。

选调年龄条件严格。有的地方将本科生、硕士研究生、博士研究生的报考年龄分别设定为不超过24岁、27岁、30岁,基本上学习期间不能穿插工作经历,确保新选调生真正年轻化,具有较大培养潜力、年龄优势。

为吸引优秀应届大学毕业生报考选调,留住人才,有的地方在选调程序上采取较为宽松的态度,但设置在本地的最低服务年限。有的地方笔试科目仅为《综合素质测试》《综合能力测试》或素质测试一科。有的地方不设置面试分数线,全部考生笔试后直接面试;有的地方将笔试结果分为合格和不合格,笔试合格的进入面试;有的地方面试采用半结构化或者用面谈代替面试的方案。有的地方按照笔试成绩与面试成绩 3∶7 的比例计算总成绩，有的地方则相反，突出笔试权重，是 6∶4。有的地方将考察情况作为单项成绩，并按照素质测试和综合考察成绩 6∶4 的比例计算总分。

党的十八大以来，中央和各省（自治区、直辖市）不断强化为市级以上机关选调，取得了显著成效。

2017 年，湖南省首次定向全国 14 所重点高校选拔选调生，从 2200 多名报考者当中择优遴选 189 名，由省委组织部统一安排到乡镇基层锻炼 2 至 3 年后，再统筹安排到省直机关单位工作。①他们中有硕士研究生 127 人、博士研究生 9 人、本科生 53 人，中共党员占 70% 以上，绝大多数在校期间担任过学生干部或获得过校级以上奖励，政治素质过硬，专业素养扎实。除此之外，湖南省委组织部还根据市州用人需求，从 14 所高校自愿到市州工作的报考人员中择优选拔了 100 名选调生，到乡镇锻炼 2 年后安排到市（州）直机关工作。各市州从全国普通高校选拔了 100 名左右急需紧缺专业选调生，到乡镇锻炼 2 年后到市州直机关工作。

2018 年，四川省选调急需紧缺专业毕业生 697 名，其中硕士研究生及以上学历 561 名（包括 63 名博士研究生），所学专业主要集中在电子信息、装备制造、食品饮料、先进材料、能源化工、经济金融、规划建设、生态环境等经济社会发展急需紧缺专业。②

重庆市为区县级（相当于地市级）以上机关选调分为两种：面向北京大学、清华大学应届大学本科及以上优秀毕业生和面向部分高校应届优秀博士、硕士毕业生中的部分急需紧缺专业。前者在顶级学府的基础上，聚焦中共党员、优秀

---

① 《为干部队伍建设注入"源头活水" 我省首次定向全国重点高校选拔选调生工作圆满收官》，《湖南日报》，2017 年 7 月 12 日。

② 《今年我省新录用选调生 1898 名 1201 人将充实到基层》，《四川日报》，2018 年 10 月 20 日。

学生干部、校级以上奖励获得者。后者对高校、专业、学历三者同时提出要求，设置不限专业的替代方案，把学习成绩排名前列、获得过省级以上荣誉和国家级奖学金、是校级以上"青年马克思主义者培养工程"培养对象、担任院系以上学生会主席的优秀毕业生囊括到选调视野中。

上海市根据专业，将为地区以上机关选调分为综合管理、政法、信息技术、财经、城市建设、卫生健康等六大类别方向。

六、严格教育管理

习近平总书记指出，贯彻新时代党的组织路线，建设忠诚干净担当的高素质干部队伍是关键，重点是要做好干部培育、选拔、管理、使用工作。[1]他明确要求建立素质培养、知事识人、选拔任用、从严管理和正向激励五大体系。素质培养体系，包括源头培养、跟踪培养、全程培养的"三个培养"，重点突出习近平新时代中国特色社会主义思想的教育。知事识人体系，包括日常考核、分类考核、近距离考核的"三个考核"。选拔任用体系，包括以德为先、任人唯贤、人事相宜的"三条标准"。从严管理体系，包括管思想、管工作、管作风、管纪律的"四方面管"。正向激励体系，包括崇尚实干、带动担当、加油鼓劲"三项内容"。

选调生是干部的组成部分之一。从一般性看，选调生工作要遵循五大体系建设规律；从特殊性看，选调生工作更能反映素质培养体系规律，新选调生的选拔反映的是干部的源头培养，选调生的基层锻炼、到村任职、跟班学习等反映的是干部的跟踪培养，将每一名选调生都培养成才反映的是干部的全程培养。素质培养体系建设指导选调生工作实践，选调生工作实践深化了我们对干部素质

---

① 习近平：《在全国组织工作会议上的讲话（2018年7月3日）》，人民出版社，2018年，第16页。

培养体系建设规律的认识,为干部素质培养体系建设积累了有益经验。

中央政治局委员、中央书记处书记、中央组织部部长陈希在 2018 年的全国组织工作会议上指出,在工作重心上,要由偏重"选"向统筹"选育管用"转变。要持续选。坚持集中调研和日常了解相结合,探索建立持续发现、分批调研、动态管理的长效机制。集中调研时,要拓宽视野、优化结构、确保质量,把各领域各方面最优秀的年轻干部选出来。日常工作中,结合年度考核、任职考察、集中学习教育等,注意发现可重点关注的新人选。坚持严格把关,真正把好苗子选出来、把坏坯子挡住。要重视育。建立上下联动、长期关注的接续培养锻炼机制,逐人落实培养措施。对特别优秀、发展潜力大的,上级要重点关注,加大培养力度。要把政治标准放在首位,强化政治训练、实践锻炼,让干部到基层一线、困难艰苦地方、关键吃劲岗位扎实历练。要适时用。对各方面条件比较成熟的及时提拔使用,对有发展潜力、需要递进培养的抓紧放到关键岗位。要强化管。对不符合条件的及时调整出去,注意发现、补充新的优秀人选,保持"一池活水"。

选调生被纳入到干部总体工作中,正是按照"选育管用"各环节要求进行教育管理的。

1.习近平总书记对年轻干部提出殷切希望

习近平总书记指出,年轻干部是党和国家事业发展的希望,必须筑牢理想信念根基,守住拒腐防变防线,树立和践行正确政绩观,练就过硬本领,发扬担当和斗争精神,贯彻党的群众路线,锤炼对党忠诚的政治品格,树立不负人民的家国情怀,追求高尚纯粹的思想境界,为党和人民事业拼搏奉献,在新时代新征程上留下无悔的奋斗足迹。①党的十九大以来,习近平总书记先后 6 次出席中央党校(国家行政学院)中青年干部培训班开班仪式并发表重要讲话,做出一系列

---

① 《习近平在中央党校(国家行政学院)中青年干部培训班开班式上发表重要讲话强调 筑牢理想信念根基树立践行正确政绩观 在新时代新征程上留下无悔的奋斗足迹》,《人民日报》,2022 年 3 月 2 日。

重要论述,对广大干部特别是年轻干部提出殷切希望。这些希望和要求包括始终对党忠诚,深刻领悟"两个确立"的决定性意义,增强"四个意识"、坚定"四个自信"、做到"两个维护",服从组织安排,争先恐后到基层和艰苦边远地区工作;始终坚守党全心全意为人民服务的根本宗旨,不忘党为人民谋幸福、为民族谋复兴的初心使命,把人生理想融入党和人民事业之中,把自己当成老百姓,坚持当"老百姓的官",拜人民为师,甘当小学生,用心用情用力解决好群众"急难愁盼"问题,不断追求"我将无我,不负人民"的精神境界,坚持马克思主义信仰、为共产主义远大理想和中国特色社会主义共同理想而奋斗;始终坚持深入学习习近平新时代中国特色社会主义思想,加强马克思主义理论武装,自觉用习近平新时代中国特色社会主义思想观察新形势、研究新情况、解决新问题,坚持理论和实践相结合,注重在实践中学真知、悟真谛;强调提高"七种能力"①,经受严格思想淬炼、政治历练、实践锻炼、专业训练,夯实敢于斗争、善于斗争的思想根基,发扬斗争精神、加强斗争历练、提高斗争本领,不断解决问题、破解难题;永葆共产党人清正廉洁的政治本色,艰苦奋斗,永不懈怠,培育积极健康的生活情趣,坚决抵制享乐主义、奢靡之风,经常对照党的理论、党章党规党纪、初心使命和党中央部署要求,主动查找、勇于改正自身的缺点和不足,虚心接受批评,热心帮助同志发现缺点、改正错误,团结同志一道前进等。

选调生是被党寄予厚望的年轻干部。习近平总书记关于年轻干部成长成才的一系列重要论述,对选调生工作和选调生成长成才同样适用,同样具有重大且深远的指导意义。

2.注重对选调生的教育引导

习近平总书记指出,要教育引导干部一开始就想明白当干部为什么、在岗

---

① "七种能力"是指政治能力、调查研究能力、科学决策能力、改革攻坚能力、应急处突能力、群众工作能力、抓落实能力。

位干什么,走好从政第一步。①2020 年 6 月,他在十九届中央政治局第二十一次集体学习时又指出,好干部是选拔出来的,也是培育和管理出来的。2022 年 6 月,他在中共中央政治局第四十次集体学习时强调,要注重对年轻干部的教育引导。

关于如何教育引导干部特别是年轻干部,习近平总书记又作出了一系列重要论述,如要有针对性地加强对年轻干部的思想淬炼、政治历练、实践锻炼、专业训练,明确培养年轻干部的正确途径,坚决克服干部培养中的形式主义,帮助他们提高解决实际问题能力,让他们更好肩负起新时代的职责和使命;要弘扬党的光荣传统和优良作风,开展有针对性的党性教育、警示教育,用廉洁文化滋养身心,建立符合新时代新阶段要求的干部考核评价体系等。2015 年中央召开的培养选拔年轻干部和女干部、少数民族干部、党外干部工作座谈会提出,要把思想政治教育放在首位,结合不同培养对象的特点,有针对性地加强理想信念教育、政治纪律政治规矩教育和群众路线教育,引导干部更好立根固本。

选调生是党组织按照特定方式选拔的年轻干部。各地按照习近平总书记和中央的要求,不论是在岗前培训阶段,还是在选调后的跟踪培养过程中,都不断注重对选调生的教育引导。

加强选调生培训。从 2019 年起,中央开始培训到村任职的选调生。2021 年 7 月,中央组织部办公厅和农业农村部办公厅印发《关于开展 2021 年农村实用人才带头人和到村任职、按照大学生村官管理的选调生示范培训工作的通知》。《通知》提出,举办创业富民主题培训班 100 期、乡村发展与治理主题培训班 75 期、到村任职选调生能力建设主题培训班 25 期、到村任职选调生社会治理专题研修班 1 期。到村任职选调生能力建设主题培训班培训对象为到村任职、按照大学生村官管理的选调生。到村任职选调生社会治理专题研修班培训对象为到

---

① 习近平:《在全国组织工作会议上的讲话(2018 年 7 月 3 日)》,人民出版社,2018 年,第 16 页。

村任职 1 年以上，有至少 1 篇国情调研报告，在驻村工作中表现优秀的到村任职选调生代表。边疆民族地区乡村干部培训班和到村任职选调生能力建设主题培训班学员推荐及调训工作由各省级党委组织部门商同级农业农村部门落实。农村实用人才带头人和到村任职、按照大学生村官管理的选调生示范培训工作由中央组织部组织二局、农业农村部人事司负责统筹和管理，农业农村部农村社会事业发展中心、中央农业广播电视学校负责培训的组织、指导、监督和考核。2022 年、2023 年继续开展到村任职、按照大学生村官管理的选调生示范培训。

上海市根据分工开展选调生培训。基层锻炼期间，市委组织部抓选调生的集中专题培训，接收锻炼单位抓选调生的阶段培训，选调单位抓选调生的业务培训。基层锻炼期满后，市委组织部抓选调生的示范培训，选调单位抓选调生的日常培训。

2014 年 3 月，中共广西壮族自治区委员会印发的《2013—2017 年广西干部教育培训规划》提出，每年安排 500 名左右有 2 年以上基层工作经历的选调生到广西干部学院培训。①2019 年 3 月，中共广西壮族自治区委员会印发的《2018—2022 年广西干部教育培训规划》又提出，每年安排 100 名左右优秀选调生到百色干部学院参加党性教育专题培训，每年安排 600 名左右具有 2 年以上基层工作经历的选调生到广西干部学院培训。②实施"年轻干部理想信念宗旨教育计划"和"选调生培养计划"。

甘肃省委组织部建立起"岗前初训+面上轮训+重点专训"的选调生培训体系，每年对新招录选调生集中进行岗前培训。从 2019 年开始，选调生在岗位工作一段时间后再集中到省委党校(甘肃行政学院)开展培训。

加强选调生教育培养。上海市加强选调生到村或者社区任职期间的培养教

① 《2013—2017 年广西干部教育培训规划》，《广西日报》，2014 年 3 月 26 日。
② 《2018—2022 年广西干部教育培训规划》，《广西日报》，2019 年 5 月 7 日。

>> 279

育。安排选调生到重大任务和重大工程等岗位接受锻炼。鼓励在选调生中开展内部轮岗、挂职、转任等。在选调生2年的基层锻炼期间和在锻炼期满后的第1年,遴选所在单位的优秀领导干部担任选调生的带教老师。建立选调生成长档案。结合优秀年轻干部集中调研和调整,将优秀选调生纳入优秀年轻干部队伍。

青海省建立优秀选调生名单库,根据年度考核结果,每年调整一次。及时将符合条件的列入各级后备干部库,由各级组织人事部门按干部管理权限加强管理,重点培养。

江西省实行选调生"双帮带"制度,为每名选调生安排1名县级领导和1名乡镇党政正职作为传帮带导师。依托省委党校中青年干部培训班(中青班),每年点名调训100名左右在基层锻炼期满的选调生。

3.加强选调生管理

有的选调生等年轻干部因严重违纪违法问题被纪检监察机关查处。年轻干部的教育管理监督问题,日益引起党的重视。

习近平总书记指出,好干部是选出来的,更是管出来的。[①]2014年7月,全国优秀年轻干部培养选拔工作座谈会提出,好人主义培养不出好干部,要坚持从严管理,加强监督约束,引导年轻干部强化规矩意识、增强纪律观念,心存敬畏、手握戒尺,清白做官、踏实做事。2022年1月,习近平总书记在十九届中央纪委六次全会上提出,要加强年轻干部教育管理监督,教育引导年轻干部成为党和人民忠诚可靠的干部。十九届中央纪委向党的二十大的工作报告又提出,要引导年轻干部扣好廉洁自律"第一粒扣子",[②]从严从实强化对年轻干部教育管理监督。

作为年轻干部的一部分,选调生的教育管理监督问题同样不能忽视。

---

① 习近平:《在全国组织工作会议上的讲话(2018年7月3日)》,人民出版社,2018年,第21页。

② 《十九届中央纪律检查委员会向中国共产党第二十次全国代表大会的工作报告》,《人民日报》,2022年10月28日。

按照习近平总书记和中央对年轻干部管理教育监督工作的要求,各省(自治区、直辖市)加强对选调生的管理。云南省规定,破除选调生"终身制",选调生管理期为7年,其间出现违纪违规、考核不合格等情形,不得再纳入选调生管理。青海省印发《选调生招录及管理暂行办法》,对选调生严管厚爱,探索建设选调生公寓、定期体检,关心选调生的身心健康。实行选调生动态管理制度,明确7种情形不再作为选调生管理。

2021年,中央组织部在开展党史学习教育过程中,加强到村任职选调生教育管理和关爱保障,[①]进一步完善有关工资待遇政策。按照中央组织部《关于选调生到村任职按照大学生村官管理有关工作的提示》要求,各地特别加强选调生到村任职工作。

2021年2月,青海省委组织部明确四项重点任务:[②]一是及时对选调生到村任职工作开展情况和选调生实际到村情况进行全面摸排,做到底数清、情况明;二是精心组织统筹安排任职,开展选调生到村任职登记备案工作;三是严格选调生到村时间和驻村纪律,明确规定达不到基层服务年限和到村任职时间要求的,不得借调、抽调、转任、遴选;四是从严规范选调生到村开展国情调研、到村任职专项工作经费使用管理和县级领导班子成员结对帮带等工作。为推动选调生到村任职工作任务落实,青海省委组织部还通过电话访谈、日常调研、实地走访等多种方式抽查了解,加强暗访督查。

2022年,山东省委组织部在全省到村任职选调生中开展"八个一"活动,[③]进

---

①　《中央纪委国家监委、中央组织部、中央政法委扎实开展党史学习教育——奋力开创工作新局面》,《人民日报》,2021年12月5日。

②　《省委组织部从4方面入手做好选调生到村任职工作》,《青海日报》,2021年2月18日。

③　《山东:"八个一"活动"精准滴灌"选调生》,《乡村干部报》,2022年4月22日。"八个一"是指开展一轮入户走访、结成一个联系对子、办好一批服务事项、牵头一场集体活动、参加一项重点工作、列席一次乡镇会议、建立一套村情档案、撰写一篇调研报告。

一步推动到村任职选调生扎根农村、经受锻炼。截至当年4月,3247名到村任职选调生已入户走访79万余户,与生活困难党员群众、致富能手、种植养殖大户等结成5095个联系对子,参与人居环境整治、农业技能培训、儿童关爱辅导、电脑知识培训等服务事项1.2万余次,组织举办文艺活动、疫情防控应急演练等集体活动5200余次。

设立选调生到村任职补助资金项目。该项目由中央组织部设立,为选调生扎根基层、服务基层提供工作保障。补助资金自2020年起执行,试行3年,按每人每年2.2万元标准下拨,自选调生到村任职当年度开始发放,到选调生挂职锻炼期满当年度停止发放。选调生到村任职补助资金为工作补助,不直接发给选调生个人,结合农村基层党建工作任务统筹使用,主要用于4个方面:一次性安置、教育培训、国情调研、服务群众。江西省配套选调生到村任职补助资金1589.86万元,给每一位在村任职的选调生统一购买重大疾病和人身意外伤害综合保险,为选调生在村任职提供保障。

为加强选调生到村任职补助资金管理,各地纷纷出台相关资金管理制度,如内蒙古自治区《关于选调生到嘎查村任职按照大学生村官管理有关工作的通知》及《选调生到村任职补助资金管理使用办法》《陕西省到村任职选调生工作补助资金管理使用暂行办法(试行)》、山西省《选调生到村任职工作补助资金管理使用暂行规定》等。2022年,贵州省安顺市委组织部、市财政局联合下发《关于规范安顺市选调生到村任职补助资金管理使用的通知》,对选调生到村任职财政补助资金明确使用范围、细化支出标准、严格报账审核、强化物资管理。[①]

4.加大从优秀选调生中选拔乡镇领导班子成员力度

选调生是乡镇领导干部选拔对象之一。2018年9月,中共中央、国务院印发

---

① 熊冰:《贵州安顺:规范选调生补助资金管理使用 推进支出标准体系制度化建设》,《财政监督》,2022年第11期。

的《乡村振兴战略规划(2018—2022 年)》提出,加大从优秀选调生、乡镇事业编制人员、优秀村干部、大学生村官中选拔乡镇领导班子成员力度。[1]随后,中共中央印发的《中国共产党农村基层组织工作条例》对此予以重申。[2]适应加强改进选调生工作和促进脱贫攻坚、乡村振兴需要,2021 年 2 月,中央办公厅、国务院办公厅《关于加快推进乡村人才振兴的意见》在前面基础上增加驻村第一书记、驻村工作队员,将选调生与大学生村官合并为到村任职过的选调生,提出健全从中选拔乡镇领导干部常态化机制。[3]

按照中央精神,各省(自治区、直辖市)从到村任职过的选调生等五方面人员中选拔乡镇领导干部。如四川省委组织部印发《关于选拔乡镇事业编制人员等五方面人员进入乡镇领导班子的指导意见》,一大批到村任职过的选调生进入乡镇领导班子。2021 年 3 月,广西壮族自治区百色市决定从到村任职过的选调生等五方面人员中选拔乡镇领导班子成员,其中到村任职过的选调生 5 名。到村任职过的选调生是指在村任职期满、考核合格的选调生。确无符合条件人选的,也可根据实际情况,从以往到村任职过的选调生中选拔。到村任职过的选调生人选应当符合提拔副科级领导干部对应资格条件,其中自治区直属机关选调生,应当到基层锻炼满 2 年,且在村任职至少满 1 年;市直机关、县直机关和乡镇机关选调生应当到村任职满 2 年;2018 年前招录的选调生,应当在村任职至少满 1 年。到村任职过的选调生,既要到选派单位考察,还要到其任职的村及所在乡镇考察。

---

① 《中共中央国务院印发〈乡村振兴战略规划(2018—2022 年)〉》,《人民日报》,2018 年 9 月 27 日。

② 《中共中央印发〈中国共产党农村基层组织工作条例〉》,《人民日报》,2019 年 1 月 11 日。

③ 《中共中央办公厅国务院办公厅印发〈关于加快推进乡村人才振兴的意见〉》,《人民日报》,2021 年 2 月 24 日。

七、使选调生在基层墩好苗、起好步

习近平总书记指出，干部多"墩墩苗"没有什么坏处，把基础搞扎实了，后面的路才能走得更稳更远。①

年轻干部应去基层多"墩墩苗"②。2014 年 7 月，全国优秀年轻干部培养选拔工作座谈会提出，要强化实践导向，坚持必要台阶、递进式历练，让年轻干部多"墩墩苗"，到基层一线和艰苦地区经风雨见世面，在急难险重任务中锻炼提高，在改革发展稳定实践中增强担当，始终走与人民群众实践相结合的成长道路。2015 年 10 月，中央培养选拔年轻干部和女干部、少数民族干部、党外干部工作座谈会又提出，要注重不同层级、不同岗位、不同职务的锻炼，认真落实干部任期制要求，引导干部沉下心来多干实绩，防止追求短期效应。中央政治局委员、中央书记处书记、中央组织部部长陈希强调，尤其要重视基层历练，让年轻干部在基层多墩墩苗，摸爬滚打时间长一点，通过递进式培养、多岗位历练、一层层考验，使年轻干部经历更丰富、阅历更完整、能力更扎实。

选调生更应该去基层墩苗。为县以上机关选调的应届大学毕业生一出校门就进机关当干部、当公务员。为防止他们成为新"三门"干部，进而影响其今后成长成才，组织上安排选调生到基层工作、到村任职，这其实是一个墩苗历练的过程。通过墩苗，选调生在墩苗中逐渐感悟职业、适应服务对象、加强自我认知，最终坚定理想信念，达到墩好苗、起好步的层次。

---

① 《十八大以来重要文献选编(上)》，中央文献出版社，2014 年，第 349 页。

② 墩苗相对拔苗，原指在幼苗阶段控制施肥和灌水，促使幼苗根系下扎，防止茎叶疯长、长得过快，否则根扎不深，茎秆不壮实，中后期风一吹就倒。因此，要压一压长势，墩墩苗。这就好比人蹲着，蓄势待发。年轻干部"墩苗"是一种非常形象的说法，通常指的是选派年轻干部到边远地区、艰苦环境中经受摔打历练，在基层一线感受群众冷暖、练就过硬本领，在承受压力、解决矛盾的过程中茁壮成长。

按照习近平总书记和中央的要求,各省(自治区、直辖市)采取多种措施,加强选调生到基层墩苗锻炼。

2013 年,重庆市规定选调生的关系放在乡镇(街道),但是必须先分配到村或社区工作,研究生选调生至少在村或社区工作 1 年,本科选调生至少在村或社区工作 2 年。博士选调生可挂职担任副乡(镇)长或街道办事处副主任,硕士选调生可挂职担任乡(镇)长助理或街道办事处主任助理,本科选调生,是中共党员的,可担任村(社区)党组织书记助理;非中共党员的,可担任村民委员会(社区居委会)主任助理。

选派选调生担任第一书记。为贯彻落实习近平总书记在部分省区市扶贫攻坚及"十三五"时期经济社会发展座谈会上的讲话精神,扎实推进广西壮族自治区新一轮扶贫攻坚工作,2015 年 7 月,广西壮族自治区党委组织部专门就贫困村党组织第一书记的选派工作下发通知。通知提出,鼓励选派选调生担任第一书记。同月,广西壮族自治区党委组织部致信全体选调生,希望广大选调生积极响应组织号召,踊跃报名到贫困村担任党组织第一书记,接受组织挑选。广大选调生踊跃报名,挂任驻村第一书记,投身脱贫攻坚的火热实践。2015 年增派的 3500 名第一书记中,区直、中直驻桂单位共选派 699 人,其中选调生就有 37 人。①

2012 至 2017 年,云南省选拔的新选调生全部安排到乡镇或街道工作,然后安排这些选调生挂任 1 年的村(社区)党组织第一书记。统筹考虑,分期、分批安排 40 多名选调生到云南省委组织部机关和省委组织部联系的扶贫点——楚雄彝族自治州武定县插甸镇挂职锻炼。2015 年,挑选 6 名选调生到我国独龙族的主要聚居地——怒江傈僳族自治州贡山县独龙江乡挂职锻炼 1 年。2022 年 8 月,省委组织部出台《百名选调生墩苗历练计划》,把选调生墩苗历练作为发现

---

① 《广西新增派 3500 名第一书记驻村扶贫》,《广西日报》,2015 年 9 月 27 日。

储备优秀年轻干部、改善干部队伍结构、优化干部成长路径、推动干部队伍长远发展的战略举措,为选调生设置"向下扎根"路径,担任县(自治区、直辖市)、乡镇(街道)党政领导班子成员;设置"向上学习"路径,选派选调生到上级机关跟班学习;设置"对外挂职"路径,选派选调生到经济发达地区挂职锻炼。《计划》提出,从2022年开始,省委组织部每年从全省范围内择优选派100名以上,州(市)党委组织部每年统筹选派10%以上符合条件的想干事、能干事、有潜力的选调生到重大任务重大斗争一线墩苗历练。截至2022年12月,省委组织部已从州(市)级以下机关选拔了50名选调生到乡镇(街道)担任党政领导班子成员,从州(市)级以下机关选派了50名选调生到省级优化营商环境重点职能部门和省属国有企业跟班学习。①

湖南省重视选调生的基层墩苗工作。2017年,对当年选调生采取暂不明确具体职位、先锻炼后安排的做法,将选调生统一安排到乡镇(街道)基层锻炼2至3年。

《广东省选调生工作办法(试行)》规定,选调生录取后一般直接安排到村(社区)任职,进行基层锻炼,为期2年。省直单位的选调生试用期满,考核合格后再安排到基层锻炼。2年的基层锻炼时间分配如下:先到村任职1年,再到粤东、粤西或粤北地区的本系统的县直单位工作1年。

2017年8月,四川省委组织部选派246名选调生赴贫困县、乡挂职任职,选派30名选调生赴九寨沟地震灾区工作。这些挂职的选调生均为自愿申请,并由其所在单位从具有2年以上工作经历、德才表现好、工作实绩优、发展潜力大的选调生中推荐出来的。他们主要挂任或者担任贫困县的乡镇领导、乡镇扶贫办主任、驻村第一书记等。这样的选调生,每个市(州)不少于5名,挂(任)时间为1

---

① 《我省健全年轻干部常态化培养机制——为年轻干部成长搭台铺路》,《云南日报》,2022年12月23日。

至 2 年。成都市委组织部提出,选调生中的博士 4 年内、硕士 7 年内必须补齐基层工作经验;凡是今后选派选调生到基层任职,必须先选派到基层、艰苦地区挂职。

精心组织到村任职选调生开展国情调研。国情调研是中央为新录用选调生安排的一项重要墩苗内容。选调生到基层后,熟悉和了解服务对象,把基层情况和群众诉求了然于心,是工作第一课。自 2020 年开始,按照中央关于选调生管理的有关要求,到村任职选调生每年至少 1 次走遍全村农户,在村任职第 1 年梳理一套村情报告,在村任职第 2 年就农业农村问题写出一份国情报告。

按照中央要求,各地扎实推动选调生国情调研工作。北京建立选调生成长档案,“一人一册”记录参加培训、工作调研等“活情况”。安徽建立县级领导干部和乡镇主要负责同志“双导师”制度,把选调生工作村作为县乡领导干部基层联系点,定期交任务、传方法、讲经验、做示范,加强谈心谈话和工作指导。福建完善实践磨炼机制,重点安排到贫困村、乡村振兴试点示范村等任职,让选调生们有几次“热锅上蚂蚁的经历”。江西聚焦农村工作重点热点问题,结合选调生专业背景、岗位特点、兴趣意愿,分类指导选调生确定调研选题,同时,采取导师帮带指导、组建调研小组、定期座谈交流等方式,提升调研实效。山东注重考核评价,建立到村任职选调生信息库,日常考核看岗位履职、看能力素质、看群众口碑等,使选调生们方向更明、精气神更足。广西注重推动成果转化,将优秀的国情调研报告集结成册,以市县党委组织部门名义呈送当地党委政府有关领导及相关单位参阅,作为党委政府重大决策和各单位制定具体举措的参考依据。[1]

2022 年,《乡村干部报》(原《大学生村官报》)开展全国首次到村任职选调生优秀国情调研报告评选活动,从 4.9 万篇报告中评出 61 篇获奖报告。2023 年 3

---

[1] 《到村任职选调生 2022 年度优秀国情调研报告评选交流会在南京召开》,扬子晚报网,2023 年 4 月 7 日,https://www.yangtse.com/content/1648991.html。

月，到村任职选调生 2022 年度优秀国情调研报告评选交流会在江苏省南京市召开。各省（自治区、直辖市）和新疆生产建设兵团组织部相关处室负责人、专家评委代表、国情调研报告一等奖获得者参加会议，中央组织部组织二局相关处室负责同志列席会议，北京、安徽、福建、江西、山东、广西 6 省（自治区、直辖市）组织部就选调生到村任职工作作交流发言。会上，获奖选调生代表分享国情调研感悟，并发出投身乡村振兴一线倡议书。

到村任职选调生是有生力量，为乡村振兴注入了新鲜活力。中共中央组织部组织广大选调生深入农村开展国情调研，帮选调生们了解社情民意、研究基层难题、大胆建言献策。凭着年轻人的干劲、冲劲和选调生自身的素质优势，这些选调生走遍全村所有农户，为群众办实事、办好事。选调生们努力克服"水土不服"，把"论文"写在了乡村大地上。

展望 为中国式现代化贡献选调生工作力量

2018 年,习近平总书记对加强和改进选调生工作作出重要指示。自此,选调生工作进入一个新的繁荣和发展期。

中国共产党高度重视选调生工作,始终把选调生工作放在重要位置,在党的组织建设大局中谋划选调生工作,推进选调生工作,为党和国家事业的兴旺发达提供了重要支撑。

全面回顾党的选调生工作的发展历程,认真总结其中的宝贵经验,对于我们在以习近平同志为核心的党中央坚强领导和习近平新时代中国特色社会主义思想科学指引下,不断提高党的选调生工作质量,实现高质量发展,在建设堪当民族复兴重任的高素质干部队伍中有所作为,为中国式现代化贡献力量,具有重大而深远的意义。

一、必须坚持选调生工作是培养选拔优秀年轻干部的一项重要战略途径这个根本定位

习近平总书记指出"年轻干部是党和国家事业接班人","培养选拔优秀年轻干部是一件大事,关乎党的命运、国家的命运、民族的命运、人民的福祉,是百年大计"。选调生工作长期以来为党的年轻干部工作服务。近 60 年来,中国共产党在这个问题上进行了长期探索。1964 年 3 月,中央组织部提出将选调生工作

列为培养提拔新生力量和革命事业接班人的八条具体措施和三项重点培养措施之一。1983年2月，中央又提出选调生工作是实现领导班子革命化、年轻化、知识化、专业化的一项重大战略措施。1995年1月，中共中央出台的《关于抓紧培养选拔优秀年轻干部的通知》着眼于一代人的健康成长，重提选调生工作。在此之后，在中央有关年轻干部工作的文件中，一般都会有选调生工作的"身影"。党的十八大以来，选调生工作被摆在优秀年轻干部培养选拔工作的重要位置，加强和改进选调生工作纳入培养选拔优秀年轻干部工作全局。选调生工作因培养选拔优秀年轻干部而诞生，因培养选拔优秀年轻干部而发展，因培养选拔优秀年轻干部而完善，培养选拔优秀年轻干部就是它不断前进的动力。党的历史充分表明，什么时候加强选调生工作，选调生工作对年轻干部工作的支持力度就大；什么时候选调生工作发生偏差，年轻干部工作就失去了一个强有力支持，党的事业就受到影响。

党的十九大之后，在总结党的历史经验特别是党的十八大以来选调生工作成功经验的基础上，2018年，习近平总书记对加强和改进选调生工作作出重要指示，为做好新时代选调生工作指明了前进方向、提供了根本遵循。

中国共产党坚持和加强改进选调生工作，推动培养选拔优秀年轻干部工作，为各级领导班子和干部队伍输送了一大批优秀人才，为干部队伍老中青年龄梯次结构的基本形成做出了卓越贡献，为培养训练优秀年轻干部积累了丰富经验，在决胜全面建成小康社会、实现第一个百年奋斗目标，乘势而上开启全面建设社会主义现代化国家新征程中，充分彰显了党的选调生工作力量。

党的二十大擘画了新时代中国特色社会主义的宏伟蓝图。必须立足更好地为党和国家事业持续培养高质量的优秀年轻干部，坚持加强改进党的选调生工作。在坚定不移全面从严治党、深入推进新时代党的建设新的伟大工程的实践中，健全培养选拔优秀选调生常态化工作机制，把选调生派到基层和艰苦地区锻炼成长,为全面建设社会主义现代化国家、全面推进中华民族伟大复兴提供坚强保证。

二、必须坚持把选调生的质量放在第一位,适当扩大选调生队伍的规模,保持选调生队伍的合理结构

党的二十大指出,高质量发展是全面建设社会主义现代化国家的首要任务。高质量发展最终要靠高质量的人才,而高质量的人才的挑选是重要一环。

挑选选调生,保证质量是生命线。坚持把政治标准放在首位,要求品学兼优,是党组织挑选优秀应届大学毕业生的一贯做法。选调生工作诞生之初,党要求挑选的选调生是"有培养前途的优秀党员,这是基本条件","要从全省、市范围内的应届毕业生中挑选最优秀的,要拔尖子"。党的十一届三中全会后,选调的对象首先着眼于"担任过学生干部的党团员和三好学生","选调的范围,包括理、工、农、医、文史、政法、财经等各种专业","主要是应届大学本科毕业生","可在重点高等院校中挑选一部分往届大学毕业留校工作的团干部、辅导员等"。党的十八大以来,党组织对选调生工作的对象——优秀应届大学毕业生的"优秀"标准进行了进一步准确界定,突出政治标准,更加强调"优先选调中共党员、优秀学生干部、获得校级以上奖励人员",加强考试测评、职业生涯规划教育和科学自我评估,实现好中选优、优中选适、适中选强,做到组织挑选的对象精准、学生选调的方向精准。

挑选的选调生人才质量大幅度跃升,选调生的专业结构、性别结构、民族结构进一步优化,实现选调生工作"转型升级"。转型方面,一是选调方式转型,由"一般化"的传统选调生工作转变为既有传统选调生工作,又有"差别化"的定向选调生工作;二是选调目的转型,由单一的基层选调转变为满足基层和市级以

上机关各单位各层次需求的分级分类精准选调。升级方面,从选调的普通高校向既有普通高校又突出"双一流"大学和国(境)外知名大学升级,从选调不限专业向既不限专业又突出经济社会发展急需紧缺的专业升级,从选调生学历以大学本科为主向以硕士研究生、博士研究生为主升级。但要求合理确定选调的高校、专业、学历范围,防止盲目跟风。除了注重工作对象——选调生的质量,还注重工作主体——组织部门选调生工作团队的质量。党的十九大以来,以现代人力资源管理理论为指导,选调生工作的效率、效果有了大的提高,特别是选调时间大大提前并与选调对象毕业求职就业进程相适应,选调节奏更加明快、服务意识更加到位、选调过程更加透明。

选调生既要质量优良,又要数量充足。在需要的干部充足之时,质量是第一位的。在干部数量严重短缺之时,数量是第一位的。没有数量,质量难以提升,而没有质量,数量是乏力的。选调生工作在保持质量的前提下,要注重数量的增长。党在选调生工作诞生之初,就提出了数量指标。1964 年,党在全国 20 多万名(其中 1 万名共产党员)高校毕业生中挑选出 59 名,作为第一批选调生。改革开放后的 1980 年,选调生从几十名起步,到 1985 年底,全国选调生数量达到12700 名。2000 年 1 月,中央在《关于进一步做好选调应届优秀大学毕业生到基层培养锻炼工作的通知》中提出,要"根据领导班子及其后备干部队伍建设的总体规划,确定选调生的数量和结构"。2005 年 6 月,为引导和鼓励高校毕业生面向基层就业,中央提出"要进一步扩大选调生的规模"。在此要求下,全国选调生总量实现快速增长。党的十八大以来,以习近平同志为核心的党中央对年轻干部工作质量、数量、结构作出重要安排,选调生工作迎来高质量发展阶段,重点大学、急需紧缺专业、高学历等类型的选调生数量大幅度增加。党的十九大以后,按照拓宽来源、优化结构、改进方式、提高质量的年轻干部工作要求,在"适当扩大规模,分级分类精准选调"思想的指导下,提出"选调生一般应占本年度公务员考录计划 10% 左右的规模要求"。在政策的鼓励下,选调生人员数量进入历史上增长最快的时期。

新的征程上,全面建设社会主义现代化国家,必须实现高质量发展。实现高质量发展,最根本的是培养造就高质量人才,培养造就优秀年轻干部。加强党的选调生工作,必须把培养造就优秀年轻干部作为根本目标,一切工作都要朝着这个方向去推进,为努力建设一支忠实践行习近平新时代中国特色社会主义思想、数量充足、素质优良、充满活力的优秀年轻干部队伍而团结奋斗。

三、必须坚持培养途径统一于选调生的成长成才,善于结合运用大学教育、理论培训、墩苗历练、基层实践锻炼、领导传帮带、专业训练等方法,做好选调生的选育管用工作

党的二十大将新时代党的组织路线写入了新党章。习近平总书记指出,贯彻新时代党的组织路线,建设忠诚干净担当的高素质干部队伍是关键,重点是要做好干部培育、选拔、管理、使用工作。要统筹推进素质培养、知事识人、选拔任用、从严管理、正向激励"五大体系"建设。

培养方法是实现培养目标的手段。自选调生工作诞生之日起,党就非常重视选调生的理论培训、墩苗历练、基层实践锻炼、领导传帮带。特别是结合当时的政治任务开展选调生的基层实践锻炼,中央组织部领导带领全体选调生到农村开展"四清"运动,在密切联系群众、提高群众工作能力等方面作出示范。党的十一届三中全会后,加强对选调生的管理,提出"应把他们放到县以下基层单位去锻炼,不要截留在机关,也不要过早地调到机关工作","逐步形成和完善一套管理制度和工作秩序"。坚持教育、管理与使用结合,大力选拔选调生进县级以上领导班子,选拔大量选调生进入中央党校三年制培训班学习,在中央党校专

门为选调生开设培训班,进一步提高优秀选调生的理论水平、党性修养和工作能力。注重选派选调生到农村基层实践锻炼,建立来自基层一线党政领导干部培养选拔链,发挥选调生在党的基层建设事业中的作用,一大批满足干部队伍"四化"要求的选调生,走上各级领导岗位或进入县级以上机关。

中国特色社会主义进入新时代以来,随着定向选调生工作的全面铺开,"双一流"建设高校在选调生工作中发挥了越来越重要的作用。高校全面落实立德树人的根本任务,紧密结合抓好后继有人这个根本大计,为党育人,为国育才,深化拓展"扶上马、送一程、关怀一辈子"的输送和服务理念,并把加强选调生教育培养作为教育报国重要体现,作为人才输送重要渠道,积极鼓励应届毕业生到国家最急需、最基层、最边远的地方历练成长成才、建功立志立业。具体表现在职业指导、笔试、面试辅导、思想政治、学生党建、教育培训等方面。加强选调生的使用力度,在中央到地方的公开遴选公务员中设置专门面向选调生的职位,一批高素质专业化选调生通过这个渠道进入各级领导机关。紧密结合脱贫攻坚、乡村振兴等党和国家大事要事,对选调生进行培养锻炼。

中国共产党高度重视坚持系统观念、运用系统思维。选调生工作牵涉面广、涉及环节多,需要坚持系统观念、运用系统思维。党之所以能够几十年始终保持选调生工作充满生机活力,探索出一条通过基层培养干部的有效途径,取得培养优秀年轻干部和积累培养经验"双丰收",很大程度上就在于始终坚持培养途径统一于选调生的成长成才,善于结合运用大学教育、理论培训、墩苗历练、基层实践锻炼、领导传帮带、专业训练、跟踪培养等方法,整体推进选调生的选育管用工作。

我国是一个发展中大国,仍处于社会主义初级阶段,正在经历广泛而深刻的社会变革,推进改革发展、调整利益关系往往牵一发而动全身。越是这样越要坚持系统观念、运用系统思维。要坚持以习近平新时代中国特色社会主义思想指导党的选调生工作,坚持用习近平新时代中国特色社会主义思想的世界观和方法论,推动选调生工作,善于通过选调生工作历史看现实、透过现象看本质,把握好组织建设全局和选调生工作局部、当前对干部的需要和长远干部储备等方面的关系,不断提高战略思维、历史思维、辩证思维、系统思维、创新思维、法治思维、底线思维能力,完善长效培育机制,进一步加强选调生到村任职、履行大学生村官有关职责、按照大学生村官管理工作,深化国情调研,促进更多选调生成长为优秀年轻干部。

四、必须坚持按干部成长规律和成长途径办事,大力发现培养选拔优秀选调生,促进选调生尽早成才

习近平指出,鼓励年轻干部到基层和生产一线经受锻炼、丰富阅历、增长才干,这是符合干部成长规律的。干部成长规律是指干部成长的一般规律,是干部成长过程中内外诸因素之间固有的、本质的、必然的、稳定的联系,是干部成长过程中最本质的现象。干部大都是通过理论培训与实践锻炼相结合、自身修养与组织培养相结合、组织选拔与群众推荐相结合、政策导向与制度保证相结合等途径成长起来的。党的选调生工作必须遵循干部成长规律和成长途径。

近60年来,党始终坚持按干部成长规律和成长途径开展选调生工作。1964年,选调生工作是按干部成长规律和成长途径设计的;改革开放后,选调生工作是按干部成长规律和成长途径重新启动的;党的十八大以来,加强改进选调生工作任务是按干部成长规律和成长途径提出的……中国共产党按规律办事,充分发挥选调生工作的作用,培养使用选调生,确保红色江山后继有人、代代相传。

全面建设社会主义现代化国家,必须有一支政治过硬、适应新时代要求、具

备领导现代化建设能力的干部队伍。粗略估计，到 2035 年，乃至到 21 世纪中叶，需要许多县处级以上领导干部，加上其他负责干部，所需数量更多。应届大学毕业生是党政机关干部的主要来源。但即使是"双一流"大学应届大学毕业生中最优秀的分子，对照干部成长规律和成长途径，要立刻胜任县处级以上党政领导工作也是不行的。应届大学毕业生成长为党政领导干部，必须通过毕业后的一段时间的思想淬炼、政治历练、实践锻炼、专业训练来培养造就。习近平总书记指出，干部成长规律决定了干部培养要有足够时间，不仅着眼未来 5 年、10 年，更要着眼未来 15 年、20 年乃至更长时间。培养时间貌似很长，实则较短且转瞬即逝，对选调生个人来说更尤为珍贵。而要在较短的时间里，培养出一批符合新时代好干部标准的党政干部，完全靠自然成长的方式是难以实现的，必须主动采取选调生工作等有组织、有计划、有目的的培养方式。党的十八大以来，按干部成长规律和成长途径，加强改进选调生工作取得的明显成效，就证明了这一点。

　　成长为一个好干部，一靠自身努力，二靠组织培养。选调生整体一般比其他应届大学毕业的干部群体成长要快，一是选调生是在优秀应届大学毕业生中经过"百里挑一"或"十里挑一"挑选出来的，本身素质好，这是选调生努力的结果；二是选调生工作为选调生提供了良好成长的环境条件。育人，好比种庄稼。善于稼穑的人，有了良种，总是抓住春回大地的季节，不失时机地把种子播入适宜的土壤，然后按其生长规律，精心培育，最后得到丰硕的果实。在新时代的赶考路上，加强改进党的选调生工作，必须遵循干部成长规律，根据选调生的特点，把党的需要与选调生本人的特长统一起来，确定最佳的定向培养途径，适时"墩苗""稼穑"，给予选调生足够的实践磨炼；必须辩证把握好选调生成长快与慢的关系，合理确定提拔使用的时机和数量，对优秀选调生及时发现、大胆使用，实现优秀选调生早发现、早培养、早成才。

五、必须坚持通过制度建设推动选调生工作高质量发展，不断提高选调生工作的科学化制度化规范化水平

制度问题更带有根本性、全局性、稳定性、长期性。通过制度建设推动工作，是选调生工作的传统。1965年，中共中央发出《关于分配一批高等学校毕业生到基层工作的指示——转发高等教育部党委的报告》，对1965年、1966年拟分配高校毕业生的数量、条件、锻炼等进行了详细规定，快速地将选调生工作在全国铺开。改革开放后，尽管1980年选调生工作已重新开始，但真正在全国范围内深入开展，还要从1983年中央组织部印发《关于选调应届优秀大学毕业生到基层培养锻炼的通知》算起。这是第一份真正具有制度建设性质的规范性文件，虽然篇幅不长，但对选调生工作的主要内容进行了规范。此后几年的选调生工作，都是以这份专门针对选调生工作而出台的制度文件为依据。2000年，中央组织部印发了第二份选调生工作的专门文件——《关于进一步做好选调应届优秀大学毕业生到基层培养锻炼工作的通知》，提出选调生工作要"与大学生分配制度改革相配套，与国家公务员制度相衔接"；"加强制度建设，从实际出发，对选调生工作的各个环节作出相应规定，使这项工作逐步走上规范化、制度化轨道"。随着党的建设的深入推进，初步形成了以选调生工作专门通知为主，以每年的选调生招录公告（简章）、公开遴选和公开选调公务员公告（专门面向符合条件的选调生）为辅，以分散在包含干部、人才、党员、年轻干部、青年干部、后备干部等内容的各领域各层级党内法规制度为补充的选调生制度体系。

治国必先治党，治党务必从严，从严必有法度。党的十八大以来，中央出台《关于进一步加强和改进选调生工作的意见》，对新时代选调生工作进行了系统规范，形成了"三特定"的中国特色制度架构体系。坚持以储备后备力量、补充高

素质人才为特定目的,从应届优秀大学毕业生中挑选特定人才,进行特定培养,稳步推进考试录用、基层培养、墩苗历练、教育培训、领导传帮带、公开遴选、选拔使用等关键制度建设,为解决选调生队伍结构性矛盾突出、选调生政策精准化程度不高和中西部地区、艰苦岗位选调生匮乏、留不住人、人员素质整体偏低等突出问题提供了制度保障。

制度的生命力在于执行。随着中央新的选调生工作规范性文件的出台,党中央坚持制度面前人人平等、执行制度没有例外,坚决维护制度的严肃性和权威性,对少数地方取消或缩短选调生的试用期、违规任职定级等现象进行了纠正,真正做到了令行禁止。

培养更多高质量发展所需的高素质专业化干部、高素质公务员,必须不断提高党的选调生工作制度建设水平。贯彻抓好后继有人这个根本大计,健全培养选拔优秀选调生常态化工作机制。不断增强选调生工作制度执行力,既要严格执行选调生工作专门文件,又要同时执行选调生工作专门文件外的与选调生工作密切相关的法律法规,树立选调生工作品牌,进一步增强选调生工作对在校大学生的吸引力,使选调生工作经得起历史检验。引导干部特别是领导干部强化制度意识,带头维护制度权威,做制度执行的表率,严格按照制度履行职责、行使权力、开展工作,把党的选调生工作制度优势转化为国家治理效能。

六、必须坚持在组织部门统领下多元主体有序协同,形成选调生工作整体合力

选调生工作是党后继有人这个根本大计的重要组成部分,为党的建设和组织工作高质量发展打下了坚实基础。回首选调生工作史,它在党的干部工作特别是年轻干部工作发展史上留下了浓墨重彩的一笔。它成功地从源头上为各级

党政机关和广大基层、农村输送了大批干部,它为党成功地培养造就了大批各级领导干部,它成功地为县以上党政机关培养选拔了一批了解国情、熟悉基层、联系群众、作风扎实的机关干部,它成功地探索了一条通过基层培养锻炼年轻干部的有效途径。这是一项伟大的工程,是党的建设和组织工作开创性的壮举,它凝聚了全党尤其是组工干部的汗水与智慧。

近60年求索奋进,近60年砥砺前行。在党和国家事业发展进程中,在党中央的坚强领导下,组织部门和广大组工干部与党的各个工作部门一起,与各级党组织和广大党员干部一起,不断推动党的选调生工作取得显著成就。

组织部门是管党治党的重要职能部门,是选调生工作的主管部门。回望历史,选调生的主要工作均有组织部门在牵头推动。20世纪60年代选调生工作的产生,改革开放以后选调生的重新开始、恢复,党的十八大以来选调生工作的加强改进等工作,都是由组织部门有序协同编制、人力资源与社会保障、党校(行政学院)、纪检(监察)、高校、选调生所在单位、接收选调生进行墩苗历练的基层单位在整体推进。他们均作出了应有的贡献,保证了党的选调生工作各项任务的完成。

旗帜鲜明讲政治是组织工作的生命线,选调生工作作为组织工作的一部分,也是如此。1926年,党的《组织问题议决案》指出,"组织工作的意义,绝不止于是技术的、而是政治的"。毛泽东指出,"坚持正派的公道的作风,反对不正派的不公道的作风,借以巩固党的统一团结"。邓小平要求,"加强政治机关,特别要注意加强管干部的部门。政治机关的干部,特别是管干部的干部,要很公道,很正派,不信邪,不怕得罪人"。习近平总书记强调,要"努力把各级组织部门建设成为讲政治、重公道、业务精、作风好的模范部门","对组工干部来说,第一位的是政治上绝对可靠、对党绝对忠诚"。组织部门和广大组工干部始终以党的旗帜为旗帜、以党的方向为方向、以党的意志为意志,加强对选调生工作的宏观调控和检查指导,切实发挥统领选调生工作的作用。

站在新的历史起点上,以习近平同志为核心的党中央对党的选调生工作提出了新的更高要求。要把提高选调生的政治素质和各项本领作为党的组织部门、高校、党校(行政学院)、选调生所在单位、接收选调生进行墩苗历练的基层单位等部门的一项共同任务,打通学校教育和党政工作、基层实践锻炼之间的壁垒,形成组织部门牵头抓总,其他部门各司其职、密切配合,选调生积极参与的选调生工作体制,形成所有部门共同关心和促进选调生锻炼成长的强大合力。

组织部门要推动选调生工作与年轻干部队伍建设、其他工作的有效衔接和融合结合,建立健全与选调生素质特点相适应的培养锻炼和选调生工作可持续发展机制。高校要教育引导自愿选调的大学生树立正确的选调观和群众观,一开始就想明白当选调生为什么、选调后干什么,提早练就与选调条件相符、与实际工作相适应的政治素质与各项本领。选调生所在单位要充分发挥主体作用,为选调生的培养锻炼创造有利条件。

接收选调生进行墩苗历练的基层单位领导与新选调生接触最多,离他们工作生活最近,因而对新选调生的成长影响更大。基层单位要落实好传帮带责任,为选调生的锻炼成长提供实实在在的具体帮助。

选调生要调整心态,摆正位置,找到正确的立足点和出发点;适应规则,进入角色,以务实的行为成就未来;正确把握党践行初心使命的时代脉动,把自己的命运和事业与党和人民的事业结合起来,与干部、公务员承担的使命任务结合起来,发挥自身作用;加强自身修养,做到稳重成熟、谦虚谨慎、尊老爱幼,团结周围党员干部群众,一起为中国式现代化贡献力量,创造无愧于党、无愧于人民、无愧于时代的业绩。

附录

习近平总书记关于抓好后继有人根本大计
重要论述内涵研究

摘 要：习近平总书记高度重视党和人民事业后继有人工作，先后做出一系列重要论述，深刻回答了为什么抓好后继有人根本大计、关于抓好什么样的后继有人根本大计、怎样抓好后继有人根本大计的根本问题，使我们党对事业后继有人规律的认识跃升到了新的台阶。这些论述包含的三个层面内涵既分别揭示了各自的基本含义、意义和方法，又形成了内在统一的理论关系，是理论创新的重大成果，对于贯彻党的二十大精神、抓好后继有人根本大计具有重要指导价值。

关键词：习近平；后继有人；接班人；年轻干部

党的十八大以来，习近平总书记高度重视抓好党和人民事业后继有人工作，提出了一系列关于党和人民事业、后继有人的新理念、新观点。他在党的十九届六中全会上首次提出"抓好后继有人这个根本大计"，之后不久，又在党的二十大报告中继承了这一提法。

一、关于为什么抓好后继有人根本大计

（一）党和人民事业要永续发展，直至实现共产主义，需要源源不断后继有人。习近平总书记在党的二十大报告中指出，党的十八大以来的 10 年，在党和人民的努力下，党和国家发生了伟大变革，取得了举世瞩目的成就。在新时代新征程和未来 5 年，党要将伟大变革持续推向深入，推进中国式现代化，实现党的二十大确定的使命任务，必须有一支堪当此重任的高素质的领导人和接班人队伍，彼此团结奋斗、接续奋斗，做好接力跑，传好接力棒。

（二）党要加强自身建设、进行自我革命，实现长期执政，需要源源不断后继有人。习近平总书记在党的二十大报告中对党的建设提出了全面要求，如自我革命及其自我革新、自我提高，新时代党的建设总要求的贯彻，先进性和纯洁性的保持，长期执政地位的巩固等。这些要求都要落实到人身上，因而党员领导干部、执政队伍同步保持更新及其素质、能力、本领的提高是其应有之义。随着干部能上能下、能进能出的不断推进和能者上、庸者下、劣者汰、腐者除良好局面的形成，干部补充调整成为常态，需要数量充足、质量优秀的干部以备不时之需。这对后继有人工作提出了高要求。

（三）党和国家要应对各种风险挑战、未雨绸缪，实现长治久安，需要源源不断后继有人。习近平总书记在对未来形势作出科学判断时指出，目前党和人民事业发展所处的国内外、党内外环境发生了深刻变化，不确定、难预料因素增多，随时可能发生让我们措手不及的突发事件，需要党成功应对。而此时党却还面临不少困难和问题，其中有的是党员、干部本身的问题。为此，党的二十大对全党同志提出了"增强忧患意识""做到居安思危、未雨绸缪""准备付出更为艰巨、更为艰苦的努力"等要求。这些要求归结于一点，就是要做好随时进行伟大

斗争的准备特别是能人的准备,即后继有人。唯有从现在开始,面向未来,培养好接班人,方能在将来可能遇到的风高浪急甚至惊涛骇浪中经受住考验。

二、关于抓好什么样的后继有人根本大计

成语辞典对后继有人的解释是前人的事业有后人继承。要整体把握后继有人的概念,需要从前人、后人、事业和继承等关键词入手。

(一)接班人。毛泽东在准备会见蒙哥马利时指出,继承人"这个名词不好","叫接班人好"。于是,"接班人"的提法一直沿用至今。2021年3月,习近平总书记在中央党校的一次讲话中又用了"忠实传人"的提法。他指出,"接班人"是个"整体概念",不是某个具体的人。相对具体的人,接班人对应的是集体、抽象的人——人民,是整体或全部。联系到接班人在党和人民事业中的作用和地位,本文试着给它下一个定义:接班人是指现在尚未接替但将来有可能接替上一班的工作或事业,尚未担任但将来有可能担任领导职务,或尚未担当但将来有可能担当重任的相对年幼、年轻的人民,对应成语解释的"后人"。

对于我们这样一个大党、大国来说,伟大事业需要许许多多的接班人。在正定工作期间,习近平同志指出,坚持"老、中、青、幼立体开发",建立多级、梯形人才队伍,使之源源不断、用之不竭。党中央、国务院对少先队、共青团、青年等工作都提出了后继有人的要求。据此,广义上的接班人的外延原则上是指全体人民,包括已生育或将生育的人口、儿童、青少年等,重点是干部、党员、人才特别是优秀年轻干部、优秀青年与青年党员、优秀人才。

经统计,接班人要接的上一"班"的内容十分丰富,如事业、思想、理想信念、初心使命、红色基因、团结奋斗、志向、自信、精神、道路、传统、作风、德才、能力、权力、职位、责任、集体、价值观等,其中出现次数较多的是事业。习近平总书记

强调,接班人接的是"党和人民事业的班",是党的光荣传统和优良作风,不是接某个职位的班。党培养的不是某个领导干部个人的接班人。要达到接好班的层次,最重要的是"接好坚持马克思主义信仰、为共产主义远大理想和中国特色社会主义共同理想而奋斗的班"。

(二)领导人。相对于接班人,领导人常常被"忽略",而这恰恰是最重要的。它也是个整体概念,是指目前已经接替上一班的工作或事业,担任领导职务或担当重任的相对年长、年老的人民,是"前人"。

领导人与接班人的概念是相对的,不是一成不变的。过去的接班人就是现在的领导人,现在的接班人就是将来的领导人。习近平总书记指出,党和人民事业发展就像一场"接力跑"。领导人、接班人就像"接力跑"的运动员一样,一批带领一批,一代接替一代。

(三)党和人民事业。"事业"是党和国家的,是党的信仰、初心使命、主张、追求、奋斗目标、"让老百姓幸福"等,归根结底是人民的。领导人和接班人虽然投身的是同一项事业,但是在其中发挥的作用不同,所处的发展阶段也不同。党和人民事业是一个体系,是"四个全面"与"五位一体"、物质文明与精神文明、各个行业与各个领域、每项具体工作等的总和。当前,全体人民都投身于党的二十大报告指出的全面建设社会主义现代化国家的伟大事业中,报告中的第四至第十四部分的内容——发展、人才、民主、法治、文化、民生、自然、安全、国防、统一、世界,是这一整体事业的具体展开。

习近平总书记指出,党和人民事业就像运动员手中的"接力棒"。"这一棒"或"前一棒"与"下一棒"或"后一棒"的概念也是相对的,不是一成不变的。党的二十大擘画的宏伟蓝图,将使命任务分成两步走,领导人与接班人对应的"接力棒"也将分成几棒,一棒传给一棒,一棒接着一棒,实现"接力跑",直至将宏伟蓝图化为现实。领导人与接班人一起跑,领导人在接班人前面引路,接班人在后面紧跟着,为着共同跑出一个好成绩。

(四)后继有人。通过对接班人、领导人、党和人民事业的分析得出,后继有人是指面对领导人的新陈代谢,随时有忠诚可靠的接班人从领导人手中接过党和人民事业的班,实现在不断发展变化的环境下事业不致中断且接续发展,是一种发展下新老交替合作和连续动态更新机制。后继有人是一种外在的表现,表明一种目标状态。因此,后继有人的概念比接班人的概念更广,前者包括后者。党和人民事业整体要后继有人,每一项具体的事业也要后继有人。习近平总书记在不同场合,对红色江山、党的理论教育、农业、高校干部队伍(含思政课教师、辅导员)等各项具体事业提出了后继有人的要求。

(五)抓好后继有人根本大计。根本大计是主要的、重大的计划,在事物发展中起决定作用。在正定工作期间,习近平同志提出人才工作是"百年大计""千年大计"。后来,习近平总书记对这个问题有了更为完整的思考。他指出,"培养造就一代又一代可靠接班人"是党和人民事业发展的"百年大计";在百年大计中,又进一步突出强调"培养选拔优秀年轻干部"。在后继有人概念的基础上,经过分析综合,本文尝试得出如下结论:抓好后继有人根本大计是指以习近平同志为核心的党中央,为了巩固党的领导和执政地位,加强党的全面领导,永葆党的生机与活力,将后继有人作为党的全部工作的重点,定计划,抓落实,出实效,使担当民族复兴重任的人员保持连续性、稳定性、继承性和与时俱进,实现后继有人的目标,从而发挥根本大计的决定性作用,党和人民事业发展也跟着保持连续性、稳定性、继承性和与时俱进,推动党和国家兴旺发达、长治久安。抓好后继有人根本大计既是目的,又是手段。在人与事的关系中,人处于主导地位,实现党和人民事业后继有人是目的,后继有人是推动党和人民事业发展的手段。

三、关于怎样抓好后继有人根本大计

后继有人包含领导人、接班人、党和人民事业及其相互关系等因素,实现这个目标难度系数高。要抓好后继有人根本大计,必须从它们之间的相互关系着手,同时正确处理好领导人与党和人民事业的关系、接班人与党和人民事业的关系、领导人与接班人的关系。

(一)正确处理好领导人与党和人民事业的关系。领导人与党和人民事业之间是发展的主要主体与对象的关系。领导人与"两个确立""两个维护"密切相关。推进党和人民事业,习近平总书记指出,"关键在党""关键在人",关键在领导人。党提出"两个确立""两个维护",对树立以习近平同志为核心的党中央权威、确保党中央政令畅通具有决定性意义,是党和人民事业发展、实现党的二十大确定的使命任务的根本政治保证。"两个确立""两个维护"贯彻执行得好,党和人民事业就发展得好。党的二十大指出,全国各族人民在以习近平同志为核心的党中央领导下和习近平新时代中国特色社会主义思想指导下,统一思想和行动,落实各项任务,取得了过去 5 年的伟大成就和新时代 10 年的伟大变革,并将在新时代新征程上,继续取得全面建设社会主义现代化国家的新胜利。

(二)正确处理好接班人与党和人民事业的关系。接班人与党和人民事业之间是发展的次要主体与对象的关系。习近平总书记指出,接班人是"党和国家事业发展的希望"。未来的党和人民事业需要接班人去领衔推动,党的信仰理想需要接班人去坚持传承。党和人民事业能否发展,取决于接班人今后的立场、能力和水平。

未来的党和人民事业是接班人的努力方向。在党和人民事业中,最主要的是党的创新理论,首先是世界观和方法论及其立场观点方法。理论产生于党和

人民事业发展的实践中,又指导党和人民事业发展实践。理论终究要由接班人所掌握,才能发挥它对实践的指导作用。接班人将来要领导党和人民事业,其理论素养如何,能否胜任领导工作,这个问题显得尤为重要。接班人是面向未来的,因此对接班人的要求,要结合未来的标准来提出,而不只是根据现在的标准。从现在开始,接班人必须积极做好迎接未来挑战的准备。

基层和艰苦地区是党和人民事业中比重较大的组成部分。习近平同志在梁家河的工作经历让他深深懂得:一方面,基层和艰苦地区十分不易,要加快发展。集中力量打赢脱贫攻坚战是这一思想的表现;另一方面,在基层和艰苦地区工作一段时间,对干部成长有利。后来,他经常强调干部要去基层和艰苦地区锻炼,走艰苦奋斗之路。党历来持续不断安排干部到基层和艰苦地区工作。面对这样的任务,接班人特别是年轻干部,唯有紧跟伟大复兴领航人,按照党的二十大要求,树立正确三观——权力观、政绩观和事业观,在思维方式和精神世界等方面,使自己更好适应事业发展需要,做到习近平总书记指出的那样——"以此为荣、争先恐后",把个人理想融入党和人民事业之中:一方面砥砺意志,增长才干,努力成长为合格的接班人;更为重要的一方面敢于担当,勇于斗争,艰苦奋斗,竭力推动基层和艰苦地区高质量发展,在那里建功立业,让基层和艰苦地区与全国其他地区一道同步实现全面建设社会主义现代化国家的宏伟目标。

(三)正确处理好领导人与接班人的关系。领导人与接班人之间是培养与被培养、选拔与被选拔、管理与被管理、使用与被使用、领班与跟班、交班与接班、合作与交替的关系。领导人与接班人实现好交接班,既是目的,又是过程。习近平总书记在党的二十大报告中指出,全党同志要在全面建设社会主义现代化国家这一共同目标、共同事业下团结奋斗。这就表示领导人与接班人都要认真学习科学理论和党的二十大精神,将后继有人放在党的二十大报告全篇当中去理解、把握,在思想上达成共识,在工作上做到团结;同时,与破坏团结奋斗的错误言行作斗争。

以习近平同志为核心的党中央是培养选拔忠诚可靠接班人的根本保证。坚持党的全面领导,推进党和人民事业,培养选拔接班人,都必须依靠领导人卓有成效的领导工作。"没有核心的领导是靠不住的。"同样,没有核心的领导培养选拔的接班人,也是靠不住的。党中央是全党的领导核心。中央领导集体深受人民拥护和信赖, 这是培养选拔忠诚可靠接班人的不可动摇的先决条件。"两个确立""两个维护"为党培养选拔忠诚可靠接班人创造了条件。

按照党章规定要求,以习近平同志为核心的党中央示范带头履行好培养接班人的职责。党的二十大将党章中从党的十四大沿用至今的有关接班人的表述,修改为"培养和造就大批堪当时代重任的社会主义事业接班人",突出接班人的胜任力要求。党中央培养接班人的思想和做法:第一,坚持全面领导。加强党对后继有人工作的领导,强化党组织的领导把关,发挥领导的传帮带作用。第二,强化目标导向。根据党和人民事业发展目标,制定相应的接班人队伍建设目标,并随之动态调整。提出新时代党的组织路线与新时代好干部标准,明确领导干部基本条件,突出政治素质、廉洁品质要求。第三,着眼长远发展。从党和国家事业、干部队伍长远建设出发,突出长远规划和远期储备,将接班人储备于现有事业和现有人员中。加强党团队一体化建设。第四,建好三支队伍。从素质培养、知事识人、选拔任用、从严管理和正向激励构建高素质干部队伍建设的五大体系。加强从青年、共青团员中发展党员。深入实施人才强国战略,确立人才引领发展定位,深化人才体制机制改革。第五,抓住关键少数。加强领导干部的教育培训、岗位锻炼、能力建设和管理监督,以领导干部为重点经常开展党内主题教育,全面从严治吏。加强优秀年轻干部培养、选拔,强化年轻干部基层锻炼。第六,夯实制度基础。加强党内选举、组织工作、组织建设等法规建设,完善担当作为激励保护机制,健全责任制和年轻干部常态化工作机制。

习近平同志在正定工作时强调，中青年干部要"尊老"，才能与老干部之间建立起团结合作关系，携手并肩将党的事业推向前进。一是学习老干部的坚强党性，二是继承老干部的优秀品德，三是发扬老干部的优良传统，四是照顾老干部的晚年生活，五是主动分担老干部的工作，六是敢于发挥自己的优势。

综上所述，习近平总书记关于抓好后继有人根本大计重要论述包含为什么抓好后继有人根本大计、关于抓好什么样的后继有人根本大计、怎样抓好后继有人根本大计三个层面的内涵，这些内涵彼此之间构成了具有内在逻辑关联的理论结构。理论表明，抓好后继有人根本大计，具有鲜明的中国特色与时代特色。

首先，党始终将后继有人当作一项长期性、艰巨性任务来抓。事业发展规律、人才成长规律与新陈代谢规律之间存在客观矛盾，而这种矛盾不是一下子、轻轻松松就能破解的，需要领导人与接班人一起付出长期的艰辛努力。是否善于培养人才，习近平同志把它作为判断领导人是否成熟的标志之一。"百年之计，莫如树人。"习近平同志指出，人才开发永无止境，必须常抓不懈，早认识、早重视、早去抓。抓的主体是领导人，不只是组织人事部门的领导。领导人抓后继有人工作，必须坚持党的二十大提出的"系统观念"、具备"战略思维"。通过领导带头，形成风尚，使后继有人成为全党全国全社会的共同行为。

其次，党始终牢牢把握党和人民事业发展对接班人的要求。纵观党在各个阶段对接班人提出的各种要求，始终离不开两个方面：德好、才好。这样的要求基于党和人民事业的性质、发展的需要。有才无德的人政治不坚定，会坏事；有德无才的人不能很好地担重任，会误事；有德有才的人才能全心全意服务群众，方能干成事。德与才、能力与兴趣同时培养，根据事业发展的需要，将有意愿又德才兼备的接班人，通过集体选人用人制度，及时选出来、用起来。

最后，党始终把接班人接好信仰理想的班摆在最重要的位置。接班的内容包括权力、职位、待遇和信仰、理想、思想、责任、能力、事业等两大块。受传统文化的影响,在一些人的观念中,接班等同于接官、接位、接个人的班等。在这个问题上,党历来态度鲜明。改革开放初期,邓小平就要求接班人继承党的优良传统、作风,从老同志手中接过"坚持革命斗争方向的英勇精神"的班。习近平总书记强调,年轻干部要接好"坚持马克思主义信仰、为共产主义远大理想和中国特色社会主义共同理想而奋斗"的班。这是接班中最核心的内容。坚持马克思主义信仰,要求接班人提高自我道德修养;严格思想淬炼,加强理论特别是党的创新理论的学习,做到真懂真信;坚定对远大理想和共同理想的信心;在实际工作中体现宗旨意识。

当前,学习研究习近平总书记关于抓好后继有人根本大计重要论述内涵,有利于我们更好地学习贯彻党的二十大精神。学习领会党的二十大精神,又有助于我们更好地领会把握习近平总书记关于抓好后继有人根本大计重要论述的重要指导意义。

主要参考文献

［1］《毛泽东选集》（第二卷），人民出版社，2009 年。

［2］《毛泽东文集》（第三卷），人民出版社，1996 年。

［3］《毛泽东选集》（第三卷），人民出版社，1991 年。

［4］中共中央文献研究室：《毛泽东年谱》（一九四九— 一九七六）（第五卷），中央文献出版社，2013 年 12 月。

［5］中共中央文献研究室：《毛泽东年谱》（一九四九— 一九七六）（第六卷），中央文献出版社，2013 年 12 月。

［6］中共中央党史和文献研究院、中央档案馆：《建国以来刘少奇文稿》（第十二册），中央文献出版社，2018 年。

［7］邓小平：《关于整风运动的报告—— 一九五七年九月二十三日在中国共产党第八届中央委员会第三次扩大的全体会议上》，《人民日报》，1957 年 10 月 19 日。

［8］中共中央文献研究室：《邓小平年谱（1975—1997）》（下卷），中央文献出版社，2004 年。

［9］《邓小平文选》（第二卷），人民出版社，1994 年。

［10］中共中央文献研究室：《邓小平年谱》（第四卷），中央文献出版社，2020 年。

［11］《陈云文选》（第一卷），人民出版社，1995 年。

[12] 中共中央文献研究室:《陈云年谱》(上卷),中央文献出版社,2000 年。

[13]《陈云文选》(1956—1985 年),人民出版社,1986 年。

[14]《习近平在全国培养选拔年轻干部工作座谈会上强调 以改革创新精神做好培养选拔年轻干部工作》,《人民日报》,2009 年 3 月 31 日。

[15] 习近平:《深入实施新时代人才强国战略 加快建设世界重要人才中心和创新高地》,《求是》,2021 年第 24 期。

[16]《中共中央政治局召开会议审议〈关于适应新时代要求大力发现培养选拔优秀年轻干部的意见〉中共中央总书记习近平主持会议》,《人民日报》,2018 年 6 月 30 日。

[17] 习近平:《努力造就一支忠诚干净担当的高素质干部队伍》,《求是》,2019 年第 2 期。

[18]《习近平在中央党校(国家行政学院)中青年干部培训班开班式上发表重要讲话强调 年轻干部要提高解决实际问题能力 想干事能干事干成事》,《人民日报》,2020 年 10 月 11 日。

[19]《习近平在中央党校(国家行政学院)中青年干部培训班开班式上发表重要讲话强调 立志做党光荣传统和优良作风的忠实传人 在新时代新征程中奋勇争先建功立业》,《人民日报》,2021 年 3 月 2 日。

[20] 习近平:《在全国组织工作会议上的讲话(2018 年 7 月 3 日)》,人民出版社,2018 年。

[21]《习近平在中央党校(国家行政学院)中青年干部培训班开班式上发表重要讲话强调 筑牢理想信念根基树立践行正确政绩观 在新时代新征程上留下无悔的奋斗足迹》,《人民日报》,2022 年 3 月 2 日。

[22]《江泽民邀请北大学生到中南海座谈时说 青年成才必须走艰苦锻炼之路 要有民族自豪感要有民族自信心要有民族气节》,《人民日报》,1990 年 3 月

24 日。

［23］《江泽民在全国组织工作会议上强调　抓紧建设好县以上各级领导班子　选拔年轻干部三五年要有新突破》,《人民日报》,1994 年 12 月 3 日。

［24］江泽民:《努力建设高素质的干部队伍——在纪念中国共产党成立七十五周年座谈会上的讲话》,《人民日报》,1996 年 6 月 24 日。

［25］《江泽民文选》(第三卷),人民出版社,2006 年。

［26］《胡锦涛在中组部召开的工作经验交流会上强调　培养选拔大批德才兼备优秀年轻干部 抓住抓好理论学习、实践锻炼、教育管理三个基本环节》,《人民日报》,1995 年 4 月 23 日。

［27］《胡锦涛在庆祝中国共产党成立 90 周年大会上的讲话》,《人民日报》,2011 年 7 月 2 日。

［28］中共嘉兴市委宣传部等:《中国共产党早期组织及其成员研究》,中共党史出版社,2013 年。

［29］范国盛:《中国共产党早期干部教育研究》,华东师范大学 2020 年博士学位论文。

［30］万红:《公务员队伍中选调生群体的选用问题研究》,山东大学 2008 年硕士学位论文。

［31］萧鸣政、卢亮、王延涛:《选调生政策及其实施效果》,《北京大学教育评论》,2015 年第 13 期。

［32］刘阅、赵佳明:《新时代高校选调生工作研究》,中国发展出版社,2021 年。

［33］雷浩巍:《地方选调生培养问题研究》,西南财经大学 2010 年硕士学位论文。

［34］朱晓杰:《选调生工作的问题及对策研究——以山东省为例》,山东大

学 2012 年硕士学位论文。

［35］滕玉成、王铭、朱晓杰、翟福芳:《选调生工作研究》,山东大学出版社,
2015 年。

［36］李亚军:《我国选调生选拔培养实践研究》,南京大学 2019 年硕士学
位论文。

［37］孙进宝:《中国共产党选调生工作问题研究》,中共中央党校 2017 年
博士学位论文。

［38］《李富春选集》,中国计划出版社,1992 年。

［39］中共中央党史资料征集委员会、中共中央党史研究室:《中共党史资
料》(第七辑),中共党史资料出版社,1983 年。

［40］彭真:《关于晋察冀边区党的工作和具体政策报告》,中共中央党校出
版社,1981 年。

［41］中央档案馆:《中共中央文件选集(1948)》(第十七册),中共中央党校
出版社,1992 年。

［42］中共中央组织部、中共中央党史研究室、中央档案馆:《中国共产党组
织史资料》(第九卷),中共党史出版社,2000 年。

［43］中共中央组织部:《中国共产党组织建设一百年》, 党建读物出版社,
2021 年。

［44］《中共中央指示各级党委保证完成今年高等学校招生计划》,《人民日
报》,1954 年 5 月 25 日。

［45］《十年树人——记新中国高等教育的十年成就》,《人民日报》,1959 年
9 月 19 日。

［46］赵生晖:《中国共产党组织史纲要》,安徽人民出版社,1987 年。

［47］《关于赫鲁晓夫的假共产主义及其在世界历史上的教训　九评苏共

中央的公开信》,《人民日报》,1964 年 7 月 14 日。

[48] 中央档案馆、中共中央文献研究室:《中共中央文件选集（1964 年 5 月—8 月）》(第四十六册),人民出版社,2013 年。

[49] 中国人民解放军国防大学党史党建政工教研室:《中共党史教学参考资料》(第二十四册),国防大学出版社,1986 年。

[50] 陈凤楼:《中国共产党干部工作史纲》(1921—2011),党建读物出版社,2012 年。

[51] 刘华峰、王雨亭:《中国共产党组织工作大事记》,辽宁人民出版社,1992 年。

[52] 何东昌:《中华人民共和国重要教育文献》(1949—1975),海南出版社,1998 年。

[53] 吉林省地方志编纂委员会:《吉林省志》(卷十一)(政事志·人事),吉林人民出版社,1994 年。

[54] 徐天:《六十年代的"接班人计划"》,《中国新闻周刊》,2014 年第 33 期。

[55] 张邦应:《善德堂随感诗集》,北岳文艺出版社,2016 年。

[56] 杨春风、赵文泉:《情系大地肖作福》,辽宁人民出版社,2014 年。

[57] 中共中央文献研究室:《建国以来重要文献选编》(第二十册),中央文献出版社,2011 年。

[58] 《中共辽宁省委党校 60 年》编写组:《中共辽宁省委党校 60 年》,沈阳出版社,2006 年。

[59] 湖南省地方志编纂委员会:《湖南省志》(第四卷)(政务志·人事),湖南出版社,1995 年。

[60] 江苏省地方志编纂委员会:《江苏省志·人事管理志》,凤凰出版社,2007 年。

［61］中共中央组织部、中共中央党史研究室、中央档案馆：《中国共产党组织史资料》（第五卷），中共党史出版社，2000 年。

［62］黑龙江省地方志编纂委员会：《黑龙江省志》（第七十卷）（共产党志），黑龙江人民出版社，1996 年。

［63］《中国共产党章程》，《人民日报》，1969 年 4 月 29 日。

［64］本书编写组：《中国共产党干部工作史纲（1921—2021）》（修订本），党建读物出版社，2021 年。

［65］中国人民解放军国防大学党史党建政工教研室：《"文化大革命"研究资料》（上册），1988 年 10 月。

［66］陈野苹、韩劲草：《安子文传略》，山西人民出版社，1985 年。

［67］王雨亭、陆沅：《坚持原则实事求是——怀念原中组部副部长赵汉》，《人民日报》，1989 年 12 月 28 日。

［68］张旭东、卓超：《历史的经验 有益的启示》，《人才开发》，1998 年第 3 期。

［69］中共中央组织部、中共中央党史研究室、中央档案馆：《中国共产党组织史资料》（第六卷），中共党史出版社，2000 年。

［70］《柳河"五·七"干校为机关革命化提供了新的经验》，《人民日报》，1968 年 10 月 5 日。

［71］中共中央组织部研究室：《做好新时期的干部工作》，人民出版社，1984 年。

［72］中共中央党史研究室：《中共党史资料》（第五十二辑），中共党史出版社，1994 年。

［73］财政部文教行政财务司：《文教行政财务制度资料选编》（第一册），1987 年。

［74］杭州市新四军历史研究会:《人生历程》,2011年。

［75］吴林根:《中国共产党干部教育九十年》,东方出版中心,2011年。

［76］张学军:《湖南教育大事记》(远古—2000年),岳麓书社,2002年。

［77］本书编审委员会:《拨乱反正》(山东卷),黄河出版社,1998年。

［78］山东省委组织部:1984年印发《关于进一步做好选调优秀大学毕业生到基层锻炼的通知》,灯塔-党建在线2018年12月28日,http://www.dtdjzx.gov.cn/staticPage/zhuanti/ggkf40nzgyj/20181228/2504030.html。

［79］劳动人事部政策研究室:《人事工作文件选编》(六),劳动人事出版社,1986年。

［80］《习仲勋同志同厦门市领导同志见面时的讲话》,中共中央组织部《组工通讯》,1983年总268期。

［81］中共中央组织部办公厅:《改革开放30年组织工作大事资料摘编》,党建读物出版社,2009年。

［82］陈大白:《北京高等教育文献资料选编》(1977—1992),首都师范大学出版社,2008年。

［83］中共云南、广西、贵州、重庆、湖南省(区市)委组织部:《干部教育文件选编》,1985年。

［84］《国家公务员素质工程全书》编委会:《国家公务员素质工程全书》(下册),中国方正出版社,1998年。

［85］中共四川省委组织部:《青年干部工作文件选编》,1984年。

［86］裴云天:《岁月集》,甘肃人民出版社,2008年。

［87］《培养党政干部 加强第三梯队建设 各地积极选调应届大学毕业生到基层锻炼》,《人民日报》,1984年10月6日。

［88］河南省地方史志编纂委员会:《河南省志·共产党志》(第13卷),河南

人民出版社,1997 年。

[89] 煤炭工业部办公厅:《煤炭工业法规汇编（1949—1983)》(第五册),1986 年。

[90] 煤炭工业部《中国煤炭工业年鉴》编审委员会:《中国煤炭工业年鉴 1986》,煤炭工业出版社,1987 年。

[91] 煤炭工业部办公厅:《煤炭工业法规汇编 1986》,1986 年。

[92] 城乡建设环境保护部办公厅:《城乡建设环境保护部文件汇编》(1982—1984),中国建筑工业出版社,1986 年。

[93] 国家医药管理局:《医药工作文件选编 1978—1988》,中国医药科技出版社,1989 年。

[94] 农牧渔业部人事司:《人事工作文件手册》,1987 年。

[95]《中共四川省委组织部关于印发喇进修同志在市、地、州委组织部长会议上的讲话的通知》,四川人事信息网。

[96]《中央领导同志会见出席全国企业领导班子建设座谈会代表时讲话要点》,《教学参考》,1985 年第 2 期。

[97] 中共中央组织部:《干部教育工作重要文献选编》,党建读物出版社,1999 年。

[98] 中共中央党校年鉴编委会:《中共中央党校年鉴 1985》,中共中央党校出版社,1986 年。

[99]《中共中央党校同学录第二期三年制培训班》(1986 年 9 月—1989 年 7 月)。

[100] 中央党校教务部:《党校教育研究资料 中共中央党校培养干部和教学工作的历史发展概述》(1933 年—1992 年)。

[101]《党的事业兴旺发达后继有人 四十六万中青干部走上领导岗位 各

级领导班子的素质和结构有了明显改善》,《人民日报》,1986 年 6 月 29 日。

[102]宋任穷:《宋任穷回忆录》(续集),解放军出版社,1996 年。

[103]中共广东省委党史研究室:《中国共产党广东历史大事记》(1949.10—2004.9),广东人民出版社,2005 年。

[104]中央纪委纪检监察研究所:《中国共产党反腐倡廉文献选编》,中央文献出版社,2002 年。

[105]中共中央组织部研究室:《党的组织工作大事记 1978—1988》,北京大学出版社,1990 年。

[106]高广景:《20 世纪 80 年代第三梯队建设述论》,《党的文献》,2014 年第 6 期。

[107]云南地方志编纂委员会:《云南年鉴 1987》,《云南年鉴》编辑部,1987 年。

[108]新疆维吾尔自治区地方志编纂委员会:《新疆年鉴 1988》,新疆人民出版社,1988 年。

[109]吕枫:《全党动手,培养造就千百万社会主义事业的接班人——在全国党建理论讨论会上的讲话》,《人民日报》,1991 年 4 月 25 日。

[110]中共中央组织部:《组工通讯 1992》,中共中央党校出版社,1993 年。

[111]中共中央文献研究室:《十三大以来重要文献选编》,人民出版社,1993 年。

[112]《全国组织部长会议强调　为十四大作准备　大力加强各级领导班子建设》,《人民日报》,1991 年 12 月 10 日。

[113]《赢得青年才能赢得未来　全国培养教育青年干部工作取得进展》,《党建》,1994 年第 2 期。

[114]北京市地方志编纂委员会:《北京年鉴 1995》,北京年鉴社,1995 年。

［115］中共辽宁省委组织部等:《党务工作文件选编》(1988.5—1992.5),辽宁人民出版社,1992年。

［116］中共中央文献研究室:《改革开放三十年重要文献选编》(上册),中央文献出版社,2008年。

［117］农业部人事劳动司:《农业人事劳动工作文件选编》(第二册), 中国农业出版社,2004年。

［118］中共四川省委组织部:《坚实的足迹 闪光的青春 四川省选调生工作概览》,四川人民出版社,1999年。

［119］辽宁省公安厅史志编纂委员会:《辽宁省公安志》(1986—2000),辽宁科学技术出版社,2006年。

［120］《北京市选调应届优秀毕业生进机关》,《行政与人事》,1998年第11期。

［121］张全景:《为建设高素质的干部队伍而努力工作》,《党建研究》,1996年第9期。

［122］中共中央组织部办公厅:《高举邓小平理论伟大旗帜 努力做好面向新世纪的组织工作——全国组织工作会议文件汇编》,党建读物出版社,1998年。

［123］《全国选调生工作(四川)座谈会要求造就大批跨世纪高素质人才》,《四川日报》,1999年10月14日。

［124］熊艳:《我国大批选调生成长为具有领导才能的年轻干部》,http://web.peopledaily.com.cn/zdxw/21/19991015/199910152124.html,1999年10月15日。

［125］杨士秋、王京清:《公务员录用》,中国人事出版社,2009年。

［126］国家税务总局人事司:《人事工作文件汇编10》(上),中国税务出版社,2003年。

［127］《党的事业后继有人——全国培养选拔年轻干部工作综述》,《人民日报》,2000 年 4 月 29 日。

［128］中共中央组织部组织局:《党的基层组织工作常用文件选编》(五),党建读物出版社,2003 年。

［129］共青团中央组织部:《共青团青年人才工作文件材料汇编》,2004 年。

［130］《2002—2005 年全国人才队伍建设规划纲要》,《人民日报》,2002 年 6 月 12 日。

［131］中共中央组织部:《组工通讯 2001》,党建读物出版社,2002 年。

［132］《走到基层增长才干! 2002 年我省将选调 150 名应届优秀大学生到乡(镇)机关工作》,《河南日报》,2001 年 12 月 27 日。

［133］《山东省滨州市委常委、组织部长在迎接 2003 届选调生会议上的讲话》,山东省滨州市选调生之家网站 2003 年 7 月 17 日。

［134］中共中央文献研究室:《十五大以来重要文献选编》(中), 人民出版社,2001 年。

［135］中共中央宣传部宣传教育局:《回顾辉煌成就 展望美好未来 党的十三届四中全会以来改革开放和现代化建设成就系列报告汇编》,学习出版社,2002 年。

［136］中共中央组织部:《组工通讯 2002》,党建读物出版社,2003 年。

［137］最高人民检察院政治部:《检察政治工作政策法规汇编 1994—2004》(上),中国检察出版社,2010 年。

［138］中共黄石市委组织部:《黄石市干部管理工作文件选编》,2004 年。

［139］《选调生工作——打造中国特色干部后备库》,《人民日报》,2005 年 3 月 20 日。

［140］《2007 年我省选调毕业生到基层工作开始 硕士选调生享受正科级》,

《河南日报》,2007 年 1 月 10 日。

[141]《宝剑锋从磨砺出 梅花香自苦寒来 我省一批选调生将走进省直机关》,《甘肃日报》,2004 年 1 月 20 日。

[142]《中共山东省委组织部关于从高等院校选调应届优秀大学毕业生到基层工作招考简章》,《大众日报》,2003 年 3 月 6 日。

[143]《提前两年下"订单" 三年可提副镇长 梅州培养选调生:解基层党政人才之渴》,《南方日报》,2006 年 5 月 26 日。

[144]《全国人才工作会议在京举行》,《人民日报》,2010 年 5 月 27 日。

[145]晨安:《两次全国人才工作会议开创我国人才工作新局面》,《中国人才》,2021 年第 6 期。

[146]《国家中长期人才发展规划纲要（2010—2020 年)》,《人民日报》,2010 年 6 月 7 日。

[147]《陈存根寄语清华大学 2011 年来渝工作选调生 为推动重庆科学发展贡献智慧力量》,《重庆日报》,2011 年 8 月 27 日。

[148]左炟晅:《"仅是培养精英,并不足以称为伟大"——清华大学选调生调查》,《中国教育报》,2016 年 5 月 4 日。

[149]桂组宣:《瞄准高端激活源头——广西面向"985 工程"高校定向选调优秀毕业生》,《中国组织人事报》,2012 年 10 月 29 日。

[150]姜洁:《三问焦三牛—— 一个清华毕业生的人生选择》,《人民日报》,2012 年 2 月 13 日。

[151]共青团中央组织部、中国青少年研究中心:《探索与创新——全国基层团建创新理论成果奖论文集》,中国青年出版社,2006 年。

[152]中共广西壮族自治区委组织部:《围绕建立"六个机制"扎实推进干部人事制度改革》,《人民日报》,2005 年 7 月 1 日。

［153］青岛市委组织部、青岛市委党史研究室:《青岛改革开放 30 年纪略》,中央文献出版社,2008 年。

［154］《1980 年以来青岛市选调生情况统计表》,山东青岛市委组织部"青岛选调生之家"网站,2008 年。

［155］董金宝:《大学生就业创业工作宝典》,中国农业大学出版社,2016年。

［156］肖桂国:《选调生中国特色干部后备力量》,世界图书出版广东有限公司,2012 年。

［157］《上海年鉴》编纂委员会:《上海年鉴 2004》,上海年鉴社,2004 年。

［158］《为基层输送优秀人才 我省 20 年培养选调生 3000 余人》,《湖北日报》,2003 年 12 月 16 日。

［159］中共中央组织部组织局:《党的基层组织工作常用文件选编》(六),党建读物出版社,2007 年。

［160］《省委近日出台〈意见〉从制度层面加强党同党外人士合作共事》,《湖南日报》,2011 年 2 月 18 日。

［161］国家民族事务委员会经济发展司、国家统计局国民经济综合统计司:《中国民族统计年鉴 2013》,中国统计出版社,2014 年。

［162］《广阔基层 放飞梦想》,《人民日报》,2005 年 6 月 22 日。

［163］《教育部最新公布的调查显示,近八成高校学生有入党愿望——高校党建,创新路上青春扬》,《人民日报》,2012 年 6 月 29 日。

［164］《中共中央办公厅国务院办公厅印发〈关于引导和鼓励高校毕业生面向基层就业的意见〉的通知》,《内蒙古政报》,2005 年第 8 期。

［165］《今年是我省选调生招录人数最多、报到率最高的一年。基层组织认为,选调生队伍素质在不断提高——既能选得出来,又能沉得下去》,《四川日

报》，2009 年 8 月 16 日。

［166］李源潮：《领导机关的干部要从基层来要到基层去》，《人民日报》，2010 年 5 月 21 日。

［167］《坚持"德才兼备、以德为先"的标准 中央启动新一轮年轻干部培养选拔》，《人民日报》，2009 年 4 月 7 日。

［168］中共中央文献研究室：《十七大以来重要文献选编》（上），中央文献出版社，2009 年。

［169］国家税务总局人事司：《人事工作文件汇编 12》，中国税务出版社，2011 年。

［170］《甘肃省委组织部有关负责人就选调优秀大学生工作答记者问》，《甘肃日报》，2009 年 5 月 28 日。

［171］中共中央组织部组织局：《大学生"村官"政策指南》，党建读物出版社，2009 年。

［172］《关于进一步加强大学生村官工作的意见》，《村委主任》，2012 年第 13 期。

［173］《中办国办印发〈意见〉进一步引导和鼓励高校毕业生到基层工作》，《人民日报》，2017 年 1 月 25 日。

［174］《中共中央国务院印发〈中长期青年发展规划（2016—2025 年）〉》，《广西日报》，2017 年 4 月 14 日。

［175］《建设一支宏大的高素质干部队伍》，《人民日报》，2017 年 9 月 15 日。

［176］《上海年鉴》编纂委员会：《上海年鉴 2017》，上海年鉴社，2017 年。

［177］《清华大学选调生和青年校友座谈会在蓉召开 今年 26 名急需紧缺专业毕业生选调来川》，《四川日报》，2018 年 4 月 9 日。

［178］《打通源头活水，让更多优秀年轻干部走出来 1898 名 2018 届选调

生产生的背后》,《四川日报》,2018 年 10 月 24 日。

[179]《"名校英才入冀"实施 5 年来 我省面向全国重点院校定向招录选调生 1789 名 其中北大清华定向选调生 400 名，年度招录数量连续三年全国第一》,《河北日报》,2018 年 8 月 13 日。

[180]《清华大学 2014 年（2016 年、2019 年、2020 年）毕业生就业质量报告》,清华大学官方网站。

[181]《北京大学 2019 年毕业生就业质量年度报告》,北京大学官方网站。

[182]《北京大学举办选调生返校培训,强化基层就业引导——"薪火班"助学生在基层圆梦初心》,《中国教育报》,2022 年 6 月 11 日。

[183]《上海交通大学 2015 年（2019 年、2021 年、2022 年）就业质量报告》,上海交通大学官方网站。

[184]《2019 年度（2020 年度、2021 年度）复旦大学毕业生就业质量报告》,复旦大学官方网站。

[185]《浙江大学 2017 届（2018 届、2019 届、2020 届）毕业生就业质量报告》,浙江大学官方网站。

[186]《西安交通大学 2016 年（2017 年、2019 年、2020 年、2021 年）毕业生就业质量报告》,西安交通大学官方网站。

[187]《华中科技大学 2018 年（2019 年、2020 年）本科毕业生就业质量报告》《华中科技大学 2018 年（2019 年、2020 年）研究生就业质量报告》,华中科技大学官方网站。

[188]《我校选调生工作有序推进》,《武汉大学新闻网》2018 年 9 月 22 日,https://news.whu.edu.cn/info/1002/52069.htm。

[189]《赵乐际在全国大学生村官工作座谈会上强调 促进大学生村官成长成才服务农村》,《人民日报》,2014 年 5 月 31 日。

[190]《中共中央国务院关于建立健全城乡融合发展体制机制和政策体系的意见》,《人民日报》,2019 年 5 月 6 日。

[191]《中办印发〈关于鼓励引导人才向艰苦边远地区和基层一线流动的意见〉》,《人民日报》,2019 年 6 月 20 日。

[192]《中共中央办公厅国务院办公厅印发〈关于加快推进乡村人才振兴的意见〉》,《人民日报》,2021 年 2 月 24 日。

[193]《山东省 2013 年选调优秀高校毕业生到村任职公告》,《大众日报》,2013 年 1 月 25 日。

[194]《2015 年浙江省选调生村官招考情况预告》,浙江组织工作网 2014 年 11 月 27 日,http://zzgz.zjol.com.cn/system/2014/11/27/020382950.shtml。

[195]《宁夏大学生村官与选调生招考并轨》,《大学生村官报》,2017 年 3 月 31 日。

[196]《贵州省 2018 年选调生工作启动全省计划选调 757 人,其中基层党政机关 666 人、基层法院 91 人》,《贵州日报》,2018 年 3 月 8 日。

[197]《我省出台选调生基层锻炼六条措施 上好基层锻炼这堂“必修课”》,《四川日报》,2019 年 12 月 11 日。

[198]《党的十八大以来,干部队伍建设迈上新台阶 建设一支宏大的高素质干部队伍》,《人民日报》,2017 年 9 月 15 日。

[199]杨彦:《选调生看选调生 十八年后“十八变”》,《人民日报》,2015 年 10 月 23 日。

[200]《2014 年中央机关公开遴选和公开选调公务员公告》,《人民日报》,2014 年 6 月 6 日。

[201]《中央机关公开遴选和选调 400 名公务员》,《人民日报》,2015 年 5 月 28 日。

［202］《2015 年度中央机关公开遴选公务员职位表》，国家公务员局官方网站。

［203］《2016 年度中央机关公开遴选公务员职位表》，国家公务员局官方网站。

［204］《2017 年度中央机关公开遴选公务员职位表》，国家公务员局官方网站。

［205］《2019 年度中央机关公开遴选公务员职位表》，国家公务员局官方网站。

［206］《2020 年度中央机关公开遴选公务员职位表》，国家公务员局官方网站。

［207］《2021 年度中央机关公开遴选公务员职位表》，国家公务员局官方网站。

［208］《2022 年度中央机关公开遴选公务员职位表》，国家公务员局官方网站。

［209］《2023 年度中央机关公开遴选公务员职位表》，国家公务员局官方网站。

［210］《努力建设高素质专业化干部队伍》，《人民日报》，2018 年 5 月 22 日。

［211］《天津市选调生工作管理办法重点政策摘要》，《求贤》，2018 年第 10 期。

［212］《自治区新时代激励干部新担当新作为暨加强改进选调生工作会议召开 紧紧围绕总目标勇于担当善于作为》，《新疆日报》，2018 年 6 月 8 日。

［213］《全省选调生工作座谈会强调 牢牢把握选育管用等关键环节 以务实举措用心用情做好选调生工作》，《河北日报》，2018 年 8 月 2 日。

［214］中共中央党史和文献研究院：《十九大以来重要文献选编》（上），中

央文献出版社,2019年。

[215] 陈希:《在全国组织工作会议上的总结讲话》,《党建研究》,2018年第9期。

[216]《中共中央关于党的百年奋斗重大成就和历史经验的决议》,《人民日报》,2021年11月17日。

[217]《中共中央关于坚持和完善中国特色社会主义制度推进国家治理体系和治理能力现代化若干重大问题的决定》,《人民日报》,2019年11月6日。

[218]《新疆突出政治标准建强选调生队伍》,《党建文汇》(上半月),2018年第10期。

[219]《公开平等竞争择优 严格标准提高质量——省委组织部有关处室介绍2017年选调生招录工作政策》,《甘肃日报》,2017年5月12日。

[220]《大学生党员要有"先锋范儿"》,《人民日报》,2017年3月30日。

[221]《中国公务员制度的重大改革和完善——中共中央组织部负责人就修订公务员法答记者问》,《人民日报》,2018年12月30日。

[222]《建设高素质人民公仆队伍 锻造新时代治国理政中坚力量——党的十九大以来公务员队伍建设工作综述》,《人民日报》,2022年8月30日。

[223]《忠诚诠释初心 实干践行使命——2019年全省组织工作综述》,《河北日报》,2020年2月29日。

[224]《以忠诚担当践行初心使命——2020年全省组织工作综述》,《河北日报》,2021年2月6日。

[225]《我省深入实施人才强冀战略 服务高质量发展》,《河北日报》,2021年10月30日。

[226]《源源不断为高质量发展吸引和培养高素质年轻干部——我省持续加强和改进选调生工作综述》,《甘肃日报》,2020年10月31日。

［227］《500余机关企事业岗选调招聘大学生》，《北京日报》，2020年10月20日。

［228］《"北清干部"在基层》，《解放日报》，2022年3月18日。

［229］《进一步完善工作程序 不断提升规范化水平——省委组织部负责人介绍今年选调生招录工作》，《甘肃日报》，2015年4月24日。

［230］《中共中央办公厅印发〈关于加强乡镇干部队伍建设的若干意见〉》，《人民日报》，2014年9月26日。

［231］《今年我省新录用选调生1898名1201人将充实到基层》，《四川日报》，2018年10月20日。

［232］《为干部队伍建设注入"源头活水" 我省首次定向全国重点高校选拔选调生工作圆满收官》，《湖南日报》，2017年7月12日。

［233］《2013—2017年广西干部教育培训规划》，《广西日报》，2014年3月26日。

［234］《2018—2022年广西干部教育培训规划》，《广西日报》，2019年5月7日。

［235］《十九届中央纪律检查委员会向中国共产党第二十次全国代表大会的工作报告》，《人民日报》，2022年10月28日。

［236］《中央纪委国家监委、中央组织部、中央政法委扎实开展党史学习教育——奋力开创工作新局面》，《人民日报》，2021年12月5日。

［237］《省委组织从4方面入手做好选调生到村任职工作》，《青海日报》，2021年2月18日。

［238］《山东："八个一"活动"精准滴灌"选调生》，《乡村干部报》，2022年4月22日。

［239］熊冰：《贵州安顺：规范选调生补助资金管理使用 推进支出标准体系

制度化建设》,《财政监督》,2022 年第 11 期。

[240]《中共中央国务院印发〈乡村振兴战略规划(2018—2022 年)〉》,《人民日报》,2018 年 9 月 27 日。

[241]《中共中央印发〈中国共产党农村基层组织工作条例〉》,《人民日报》,2019 年 1 月 11 日。

[242] 中共中央文献研究室:《十八大以来重要文献选编》(上),中央文献出版社,2014 年。

[243]《广西新增派 3500 名第一书记驻村扶贫》,《广西日报》,2015 年 9 月 27 日。

[244]《辽宁选调生在抗疫实践中踔厉奋进 融入基层一线淬炼斗争精神》,《中国组织人事报》,2022 年 4 月 19 日。

[245]《上海市纪委监委选调生积极支援基层抗疫战"疫"一线 展现青春担当》,中共上海市纪委上海市监察委员会 2022 年 5 月 8 日,https://www.shjjjc.gov.cn/2015jjw/bsdt/content/8168392f-7386-4679-8c64-bf4ad7ecc532.html。

[246]《到村任职选调生 2022 年度优秀国情调研报告评选交流会在南京召开》,扬子晚报网 2023 年 4 月 7 日,https://www.yangtse.com/content/1648991.html。

后　记

党的十八大以来，党中央高度重视党的历史学习和选调生工作。2018年，习近平总书记对加强改进选调生工作作出重要指示。他指出，全面宣传党的历史，充分发挥党的历史以史鉴今、资政育人的作用，是党和国家工作大局中一项十分重要的工作。学习宣传贯彻党的二十大精神，将党的选调生工作和历史相结合，宣传党的选调生工作史，这是我系统梳理党的选调生工作历程、撰写《选调生工作历史研究》的初心。从这个角度看，这项工作意义重大。

一部选调生工作史，一定意义上也是一部接班人培养史、一部年轻干部（青年干部）工作史、一部后备干部工作史。因为选调生工作与它们紧密相连，不可分割。

该书是我在《选调生 中国特色干部后备力量》"第二章 选调生历史回顾"基础上历时十余年对内容进行全面扩充而成。

《选调生工作历史研究》的出版得到了中共广西区委党校（广西行政学院）的关心，校（院）领导和有关处室负责同志过问本书情况。在此，我表示诚挚的谢意。

这部书能够出版，我衷心地感谢全国党建研究会副会长、原中共中央党史研究室副主任高永中老师，他不仅在学术上深深影响了我，更在做人方面给我树立了榜样。高老师是兰州大学中文系1977级大学生、全国知名党建党史研究专家，曾两次为中央政治局集体学习作讲解；是选调生事业的重要奠基人之一，长期在中央和省委两级组织部门从事选调生管理工作，自20世纪80年代初起就研究选调生工作理论与实践问题,后又推动发起选调生史料征集工程;致力将组织部门打造成"选调生之家",对选调生怀有浓厚感情,关心选调生成长,为党的选调生事业做出了不可磨灭的贡献。他丰富的选调生工作理论实践经历与极高的党性修养,使他对选调生工作具有远见卓识和满怀责任感与使命感。一代又一代知识分子的崇高道德使命感的张扬与完善,使得 20 世纪 80 年代的选调生工作者——高老师及其选拔的选调生和作为 2000 年代选调生的我因此相遇、结缘。1999 年 10 月,时任中组部调配局副局长高老师出席全国选调生工作(四川)座谈会并讲话。这次会议直接推动 2000 年《中央组织部关于进一步做好选调应届优秀大学毕业生到基层培养锻炼工作的通知》的出台、全国性的选调生选拔工作得已展开。2003 年,我才有幸成为选调生。听高老师当年选拔、我认识多年的 1984 年选调生前辈、学者型优秀外交官郑曦原大哥说:高老师的办公室总是向选调生敞开的,经常有他不认识的选调生找上门来谈心,他都热情接待。我与高老师素昧平生,只是仰慕于高老师在选调生工作领域的盛名,在前辈提供信息的精神鼓励下,多年前就从南宁寄信到高老师单位里,请高老师为《选调生 中国特色干部后备力量》写序。高老师回电,并很爽快地答应了。在我借调中组部组干学院研究指导部期间,高老师在百忙之中抽空亲自接见了我,还亲切地与我合影留念,并在《选调生 中国特色干部后备力量》这本书上欣然为我题词:"一项永具生命力的工作,一批满怀理想的精英,一名自强不息的选调生,一本关于这项工作和这批人的好书。"高老师曾说:"我们都有一个共同目的,都热爱选调生和选调生工作。你锲而不舍做这个事情(指我所从事的选调生工作研究),非常有价值,非常有意义,事情办得很好。"他以谦虚的态度对待我这个小辈,我大受感动。其实,我做的工作有些是在他的基础上完成的,比如"干部教育小说"《锻炼》(原《选调生第一书记锻炼记》)是受了高老师早期选调生研究论文《符合人才成长规律的培养方式——试论选调培养优秀大学毕业生的理论依据》的启发和影响。他说："由于历史和现实的种种原因，我国高等院校还不能提供现成的党政领导人才，也就是应届毕业生中最优秀的分子，要立刻胜任县以上党政领导工作也是不行的。这就是说，党政领导干部必须在出校后的社会实践中培养造就。"我在持续深入反复地学习、理解和把握高老师的文章精髓后，认为这是一个锻炼问题，应加强这方面的研究，才有了《锻炼》。当高老师看到有我这样的后辈从他手中接过选调生工作研究的接力棒，选调生工作研究终于有了传承，他喜悦和兴奋的心情溢于言表。《选调生工作历史研究》书稿出来后，我第一时间将之发短信和邮寄告知高老师，高老师多次关心过问，看过有关书稿的内容。郑大哥曾跟我说："知道您一直办博客、出书宣传中国选调生事业，从基层上调到党校后，也一直不改初衷，在选调生工作研究过程中受了不少委屈。真的是非常、非常不容易！"高老师、郑大哥等许多前辈的关心、过问、指导给了我极大的精神鼓舞，这是我能够坚持二十多年做选调生工作研究、敢于有勇气来出版《选调生工作历史研究》的重要原因之一。

在感谢高老师和郑大哥的同时，同样要感谢最早看到这本书，并一直给我带来许多宝贵回音的领导、专家、教授、学者和同道、读者、网友；还要感谢天津人民出版社的领导、编辑、审核、校对、设计、排版、印刷、发行等人员；更感谢一直在鼓励我写下去的组织部领导、高校老师、在校大学生、公务员、选调生和朋友、同事、同学；特别要感谢一直以来默默支持我的家人。

我们都是选调生工作历史的一部分。这真是一次美好的人生经历！

立此存照，给我们的选调生！

今天拙作得以面世，感激之余，略带惶恐。

2023 年 10 月

肖桂国　于南宁柳心湖畔